"博学而笃志，切问而近思。"

（《论语》）

博晓古今，可立一家之说；
学贯中西，或成经国之才。

作者简介

王一川，北京大学艺术学院院长、教授。先后在四川大学、北京大学和北京师范大学取得文学学士、硕士和博士学位。曾赴牛津大学、多伦多大学、哈佛大学研修。教育部2005年度长江学者特聘教授。获第五届高等学校教学名师奖。主讲文学概论课列入国家级精品课程。现为中华美学学会副会长兼审美文化委员会主任、中国文艺理论学会副会长。主要研究文艺美学、中国现代文艺问题、艺术学。著有《意义的瞬间生成》、《语言乌托邦》、《修辞论美学》、《中国形象诗学》、《张艺谋神话的终结》、《汉语形象美学引论》、《中国现代性体验的发生》、《文学理论》等。主编教材还有《美学与美育》、《大众文化导论》、《美学教程》、《大学美学》、《西方文论史教程》等。

普通高等教育"十一五"国家级规划教材

新闻出版总署"十一五"国家重点图书

复旦博学 · 文/学/系/列 · 精华版

新编美学教程

（修订版）

王一川 / 主编

复旦大學出版社

http://www.fudanpress.com.cn

内容提要

　　本书是遵循美学当代性与美学传统性相互交融的理念、以新体例编撰的高校美学原理课程教材。

　　编者从审美沟通新视角考察美学问题，对审美体验、审美媒介、审美文本、审美符码、审美语境、审美文化、审美鉴赏、美学批评等问题作了全面而深入的论述，在美学对象、美的古典性与现代性价值形态、当代审美文化前沿景观等方面表达了一系列新见解，还就功利与无功利间性、反审美、无意识的商品化、惊羡体验、回瞥体验、异趣沟通等新概念、新现象作了敏锐而独特的剖析，提出冷眼温心和臻美心灵的养成等新主张。

　　全书观点新颖，论述细致，个案分析具体，表述流畅，适合于中等以上文化程度的读者阅读，可以用作高校相关专业基础课教材，也可用作其他专业通识课程或文化素质课程教材，还可供其他美学与艺术理论爱好者参考。

主编　王一川

编写组成员（以姓氏笔画为序）

马传军（人事部办公厅）

王一川（北京大学）

石天强（北京航空航天大学）

刘　苑（青岛科技大学）

刘　莉（北京工商大学）

何　浩（中国社会科学院文学研究所）

宋学鹏（网络孔子学院）

陈雪虎（北京师范大学）

单智慧（北京市统计局）

周志强（南开大学）

胡继华（北京第二外国语学院）

胡疆锋（首都师范大学）

唐宏峰（中国艺术研究院）

梁　刚（北京邮电大学）

目　录

前　言

　　本书是探讨普通美学原理的著作,同时也是高校美学原理或美学概论课程的教材。普通美学同特殊的部门美学或门类美学(如文学美学、舞蹈美学、绘画美学、设计美学、戏剧美学、电影美学、电视艺术美学、书法美学、环境美学、烹调美学、身体美学等)之间,既存在联系又有所不同。这种联系在于,两者都着力处理自身领域内部的美学问题而非其他问题(如社会学、伦理学、哲学、心理学等),不过,各自处理的美学领域范围及其特性又有所区别。简要地说,部门美学主要研究各自艺术门类或审美领域的特殊美学问题,而普通美学主要研究各种部门美学之间相互跨越或共通的带有一定普遍意义的美学问题。

　　本书作为《新编美学教程》修订版进行编撰之时,正值21世纪头十年结束、新的十年开始这一特定时间节点上,需要应对新世纪十年来审美与艺术活动的新变化向普通美学发起的新挑战,以及面对艺术学升级为独立学科门类后高校美学课程教学面临的新变化,从而需要满足读者了解当前审美、艺术及美学新趋势的迫切要求。

　　正像初版一样,本书将继续坚持以中国化马克思主义理论作指导,用马克思主义实践观点并整合其他相关理论去分析当代美学与艺术问题,这集中体现在,在审美沟通分析构架中运用符号实践观点,由此为美学探索带来新的东西。

　　这次修订版仍然立足于求取理论特色或个性：不求全面但求特色、有所为而有所不为。本书尽力求取的理论特色或个性，集中在美学当代性与美学传统性的交融上。美学当代性，是指体现当下、目前或当今时段中国现实的审美、艺术及文化状况的东西。在这个意义上，具有当代性就意味着总是从当下现实问题的探索或解决出发去追究古今中外美学问题。美学传统性，在这里并非仅仅是指人们常说的中国古典美学遗产或资源，而是特别地同时指称中国古典美学传统和中国现代美学传统，是指那种同时携带古典传统和现代传统的东西。因为，在我看来，现代中国或中国现代早已或正在成为传统，这种现代传统与古典传统确实有所差异，但同时又存在紧密的联系，从而能够让人从中发现专属于"中国"的东西。我们当前所标举的当代性与传统性交融的美学，应当既是当代的又是传统的，是当代人理解和创造的中国美学传统，也是中国美学传统在当代的新的激活。这里的美学当代性，是能与中国古今美学思想传统这源头活水亲密接触的当代美学智慧；而这里的美学传统性，是能根据当代现实需要而对古今美学传统加以新的激活与创造的当代美学思维。这样，美学当代性与美学传统性的交融意味着，我们需要根据当代新需要而重新激活古今美学传统资源，使这种古今美学传统资源在当代美学建构中焕发新的活力。

　　为了实现这种美学当代性与美学传统性的交融，本书体例及各章设计都注意挖掘和体现中国美学传统及其精神在当代美学中的作用与意义。这一点尤其体现在：各章尽力发掘中国古典美学中的"感兴"传统及其现代新形态在当代美学中的存在和力量，如审美体验章阐述"感兴"体验传统，审美文本章从文本层次把握"感兴"，审美鉴赏章梳理"兴会"说，美学批评章中注意阐发和应用兴辞批评，其余各章也力求呼应或贯通。

　　本书的另一特色在于审美沟通概念的贯穿全部审美与艺术问题的运用上。我们把审美视为人与物、人与人、人与自我之间的沟通过程，进而把这种审美沟通确定为普通美学的主要研究对象和理论框架的基础。这一点在国内美学教材中确实是一种独特的探索。而由审美沟通模式而形成全书的基本理论框架和论述体例,也是本书的一个追求。正是在审美沟通模式中,审美媒介、审美文本、审美代码、审美语境、审美生产和审美消费等问题,都得到了新的阐述,体现了本教材的特色及对当前美学热门问题的积极而务实的回应。

在讨论审美文本的特点时,本书一方面跨越经典美学只谈美、崇高、悲剧、喜剧等经典范畴的藩篱,而另一方面摆脱当代美学只偏爱反审美、反艺术、媚俗等新概念的围栏,尽力尝试把经典美学范畴与当代美学新概念纳入审美价值框架去加以汇通,从而使得经典美学范畴得以同反审美与反艺术、超级真实、无意识的商品化和全球审美化等当代美学新概念在审美价值框架中实现交融。这是本教材的又一创新点和理论特色。

本书在普通美学的一些重大问题上也尝试新突破。例如,提出"功利与无功利间性"概念,尝试化解突破康德审美无功利观与弗洛伊德审美功利观间的长期对峙,摆脱经典美学有关审美无功利性与当代美学有关审美功利性之间的分歧的困扰,强调审美文本是功利性与无功利性"之间"的相互关联与相互作用状态。

同时,本书还有一些特别的尝试,例如专门分析当代艺术景观,突出介绍当今全球化及消费文化语境中审美与艺术的新面貌,以及在多种批评形态的交汇中标举融会古今中西美学传统的兴辞批评等。

与初版相比,这次修订版的目标可以用四个关键词来概括:完善、简化、更新、缩减。具体来说,就是(1)完善理论体系,减少构思和阐述上的粗疏;(2)简化理论构架,适当降低理论难度,如理论繁复度和表述上的艰涩等;(3)更新艺术实例,适当撤掉旧的个案分析内容而增加新世纪十年来的新现象,及时反映审美、艺术领域及美学上的新进展和新问题;(4)缩减字数,使全书总字数缩减约五分之一,以便适当减轻读者负荷并留下更宽阔的自主思考空间。同时,在体例上也有微调,就是把"本章小结"改成"本章摘要",只摘录本章基本论点或知识点。另外,还订正了一些文字表述上的错漏。

本教材仍然力求达到三字目标:专、前、易。专,就是有一定的专业深度、高度和难度;前,就是在某些方面体现出本学科发展的前沿水平或创新性;易,就是在体例安排和语言表述上都力求浅显和平易,使大学生和其他读者朋友在经过认真阅读和努力思考以后，会大体明白。这就是要具有一定专业水平、学科前沿性而又浅显易懂，从而实现专业性、前沿性与浅易性的结合。

限于我们的水平和经验，本书或许仍会存在这样或那样的不足，敬请读者朋友指正。

2011 年 3 月 9 日于北京林萃西里

第一章 美 学

　　"美学",可以简捷地理解为"美之学"(当然其内涵不止此)。一接触这术语,可能立即会觉察到一种概念上的诡异处:一方面,生活中"美"的事物很丰盛,且不说文学、美术、音乐、戏剧、电影等艺术门类正大量地和成批地生产"美",就连大街上也满是"美容"、"美发"、"美食"、"美味"、"美体"等美眼招牌。另一方面,要想就如此丰盛的"美"谈谈其"学"或"学问",就感觉到艰难了:面对极具吸引力却又让人捉摸不透的"美",我们还能说什么呢? "美"的东西,你不说时好像已知道一、二了,但一说就好像突然间不明所以了。确实,面对以美为对象去展开学理探究的美学,读者一开始就会充满好奇地问:美能够理解吗? 美之学好学吗? 那么,就让我们开始一次美学探索之旅吧!

一、美学的演变

　　美学在中国已有百来年的发展历程,已经和正在形成自身的现代传统,而其古典思想传统则更为悠久。但美学毕竟不是中国本土特产的学科,而是来自西方。那么,来自遥远的"泰西"的美学怎么会在陌生的中土扎根,而且变得根深叶茂呢?

1. 美学西来

　　正像我们所熟知的爱与美的女神维纳斯来自西方一样,美学是从西方来到中国的一门洋学科。在了解西方美神移居中国之前,首先了解它在西方本土的发展与演变情形是必要的。

　　"美学"一词,英文为 Aesthetics。德国哲学家鲍姆加登(Alexander Gottlieb Baumgarten,1714—1762)在出版于 1750 年的著作《美学》中,首次明确地提出创立一门新学科"埃斯特惕卡"(Æsthetica)——这就是今天所谓"美学"[1]。他这样规定说:"美学作为自由艺术的理论、低级认识论、美的思维的艺术和与理性类似的思维的艺术是感性认识的科学。"[2]对他来说,美学的原意就是研究人的感性的学科。感性,也称感觉,指人的感觉、情感、想象和幻想等活动。而审美与艺术在那

---

[1]　"美学"一词,鲍姆加登最初用的是拉丁文词语 Æsthetica。这个词德文为 Æsthetik,英文为 Aesthetics。
[2]　〔德〕鲍姆嘉滕(即鲍姆加登):《美学》,简明、王旭晓译,北京,文化艺术出版社 1987 年版,第 13 页。

意大利画家波提切利的《维纳斯之诞生》

时被认为同这些感觉活动紧密相连。与欧洲大陆已有的研究知识的逻辑学和研究意志的伦理学不同,美学这门新学科要专门研究人的感性,为感性确立一块独立地盘。鲍姆加登的《美学》出版,标志着美学作为一门独立学科正式诞生,而他本人也因此被公认为美学学科的创始人或"美学之父"。正像美学史家所评论的那样:"承认美学是一门独立的学科,这是人类思想史上一个最为重要的事件。"他的这部著作"在人类思想史上的主要功绩就在于,他论证了过去认为很平常的美学应该享有崇高的地位"①。

在鲍姆加登之前,美学已在西方有了久远的跋涉历程;而在他的开创性举动之后,美学又历经更加丰富而复杂的旅程。单从美学思考所依托的知识形态看,西方美学大体经历了几个阶段并出现过一些重要的美学形态,不妨按如下五个时段的顺序,依次列为本质论美学、神学美学、认识论美学、语言论美学和文化论美学。

(1)本质论美学。本质论美学是古希腊形成的以追问美的本质为中心的美学传统。哲学家们相信,事物总存在它之所以如此的核心原因,这就是本质(essence)。柏拉图(Plato,前427—前347)将美的现象与"美本身"区别开来,认为在美的现象背后存在一个终极的美的本质——"美本身"。"这美本身加到任何一件事物上面,就使那件事物成其为美,不管它是一块石头,一块木头,一个人,一个神,一个动作,还是一门学问。"②美的现象之所以美,不是由于它们自身,而是由于"分享"了同一的"美本身"。他把这"美本身"规定为"美的理念"。"美的理念"

---

① 〔美〕吉尔伯特、〔德〕库恩:《美学史》上卷,夏乾丰译,上海,上海译文出版社1989年版,第381页。
② 〔古希腊〕柏拉图:《文艺对话集》,朱光潜译,北京,人民文学出版社1980年版,第188页。

是各种具体美的一种终极范式，它"永恒地自存自在，以形式的整一永与它自身同一；一切美的事物都以它为泉源，有了它，那一切美的事物才成其为美。"①这"美的理念"正是美的本质。美的本质是美的现象背后的最重要的原因，是美的现象得以发生和存在的终极根源。从柏拉图开始，西方逐渐地形成了以追问美的本质为中心的美学传统，这就是本质论美学。它认定美的本质问题在美学中具有优先地位，并主张本质问题存在于一切美学问题中，是美学的基础问题。本质论美学是西方美学的发生期形态，对后世美学产生了深远的影响。

（2）神学美学。在基督教神学看来，美的赏心悦目终究来源于唯一的造物主——上帝。神学美学正是盛行于欧洲中世纪的以基督教神学为主宰的美学。它把古希腊本质论美学与基督教神学"嫁接"起来，认为世界的美来自万能的上帝的创造。古罗马的奥古斯丁（Aurelius Augustinus，354—430）认为美是"各部分之间的比例得当，加上色彩的赏心悦目"②，但又把美的唯一的和终极的源泉归结为"上帝"，相信上帝是世间一切美的最后的创造者。神学美学是西方美学被神学主宰而产生的结果。

（3）认识论美学。告别中世纪蒙昧，觉醒的理性开始思索：美不是来自上帝的神秘旨意，而可以凭理性去认识。认识论美学，是欧洲17世纪发生"认识论转向"以来至19世纪的以理性问题为中心的美学。"认识论转向"（epistemological turn）是指17世纪欧洲哲学中出现的以人的理性觉醒取代神学统治的潮流，它相信人的知识不再是来源于上帝，而是来自人凭借理性对世界的观察和分析。法国哲学家笛卡儿（Rene Descartes，1596—1650）提出"我思故我在"这一命题，在西方首次明确突出理性思考的重要意义，为从理性上探讨美学问题提供了理论基础。认识论美学有如下几种形态：经验主义美学、理性主义美学、德国古典美学、科学美学和生命美学。在其中，尤以德国古典美学为重要。这是活跃于18至19世纪德国的美学流派，出现了康德（Immanuel Kant，1724—1804）、席勒（Friedrich Schiller，1759—1805）、黑格尔（George Wilhelm Friedrich Hegel，1770—1831）等美学家。康德在《判断力批判》（1790）中明确地和系统地分析了审美与"无功利"、"形式"、"目的"、"想象"、"天才"和"自由"等的联系，为美和艺术确立了独立的领域，并对"崇高"范畴做了开创性论述，对后世美学产生巨大影响。席勒的《美育书简》（1793—1794）从人的感性冲动和理性冲动的融汇出发，提出了"游戏冲动"的新构想，主张通过审美"游戏"去建构一个特殊的"审美王国"，并第一次从人性

---

① 〔古希腊〕柏拉图：《文艺对话集》，朱光潜译，北京，人民文学出版社1980年版，第272—273页。

② 〔古罗马〕奥古斯丁：《上帝之城》，卷22第19章，转引自〔美〕吉尔伯特、〔德〕库恩：《美学史》，上卷，夏乾丰译，上海，上海译文出版社1989年版，第171页。

的完善角度论述"美育"（审美教育），将其提升到一个前所未有的高度。黑格尔的《美学》把美视为"理念"的辩证运动的产物，提出"美是理念的感性显现"的著名命题，对古希腊至19世纪的西方艺术类型及其演变做了辩证研究，标志着西方美学的系统化和体系化研究达到一个极致。在德国古典美学这里，美学研究虽然仍旧没有脱离"认识论转向"所开辟的理性主导轨道，但却大大提升了感性的地位。可以说，正是在对理性与感性的关系的新理解中，美学获得了空前绝后的大发展，使其成为古希腊以来西方美学发展的一个"黄金"时段。认识论美学代表着西方美学的活跃时段，尤其是其中的德国古典美学标志着西方美学发展到一个空前的高度。

（4）语言论美学。语言论美学，是指西方于19世纪末发生"语言论转向"以来盛行的以语言问题为中心的美学，包括俄国形式主义、英美"新批评"、心理分析美学、分析美学、结构主义、后结构主义、存在主义和新历史主义等美学流派。"语言论转向"（linguistic turn）是指19世纪末、20世纪初西方人文学科中出现的语言转向潮流，从此语言取代理性而成为学术研究的中心问题①。正是伴随着这种"转向"，包括美学在内的西方人文学界逐渐地把研究的焦点对准了"语言"，这种"语言论转向"是与瑞士语言学家索绪尔（Ferdinand de Saussure，1857—1913）所开创的现代结构语言学（Structural Linguistics）的影响密切相关的。他开创的现代语言学为20世纪语言论美学的兴盛提供了基本的理论支撑。

"语言论转向"在美学领域的直接结果或表现，是出现了以语言为中心问题的语言论美学。英国当代美学家伊格尔顿（Terry Eagleton，1943—）对此有如下描述：

从索绪尔和维特根斯坦直到当代文学理论，20世纪的"语言学革命"的特征即在于承认，意义不仅是某种以语言"表达"或"反映"的东西：意义其实是被语言创造出来的。我们并不是先有意义或经验，然后再着手为之穿上语词；我们能够拥有意义和经验仅仅是因为我们拥有一种语言以容纳经验。而且，这就意味着，我们的作为个人的经验归根结底是社会的；因为根本不可能有私人语言这种东西，想象一种语言就是想象一种完整的社会生活②。

---

① "语言论转向"最初由美国哲学家柏格曼（G. Bergmann）和罗蒂（Richard Rorty）分别于1964年和1967年提出（Gustav Bergman，*Logic and Reality*，Madison：The University of Wisconsin Press，1964，p. 177. Richard Rorty（ed）. *The Linguistic Turn*；*Recent Essays in Philosophical. Method*，Chicago：University of Chicago Press，1967，p.3），后来被用来概括19世纪末、20世纪初以来西方人文领域发生的语言取代理性而占据中心地位的状况。参见王一川：《语言乌托邦》，昆明，云南人民出版社1994年版，第8页。

② 〔英〕伊格尔顿：《二十世纪西方文学理论》，伍晓明译，西安，陕西师范大学出版社1986年版，第76—77页。

这表明,20 世纪的文学理论普遍地倾向于认可语言的重要性,并且相信语言的地位高于意义。当代西方文学理论大谈"语言",把它作为"中心"问题从多方面加以研究,正是基于这种迥异于传统语言观的新语言观和新视野。不再是理性、思想或内容而是语言或形式,成为语言论美学思考的焦点问题。在这里,语言不仅是指狭义的语言符号,而且扩展开来指广义的非语言符号,如绘画、建筑、雕塑、香水、广告、时装系统等等。任何文化过程似乎都可以被视为语言而加以研究①。

（5）文化论美学。这是指西方 20 世纪 80 年代以来兴起的以文化问题为中心的美学,大体包括后现代主义、后殖民主义、女性主义和"文化研究"等美学与文化分析流派。文化论美学(cultural aesthetics)把"文化"视为人类的符号表意行为,强调运用跨学科手段综合地和多方面地分析文化现象,消解文化的精英色彩而揭示其日常性,从大众传播媒介和大众文化的角度对审美问题作新的研究。文化论美学诚然流派众多,各有其背景和追求,但都共同地一面继承文学语言论关于语言的重要性的传统,另一方面又强调在语言论基础上适当改造和借鉴以往的模仿论、表现论和实用论等的某些思路。这样,文化论美学是一种以语言论为基础但更注重语言的社会文化意义的美学倾向。在文化论美学看来,艺术是作为语言与审美现象存在的,但它是更广泛而又根本的文化现象的显示。

法国符号学家、批评家
罗兰·巴尔特

文化论美学有三个理论来源②。第一个是索绪尔现代语言学、结构主义和符号学传统。按照这种现代传统,任何艺术都不过是包罗万象的符号系统——文化的一种形态而已,重要的不是艺术这一种符号本身,而是它在整个人类符号系统即文化中的位置。正是由此出发,法国的结构主义和解构主义者巴尔特(Roland Barthes,1915—1980)寻求建立一个把艺术同其他文化现象如神话、时装、香水、广告、埃菲尔铁塔等统合到一起的符号学分析系统,这为后来的文化论美学分析提供了理论依据、方法论模型和实践范例。文化论美学的第二个理论来源,是英国马克思主义"文化研究"(Cultural Studies)学派。雷蒙·威廉斯(Raymond Williams,1921—1988)和理查德·霍加特(Richard Hoggart,1918—)在 20 世纪 50 年

---

① 参见王一川:《修辞论美学》,长春,东北师范大学出版社 1997 年版,第 77 页。

② 关于"文化研究",美国当代文学理论家卡勒在其近作《文学理论简论》中提出了两个理论来源的说法(Jonathan Culler, Literary Theory: A Very Short Introduction, Oxford: Oxford University Press, 1997, pp.43-46. 参见卡勒:《文学理论》中译本,李平译,沈阳,辽宁教育出版社 1998 年版,第 46—48 页)。这里增加了第三个来源。

代后期分别出版了《文化和社会》(1958)和《文字能力的用途》(1957)两部开创性著作,后者还在60年代创建了后来被称为"伯明翰学派"的伯明翰大学当代文化研究中心,这标志着英国"文化研究"的兴起。这个学派在研究中注重发掘被资产阶级主流文化所压抑的工人阶级通俗文化,以及在大众传播媒介中被制作和传播的大众文化如电影和电视,为美学研究带来了更宽阔的文化视野和思考方向。它启示人们,美学研究应关注具有更广泛受众和参与者的通俗文化、艺术文本的审美意义如何受制于更实际的社会功利需要以及如何在特定的社会体制和机制中生产。文化论美学的第三个理论来源,是20世纪90年代以来人文社会科学领域的"现代性"和"全球化"话语。

文化论美学主张艺术是一种文化形态,而不是独立的语言作品或审美对象;认为艺术的成功取决于多种文化力量的交互作用;坚持语言是特定的社会文化语境的复杂作用的产物;强调欣赏是处于特定文化语境中的公众阅读行为;把艺术的文化性视为焦点问题。就目前来说,西方美学的主要问题聚焦在审美与文化的复杂联系上,而其下一步的发展与演化趋向还有待于进一步观察和分析。

2. 美学的中国化

中国人早就有自己的独特审美观念和艺术史,但严格的现代学术体制意义上的美学学科确实是从西方移植而来的,属于西学的中国化的一种果实。所以,美学在中国诚然有悠久的历史渊源,但仍然是一门外来而又年轻的现代学科。

美学作为一门现代学科,是在晚清(即20世纪初)从西方经日本中介而移植到中国来的。美学的中国化过程先后通过三条主渠道而实现:日本、西方(西欧)、前苏联。日本在西方美学进入中国的过程中起到了中转站作用。中江兆民(1847—1901)较早选用汉语词汇"美学"去翻译法文 esthétique,这个汉译词随后被引进中国,由于王国维等在晚清(20世纪初期)的采纳和推广,得以在中国流行。所以,以王国维等在汉语学界使用和推广"美学"为标志,美学学科在中国诞生。此后,随着中国文化现代性进程的需要及其演变,美学从它的发源地西欧(英国、法国和德国)被直接移植到中国,而不必再经日本中转。蔡元培、朱光潜、宗白华等就先后亲赴西欧"取经",回国后迅速传布美学。从20世纪40年代起,前苏联美学逐渐地在中国占据主流地位,直到70年代。从70年代末、80年代初开始,中国大门再度向西方美学开放,使它重新成为主要的外来美学影响因子。总之,无论从日本、西方还是前苏联输入,美学在中国至今也不过短短百岁。这同中国数千年的审美观念与艺术史相比,确实十分年轻。所以,美学在中国是一门外来且年轻的学科。

美学从一进入中国时起就扮演了活跃角色,成为"五四"前后持续影响中国现代知识分子的一大显学。一门外来学科能迅速中国化并扎根中国学界,其原因可从多方面理解。简要地看，可归结出以下三方面：第一，中国文化中有着悠久的"诗教"或"风教"传统，即利用诗乐的情感感发作用而教育人的审美与教育机制及其传统，这为外来美学的中国化提供了相契合的本土文化土壤。第二，美学在西方现代性进程中曾经起过十分重要的作用，这足以成为后发现代性国家虚心师承的富于魅力的典范，为美学在中国现代学术机制中扮演活跃角色提供了合理化依据。第三，中国现代性进程屡陷危机的特殊情势，迫使现代知识分子把审美启蒙和审美教育置放到重要地位，这是美学在现代中国一度充当显学的一股强大的动因。

3. 中国现代美学的演化

从发展与演化历程看，美学在现代中国也有其多样性与复杂性。在这其中，显而易见的一点在于，这些美学很难像在西方那样用一个专有术语去概括，如本质论美学、语言论美学等，而是在中国语境中生长出与西方的不同的特定形态及特殊品格，例如，很难见出在西方有过的流派、学派或思潮轨迹，而是更多地呈现出与特定时代的精神演变路径紧密相连的美学人物群体的相近美学旨趣或美学共通性特点。有鉴于此，不妨暂且从美学所从中受到影响的社会发展的一般阶段状况去划分。这就有中国现代美学的如下演化阶段：清末民初美学、五四美学、30—40年代美学、50—70年代美学、80年代美学和90年代至今的美学[①]。

（1）清末民初美学。清末民初美学是指清朝末年至民国初年（1874—1915）的美学，属于中国现代美学的开创期，主要代表人物有王韬、梁启超、王国维和蔡元培等。

王韬

王韬（1828—1897）并没有撰写过专门的美学论文或著作，但其思想探索却有助于中国现代美学风气的开拓。他于1874年在香港创办《循环日报》并自任主笔，在政论文、游记及文言短篇小说中较早从个人对欧洲文明的亲身体验角度，揭示中国人的新的全球性境遇（如"地球合一"之说等），进而系统论述中国现代性变革的必要性、意义和措施，为后来从西方引进美学与艺术提供了具有先锋意义的媒体与舆论基础。王韬还在游记散文中具体地对中西绘画美学原则的异同作过开创性比较："西国画理，均以肖物为工，贵形似而不贵神似。其工细刻画处，略如北宋苑本。人物楼台，遥视之悉堆垛

---

① 这里只讨论作为现代学科的美学，至于中国古典美学也很重要，但因篇幅限制从略。可参考张法《中国美学史》（上海，上海文艺出版社2000年版）有关章节。

凸起,与真逼肖。顾历来画家品评绘事高下者,率谓构虚易而徵实难,则西国画亦未可轻视也。"①这里就中西绘画美学原则的根本差异作了探讨:其一,与中国画标举"神似"而轻视"形似"不同,西画恰恰追求"形似",这显示了两种不同美学原则;其二,与中国画创造"离形得神"的幻觉型"真实"不同,西画强调"与真逼肖"、达成"逼真"效果;其三,中国画有"构虚易而徵实难"之说,以此品评绘画作品之高下,而西画在"徵实"方面如此努力,表明其水平不仅并不低下而且已达很高美学水平,从而"未可轻视"。王韬在当时力排众议地肯定西方绘画美学的合理性和成就是难能可贵的,对中国现代美学的发生具有一种先驱者的启蒙意义。

梁启超(1873—1929)具有维新变法政治领袖和思想界斗士的身份,这帮助他在现代美学发生过程中扮演了开风气者这一特殊角色。他先后倡导"诗界革命"、"文界革命"和"小说界革命",在现代率先突出了审美与艺术对社会变革的特殊促进作用。他在中国美学史上首次提出了"小说乃文学之最上乘"的论断,产生了重大影响,有力地促使以往不登大雅之堂的小说一举取代诗歌而成为现代文学的中心文类。

王国维

王国维(1877—1927)从20世纪初起关注"美学"问题,借鉴西方美学观念及术语陆续撰写了一系列美学与美育论文,由此奠定了他在中国现代美学中的创始人地位。

蔡元培(1868—1940)在民国初年担任南京临时政府教育总长期间,将审美教育(即美育)纳入现代教育方针及体系中,相应地确立了美学及艺术教育在现代教育体系中不可缺少的地位,由此对美学的体制化作了无可替代的重要贡献。

这时期美学的突出特点在于,作为现代学科的美学在中国诞生,并成为中国现代教育体制的组成部分。

(2)五四美学。五四美学是指"五四"新文化运动期间(1916—1926)的美学,它借助新文化变革运动而兴盛并产生广泛的社会影响,主要代表人物有蔡元培、陈独秀、胡适和鲁迅等。蔡元培继将美学、美育及艺术教育纳入现代教育体系后,又在担任北京大学校长期间,予以大力推进,并进而提出"美育代宗教"这一惊世之论,强调美育由于有助于塑造古典传统衰落后现代中国人的心灵,可以在中国起到宗教在西方所起的那种支撑现代民族精神、建构现代民族性格的特定作用。

---

① 王韬:《漫游随录》,陈尚凡、任光亮校点,长沙,岳麓书社1985年版,第90—91页。

陈独秀(1880—1942)先后主编杂志《新青年》(第1卷名《青年杂志》)和《每周评论》,发起"五四"新文化及文学革命运动,这客观上对美学在中国的发生、发展和普及起到了重要的动员作用。胡适(1891—1962)作为中国尝试写现代白话诗并产生重大影响的第一人,在"五四"新文化运动期间提出文学语言革命主张并付诸实践,有力地推动了白话文取代文言文的历史性变革进程,从而从语言变革层面对现代艺术与美学作出了独特贡献。鲁迅(1883—1936)对艺术的审美特性和社会功能有清醒的和辩证的认识。他的美学思考、中国小说史研究、外国美学名著翻译和文学创作实践,对现代美学的发展产生了积极的推动作用。这时期美学借助"五四"运动的浩大声势而产生了广泛的社会影响。

(3)30—40年代美学。30—40年代美学是指1930—1948年间的美学,它标志着现代美学进入中国化时期,呈现出两大取向:一是学理化建设取向,二是社会革命化建设取向。学理化建设取向,是指中国现代美学依托高校和研究机构等的学术共同体而注重学术性及理论性建设,其主要代表人物有朱光潜、宗白华和李长之等。朱光潜(1897—1986)于1925年起赴英法学习语言学、哲学、美学和心理学,后以《悲剧心理学》获得博士学位,1933年回国后长期担任北京大学教授。他不仅写过文笔流畅、生动、浅显的美学普及读物《谈美》,在社会上产生广泛影响,而且通过《文艺心理学》和《诗论》等著述在美学的学理化建设方面作出了开创性贡献。宗白华(1897—1986)亲身参与"五四"新文化运动,后来赴德国学习美学,回国后从中西比较文化和比较美学视野阐述中国美学,倡

美学家宗白华

导并亲身实践与通常的逻辑思辨不同的个人体验美学路径(自称"美学散步"),提出了以"艺术意境"、"节奏"等概念为代表的现代美学理论。这些思想在80—90年代产生了广泛而重要的影响。李长之(1910—1978)善于把文化视野、人格体验与语言修辞分析结合起来,以《鲁迅批判》、《司马迁之人格与风格》和《迎中国的文艺复兴》等著述活跃于学术界,确立了自己作为中国现代少有的杰出文学批评家和美学批评家的独特地位。社会革命化建设取向,是指中国现代美学依托延安解放区革命文艺实践和社会革命需要而展开审美与艺术探索,力图让审美与艺术服务于社会革命的群众动员需要,其代表人物有毛泽东、周扬、胡风、蔡仪等。这时期美学在社会普及、学科建设和中西比较美学等方面都取得了扎实的成就。

(4)50—70年代美学。这时期美学是指从1950年到1976年期间的美学,它

属于中国现代美学的"苏化"时期，其代表人物除朱光潜和宗白华外，还有蔡仪、吕荧、高尔泰、李泽厚等。英美"资产阶级美学"被拒之门外，而前苏联"马克思列宁主义美学"则被当成学习和仿效的几乎唯一样板。1956—1957年出现过短暂而热烈的"美学讨论"，围绕美的本质问题形成了客观论、主观论、主客观统一论和社会论等多种不同学说及其争鸣场面。"文革"（1966—1976）时期的美学主要根据当时的国家政治控制与意识形态宣传需要而存在。出现了"文艺为政治服务"、审美服从于"斗争哲学"以及"三突出"和"高大全"等泛政治化美学原则。与此同时，开始于30年代的美学学理化建设陷于中断。这时期美学中值得注意的是50年代"美学讨论"，它为后来80年代"美学热"提供了人员和学理储备。

（5）80年代美学。80年代美学是指1977至1989年间的美学。它属于中国现代美学的再度开放和活跃时期，出现了几乎涵盖整个人文社会科学领域的"美学热"。其代表人物有复出的朱光潜、宗白华、王朝闻、蔡仪、高尔泰、蒋孔阳等，而真正影响超群的美学家是李泽厚。李泽厚从70年代末起，在中国古代、近代和现代思想史研究与西方哲学和美学研究基础上，提出了"积淀"、"主体性"、"社会本体论"、"情本体"等一系列美学论点和主张，在当时的人文社会学科领域产生了广泛的影响及争议。这从一个方面显示了美学在这时期人文社会学科领域中所起的主导和启蒙作用。美学在20世纪80年代中国政治、思想、文化界的开放与启蒙过程中确实一度扮演过"先锋"角色。人们在解决其他学科领域的棘手问题之前和之时，往往求助于美学，因为美学被认为可以触及问题的根本——人性的深处及体制的根源，并由此产生特殊的穿透力和感染力。这时期美学充分显露了美学在人文社会科学中的主导地位，在这方面达到了中国现代美学的一种难以重复的极致。但同时存在着过度崇拜"审美"本身而轻视其对现实社会文化的依存性的偏向。

（6）90年代至今的美学。90年代美学是指1990年至今的美学。它表明中国现代美学进入一个平稳的学科建设时期。这时期美学的显著特点是：第一，淡化或舍弃美的本质传统而注重考察具体审美与艺术问题；第二，关注审美与语言及更广泛的文化问题的联系；第三，注重全面的学科建设及跨学科研究；第四，对西方美学的翻译和研究呈现出几乎同步进行的新趋势；第五，与普通美学的相对沉静不同，具体艺术部门美学（如影视美学、音乐美学、文学美学等）、特定美学问题研究（如语言美学、形式美学等）和实用美学（广告美学、烹调美学、设计美学、服装美学、美容美学等）进入活跃时期。

4. 美学在当代

从对美学西来与中国化的匆匆巡礼可见，年轻的中国现代美学深受西方美学的影响，但由于为适应中国文化现代性的特定需要而产生，并背靠自身的深厚传统,因而有自己的独特问题和演化方式及特定作用。无论是西来美学还是本土审美观念与艺术传统,都已作为全球化语境中中国现代美学的内在因子而存活下来,正以传统的方式有力地影响我们的当代生活与文化。美学在当代生活与文化中有着哪些作用呢?对此可从显性层面、隐性层面以及中介层面去考察。

第一,从显性层面看,美学作为实用工艺与美化模型正发生显著的作用。我们的工业产品、时装、美食、美容、建筑、居室美化、都市景观等无一不从美学中吸取资源,这种吸取是如此经常以至于已成为我们的生活方式中的有力因子了。

第二,从隐性层面看,美学作为精神传统正在我们的内心或精神层面发生着微妙而重要的作用,包括激活、拓展或变异等。美学应当成为当代生活与文化的基本价值体系中不可或缺的核心因子。

第三,从介乎显性层面与隐性层面之间的中介层面看,美学作为艺术形式之学正在当代艺术创造与鉴赏中发挥作用。可以说,美学已经多层面地融入当代生活与文化中,并且成为其重要的建构力量。

美学本身在当代应当如何存在呢?选择可以有若干种,每一种选择可能会导向一种不同的美学风景,因而这里只能呈现我们的一种特定选择:寻求美学当代性与传统性的交融。美学应当既是当代的又是传统的,是美学当代性与美学传统性的融会生长的成果。美学当代性是指美学主要把握当代审美与艺术问题领域,而对以往古今美学问题领域的关注则尽量精简。但这不能成为美学的当代性与传统性可以随处发生冲突或悖逆的当然理由。美学当代性是可以内在地通向传统性的。美学传统性是指美学在把握当代审美与艺术问题领域时注重激活或借鉴以往古今美学传统,使之成为自身处理当代问题的活力资源。这里的传统不是指对古今美学遗产的简单挪用,而是指根据当代现实需要而对古今美学遗产的新的激活与创造。这样的美学传统性意味着,根据当代新需要而重新激活古今美学资源,使这种资源在当代美学建构中散发新的活力。

二、美学的两义

上面一直在讨论的美学,究竟是指什么呢?美学是否就只是一种关于美的学问?这无疑是需要弄明白的问题。弄明白并不等于要给美学下最后定义,而只不过是要给出一个操作性说明罢了。如果还存在其他若干不同的美学界说,是正常的事。不必过分相信定义,也不是不要定义,而只是要个可以显示特定思考路径的操作性定义。就像三岔路口立着的路标一样,它让你知道该走哪条路,但你是否走、怎么走、走过去会有怎样的风景在等待你,则是另一回事。

在长期的中外美学研究中,美学一词已被赋予多种含义。一般说来,美学在

希腊雕塑:拉奥孔

今天往往具有两种歧义或两种不同用法:一是美论美学,主张美学是关于美的学问;二是感觉论美学,认为美学是关于感觉的学问。

美论美学倾向于把美作为核心研究对象。当初日本学者中江兆民挑选汉字"美学"去翻译法文 esthétique(美学),想必正是偏爱这术语内部包含的"美"义吧?这其实反映了德国美学家、批评家莱辛(Gotthold Ephraim Lessing, 1729—1781)以来西方现代美学主流的一个基本取向:美学以美为主要研究对象,美学就是研究美的学问。莱辛在阐释古希腊雕塑《拉奥孔》时指出:"美是造型艺术的最高法律",并进一步发挥说:"凡是为造型艺术所能追求的其他东西,如果和美不相容,就需让路给美;如果和美相容,也至少须服从美。"①在他看来,《拉奥孔》脸上的表情之所以不那么痛苦,恰恰是为了追求视觉上的美的效果。根据莱辛的主张,美学所关心的就不再是鲍姆加登那种普遍性审美感觉,而是更为集中的纯粹的美,以及美的艺术。从莱辛开始,以康德、歌德、席勒、谢林、黑格尔为代表的德国古典美学家,虽然也大量论述审美判断、审美感觉、审美想象等问题,但令人印象更为深刻的无疑是美及美的艺术问题。尤其是黑格尔,索性标举"美是理念的感性显现",并把自己的美学理论大厦建筑在美的本质的规定这一地基上,这对后世美学的美论取向产生了极大的导向作用。只要人们提及美学一词,就往往首先想到黑格尔等美学家阐释和标举的"美"。正是"美"与"美学"之间的这种亲密关联,暗示或提醒人们包括东方人从"美"的角度去理解美学。这样,中江兆民和王国维等东方人用汉语词汇"美学"去理解和翻译来自西方的 aesthetics,就具有了一种必然性和合理性。王国维以来的中国人讲到"美学"时,必然会更多地从美的角度去理解。这种以美为中心的美论美学传统,在中国甚至一直持续到20世纪90年代。相应地,中国美学多年来以美的本质和艺术为中心问题,也就具有了合理性。

与美论美学偏爱美与艺术不同,感觉论美学更突出感觉在美学中的核心地位。感觉论美学(又称感性论美学)主张美学不应局限于研究美,而应当研究包括美在内的人的整个感觉或感性。这一点在某种意义上是返回美学创始人鲍姆加登当年的初衷:美学是关于人的感觉的学问,它要研究人的感性、感觉、情感如何

———————————

① 〔德〕莱辛:《拉奥孔》,朱光潜译,北京,人民文学出版社1981年版,第14页。

在现代人性结构中形成一种合理性。这意味着美学就是感觉学或感性学。与美论美学相比较,这种美学具有一种远为宽阔的学科视野和对象范围:凡是与人的感觉、感性或情感有关的,不论其是否美,都可成为美学的研究对象。如此一来,不仅狭义的美、崇高、悲剧、喜剧等传统美学范畴,甚至20世纪90年代以来方兴未艾的生活美化、美容、美食、口腔美学、影视文化、视觉文化、听觉文化、图像文化、媒介文化等涉及感觉的宽泛对象,无一不可以纳入美学。这样,在感觉论美学视野中,美学的研究对象范围就扩张得愈来愈宽阔了。它不仅涉及美、审美与艺术,而且更涉及普通的日常生活、日常生活中的文化等。难怪当代德国美学家韦尔施(Wolfgang Welsch)会主张:"美学必须超越艺术问题,涵盖日常生活、感知态度、传媒文化,以及审美和反审美体验的矛盾"①。

这两种美学取向各有其合理性、历史性和适用范围,不能简单断定其优劣短长。比较而言,美论美学由于特别标举美与艺术,更多地属于传统美学范畴,尤其契合于精英旨趣为主导的高雅文化或高雅艺术的价值追求;而感觉论美学突出普遍性感觉与日常生活,则出于美学创立之初的学科旨趣,更贴近20世纪90年代以来以大众文化或消费文化为主流的当代审美文化状况。应当看到,美论美学诚然更多地来自并契合于传统美学的高雅文化诉求,但在感觉论美学大行其道的今天,这种对美的关注传统本身不能被简单地指责为"过时"。因为,当代审美文化在审美感觉扩张中仍然显示了对美的崇尚倾向,只不过这种美的呈现方式及对它的崇尚方式已变得多样而复杂罢了。

立足于当代审美与艺术状况,但又尽力融汇古今美学传统及多重审美价值的考虑,我们的办法是:在感觉论美学基础上适当吸收美论美学的某些资源,形成对于当代审美现象的新的阐释思路和框架。

三、美学的界说

在上面讨论的基础上,可以来对美学作出一种临时的操作性界说。这个问题涉及两方面:一是美学的学科属性,二是美学的学科研究对象。所以,首先要回答美学的学科属性,进而讨论美学的研究对象,最后给美学下个操作性定义。

1. 美学的学科属性

美学在今天是被当作一门独立学科来对待的。但这门学科究竟具有怎样的属性,却往往并不清楚。属性,这里是指学科所具有的基本特性。美学的属性就是指美学作为学科的基本特性。要回答美学的属性问题,就需要思考美学与自然

---

① 〔德〕韦尔施:《重构美学》,陆扬、张岩冰译,上海,上海译文出版社2002年版,第2页。

科学、人文社会科学的关系。

美学是科学吗？科学(science)，又称自然科学(natural sciences)，是关于自然的知识体系，包括数学、物理学、天文学、地理学、地质学、生物学和生理学等。美学与科学存在相通之处：美学与科学一样要研究人及其自然环境，美学有时也从科学吸取理论资源。但美学毕竟与科学不同：与科学以分解方式分门别类地研究人不同，美学对人的研究是综合的和整体的；与科学以精确的数据和实验方式研究人不同，美学对人的研究往往运用概念、判断和推理方式。这表明，美学不应被简单地被归结为科学。

其实，美学常常不是与科学而是与人文社会科学(humanities and social sciences)具有密切联系。人文社会科学可以更具体地分成人文学科和社会科学。人文学科(the humanities)是关于人的生活与特性的知识体系，通常包括文学、哲学、历史学、修辞学和伦理学等。"社会科学"(social sciences)是关于人类社会的知识体系，一般包括经济学、政治学、社会学、法学、人类学、心理学、管理学、新闻学和传播学等。人文学科往往更多地运用体验、思辨或演绎的方法，社会科学则较多地采用归纳、实验的方法。比较起来，美学与人文学科发生更密切的联系。美学先后与哲学、历史学、修辞学、伦理学等人文学科发生过紧密的联系，并且有时干脆被归属于这些学科；同时，有时也与社会科学中的心理学、人类学、传播学等结成密切的亲缘关系。这是因为，美学与它们一样要运用概念、判断和推理的方式研究人的生活。所以，美学一般是一门人文学科，是关于人的生活形式及其价值的知识体系。

然而，作为一门人文学科，美学具有与其他人文学科不同的特殊属性。第一，与其他人文学科从概念角度考察人不同，美学虽然也运用概念，但同时也注重把握形象。概念是表述事物的抽象属性的词语，形象是符号中呈现的具体可感物。美学正是对于符号中呈现的具体可感物即艺术形象的一种集中的概念或形象探讨。这就是说，美学的研究方式可以有两种：一种是概念方式，另一种是形象方式。这两种方式都力图把握审美与艺术现象。当苏东坡要求诗文"有为而作，精悍确苦，言必中当世之过"(《凫绎先生文集序》)时，他是在运用概念方式去表述自己的艺术创作主张。而当刘勰认为"山沓水匝，树杂云合。目既往还，心亦吐纳。春日迟迟，秋风飒飒。情往似赠，兴来如答"(《文心雕龙·物色》)时，他显然是在运用形象方式去揭示艺术创作中"感兴"的发生状况。第二，与其他人文学科难免对人作抽象研究不同，美学的研究常常是抽象与具体结合着的，并在这种结合中可以更突出具体。抽象是指从具体形象中抽取出概念的研究方式，而具体则是指始终不离形象的研究方式。第三，与其他人文学科注重对人作逻辑分析不同，美学在对人作逻辑分析的同时会更注重个人体验的重要性。这就是说，作为人文学科,美学研究当然要求运用概念、抽象和分析方式,但相比而言,比其他人文学科更突出形象、具体和体验的作用。

这样,从属性看,美学不是科学而是人文学科;同时,即便是作为一门人文学科,美学除了遵循人文学科的共同方式如概念、判断、推理等外,还更突出形象、具体和体验方式的作用。可以说,美学的属性在于,它是一门在运用概念、判断和推理方式的同时也注重形象、具体、体验方式的人文学科。

王国维在《人间词话》里分析古典诗词,正是从一个方面体现了美学的上述属性。他分别评论宋祁的《玉楼春·春景》和张先的《天仙子》词句说:"'红杏枝头春意闹',著一'闹'字而境界全出。'云破月来花弄影',著一'弄'字而境界全出矣。"①只用简短的语言,就形象而具体地传达了对于诗词的"境界"的独特体味。他还有过如下著名论述:

> 古今之成大事业、大学问者,罔不经过三种之境界:"昨夜西风凋碧树。独上高楼,望尽天涯路。"此第一境界也。"衣带渐宽终不悔,为伊消得人憔悴。"此第二境界也。"众里寻他千百度,回头蓦见,那人正在灯火阑珊处。"此第三境界也。此等语皆非大词人不能道。②

这里把宋代晏殊《鹊踏枝》、欧阳修《蝶恋花》和辛弃疾《青玉案》中的词句串联起来,形象而生动地阐释古今大事业和大学问必经的由低到高的三级境界:第一级境界在于孤独与无畏的绝境历险,第二级境界在于逆境中的不悔选择与坚强持守,第三级境界在于百折千回之后的瞬间洞见。只是,王国维没有用类似上面的坚硬语句去做逻辑清晰的界定,而是改用了富有个人感兴的诗家灵性语言去"传神",体现了以诗喻事、以诗喻学的中国美学传统。这种形象阐释方式本身就体现了美学的形象、具体、体验属性。美学当然也可以运用理论思辨方式,但这种方式常常同形象、具体、体验方式结合起来,从而体现出特殊的感染力。

当然,美学作为一门人文学科,也会时时注意吸收自然科学和社会科学的研究成果,正像自然科学和社会科学并不简单地排斥美学成果一样。

2. 美学的研究对象

作为一门在运用概念、判断和推理方式的同时也注重形象、具体和体验方式的人文学科,美学的研究对象是什么呢?美学的对象是指美学研究的客体,它应当是美学所关注的焦点性问题领域。美学的对象历来存在几种不同看法:第一种,美学的对象是美。这看法把美学的对象仅仅限定在"美"上面,忽略其他更丰

---

① 王国维:《人间词话》,滕咸惠校注,济南,齐鲁书社1981年版,第47页。
② 同上书,第5页。

富、复杂的审美现象。同时，说"美学"研究"美"，不过是同语反复而已。第二种，美学的对象是审美心理。这看法突出人类审美心理在美学中的地位，但忽略审美的其他方面，如审美形态和艺术品等。第三种，美学的对象是艺术。这正确地突出了美学的公认的焦点性问题——艺术，但舍弃了艺术所无法涵盖的其他方面，如自然美、社会美、科技美等。第四种，美学的对象是美学中的语言。这是现代欧美"分析美学"的代表性看法，它把美学的对象仅仅限定为美学家的表述语言，这大大缩减了美学的对象。第五种，美学的对象是包括审美现象在内的更广泛的文化问题——审美文化，其理由是审美与文化如今已交融在一起。这是对美学对象的过于宽泛的规定。以上五种看法都可从各自不同视角见出美学对象的特定维度或局部。

美学所关注的是人的生活。但任何人文学科都可能以这样或那样的方式关注人的生活，美学有什么特殊处？美学关注的应是人的生活的特定方面：人如何通过感觉而在符号形式中生成意义。

第一，美学关注的是人的生活的感觉方面。美学当然要关心人的理性，而且美学本身就常常以理性沉思方式表现出来，但美学首要地关心的是人如何运用自己的五官感觉去确证自身。人的这种审美感觉其实是一种与理性沉思不同的更深沉而难忘的特殊的生命直觉，不妨称为审美体验。审美体验是人生意义的瞬间直觉。所以，美学关心人的审美感觉，具体可以呈现为两方面：一方面是人的审美体验，另一方面是这种审美体验所把握的活的形象。中国人历来重视审美体验的作用。"风急天高猿啸哀，渚清沙白鸟飞回。无边落木萧萧下，不尽长江滚滚来。"（杜甫《登高》）风声、天色、猿鸣、江水、沙洲、飞鸟、无边落木、滚滚长江等，正是由人的视觉和听觉感受组成的审美世界。在这个世界中，人体验到自身的生命运动及其存在价值。"大珠小珠落玉盘"（白居易《琵琶行》），描写的是对琵琶曲的听觉感受。"举头忽看不是画，低耳静听疑有声。"（白居易《画竹歌》）听觉与视觉可以相互补充。"天阶夜色凉如水，卧看牵牛织女星。"（杜牧《秋夕》）触觉也可以弥补或充实视觉感受。人的诸种感觉之间的相互补充与协调，构成了人对世界的整体体验能力。

重要的是，人在审美体验中把握的不是自然科学、社会科学等所常用的概念，而是活生生的形象——用中国古典美学术语来说，就是"兴象"，即是饱含人的"感兴"的形象（有关"感兴"和"兴象"的讨论分别见本书第二章和第五章）。上面诗句中所呈现或唤起的正是一幅幅活的兴象。"春秋代序，阴阳惨舒，物色之动，心亦摇焉"（刘勰《文心雕龙·物色》），事物景象的变化会激起人的丰富的感兴活动；人的感兴越深，情感就越是强烈。陆游《沈园二首》其一这样说："城上斜阳画角哀，沈园非复旧池台。伤心桥下春波绿，曾是惊鸿照影来。"在诗人的眼中，城楼上的斜阳、画角,似乎同他本人一样地哀痛;葫芦池畔的小桥及桥下的满池春水,仿佛也与他一样伤心欲绝。陆游对唐琬的无比深厚的思念之情,就这样与这些活生生的兴象紧紧地联系起来。

沈园大门

陆游曾与唐琬同游沈园葫芦池

德国美学家席勒(J. C. F. Schiller,1759—1805)提出的"活的形象"(living image)概念,有助于我们理解中国式兴象概念。"活的形象"正是一种活生生的生命形象。按席勒的看法,人类有两种对立的冲动:一种冲动是"感性冲动",即在感觉世界中确证人类本性的冲动,它是受动的;另一种冲动是"形式冲动"(或理性冲动),即把感觉世界整理为人类形式的冲动,它是主动的。现代文明的最大悲剧在于"形式冲动"压抑了"感性冲动",导致了现代人性的分裂。要解决这种人性分裂,就要以第三种冲动即"游戏冲动"来调节感性冲动和形式冲动之间的对立,以便重建"完整的人的形象"①。"活的形象"正是这种人性的辩证生成过程的结晶。在席勒看来,真正的人性的生活是"游戏"而不是苦役,是生活在表演中而不是生活在需要中。"活的形象"就体现了一种更高意义上的辩证的"调和",成为完整、和谐和美丽的人性生活的形象②。

与席勒的"活的形象"来自于人的"感性冲动"与"形式冲动"的调节不同,中国式兴象被认为来自于事物变化在个体心中造成的兴发感动("物色之动,心亦摇焉")。这种兴发感动是人调动五官感觉去整理事物万象的结果。按照马克思的观点,人的五官感觉能力及人对画面、声音、味道、气息和物体等"兴象"的体验,都是人类在长期的社会实践中形成的,是人确证自身的存在的一种主要方式。马克思指出:"对我说来任何一个对象的意义(它只是对那个与它相适应的感觉说来有

① 〔德〕席勒:《审美教育书简》,冯至等译,北京,北京大学出版社1985年版,第77页。
② 〔美〕维塞尔:《活的形象美学》,毛萍等译,上海,学林出版社2000年版,第212—213页。

意义)都以我的感觉所能感知的程度为限。"①只有凭借感觉,人才能完整地发现对象与自身。由于如此,人的感觉对于人来说才具有了至关重要的意义。"所以社会的人的感觉不同于非社会的人的感觉⋯⋯因为不仅是五官感觉,而且所谓的精神感觉、实践感觉(意志、爱等)——总之,人的感觉,感觉的人类性——都只是由于相应的对象的存在,由于存在着人化了的自然界,才产生出来的。五官感觉的形成是以往全部世界史的产物。"②

第二,美学关注的主要是审美体验对人生意义的把握。美学不像自然科学那样关注人的审美体验的物理结构、生理机制或心理机制等方面,而是关注它对人生的意义的发现。所谓人生的意义,是指人的生活的价值。人在世界上如何凭借感觉去确证自己的生存及其意义,正是美学关注的焦点。"相看两不厌,唯有敬亭山。"(李白《独坐敬亭山》)诗人独坐而观赏敬亭山,不是要探索它的物理学、生理学或心理学内涵,而是要切身体验它对诗人自身的价值:它像人一样充满感情,甚至比人更能理解人,简直就像人的知音一般。辛弃疾告诉我们,"一日,独坐停云,水声山色,竞来相娱"。自然山水竟可以带给他在人群中难以获得的"欢娱",因此他无法不发出"我见青山多妩媚,料青山、见我应如是"的感慨(《贺新郎》)。"春山淡冶而如笑,夏山苍翠而如滴。秋山明净而如妆,冬山惨淡而如睡"(郭熙《林泉高致集·山水训》)。自然界的姿态万千的形式美唤起人的不同的美感,激发起丰富的情感体验活动。

对于这类审美体验对人的意义,钟嵘《诗品序》早就作过这样的解释:"气之动物,物之感人,故摇荡性情,形诸舞咏。"说的是自然之气促动事物发生变化,而变化着的事物对人的感官产生感发作用,形成人的内心的丰富的情感、直觉、想象等过程。这种内心活动是这样激烈、这样富于意义,以至于人非诉诸歌舞而不能释怀。这也正说明了歌乐舞等艺术所产生的缘由:人对世界的审美体验如此富于价值,以至于人不得不通过艺术手段去表现,以便传播给他人,让他人获得同样的感受,而自己也在这种与他人的共享中更真切地体验到人类生活的意义。

第三,美学对审美体验及其意义的关注总不离具体的符号形式。自然科学和社会科学也关心人的审美体验及其意义,但它们的关心常常可以与具体符号形式相分离,而美学的关心却处处与符号形式紧密结合、并且依靠符号形式进行。在这个意义上,符号形式正是审美体验得以发生的中介要素。

符号,英文作 symbol,也可译为象征。它通常有两个含义:一是指一件事物可以表达一定的意义,二是指一件事物暗示着另一件事物或某种意义。按德国哲学

① 〔德〕马克思:《1844 年经济学—哲学手稿》,刘丕坤译,北京,人民出版社 1979 年版,第 79 页。
② 同上。

家卡西尔(Ernst Cassirer,1874—1945年)的看法,人类的基本特性在于通过劳作制造"符号",形成人类意义的系统,这就是"符号的宇宙"(universe of symbol)。"人不再生活在一个单纯的物理宇宙之中,而是生活在一个符号的宇宙之中。语言、神话、艺术和宗教则是这符号宇宙的各部分,它们是组成符号之网的不同丝线,是人类经验的交织之网。"①因此,人在本性上与其说是"理性的动物"、"言语的动物"、"使用和制造工具的动物",不如说是"符号的动物"。正是符号提示了人的本质,符号化思维和行为构成人类生活中最富代表性的特征。按照马克思主义观点,人类的符号活动归根到底是社会实践的具体形态,因而应当理解为符号实践。符号实践是指人类创造和运用符号以便彼此沟通的过程。而审美正是这种人类符号实践的产物。

审美或艺术总是要借助符号形式进行,没有符号就不成其为审美。"春江潮水连海平,海上明月共潮生。滟滟随波千万里,何处春江无月明。江流宛转绕芳甸,月照花林皆似霰。空里流霜不觉飞,汀上白沙看不见。江天一色无纤尘,皎皎空中孤月轮。江畔何时初见月,江月何年初照人?人生代代无穷已,江月年年只相似……"(张若虚《春江花月夜》)这里的"春江潮水"、"海上明月"、"空中孤月"、"江畔花林"、"空里流霜"等兴象,都是通过诗人创造的汉语符号形式来呈现的,这些符号形式可以唤醒心灵深处的时空意识以及深厚的宇宙情怀。

把上述三方面合起来,可以见出美学的对象的三个要点:审美体验、这种体验对人生的意义以及作为它们的中介的符号形式。这样,美学要研究的实际上正是一种特定的沟通方式,这是凭借对符号形式的体验去实现沟通的方式,即是人通过对符号形式的体验而实现的人与物、人与人、人与自我之间的沟通方式。简要说来,美学研究的正是人的审美沟通。

3. 美学的定义

美学的属性表现在,它是一门在运用概念、判断和推理方式的同时也注重形象、具体和体验方式的人文学科;美学的对象是人的审美沟通,即研究人如何通过对符号形式的体验而发现人生意义。这就可以获得美学的定义:美学是一门在运用概念、抽象和推理方式的同时也注重形象、具体和体验方式的研究人的审美沟通的人文学科。更简洁地说,美学是研究审美沟通的人文学科。美学的主要问题正是审美沟通,即人与事物、人与人、人与自我等之间通过对符号形式的体验而实现的审美沟通。

对上面有关美学定义的表述,不能作以往那种本质论的甚至绝对化的理解。不如说,它只是当前众多可能的美学思考路径之一。通往审美奥秘的路途布满大

---

① 〔德〕卡西尔:《人论》,甘阳译,上海,上海译文出版社1985年版,第34—35页。

道小径,我们只不过碰巧选择一条而已。存在着别种合理道路,毫不奇怪。同时,如果有学者坚持不给美学下任何定义,也可以理解。

四、美学的学科特征

美学在当前有着怎样的学科特征?不妨首先借鉴有关文学理论的分析思路。美国学者卡勒(Jonathan Culler)在论述文学理论时感叹:"理论是一种思维与写作躯体,其限制难以界定。"①由于变得无法限制了,文学理论成了没有固定界限的评说天下万事万物的各种著述了,涉及人类学、艺术史、电影研究、性别研究、语言学、哲学、政治理论、心理分析、科学研究、社会理智史和社会学等②。卡勒甚至指出:"理论在这个意义上不是一种文学研究的方法定势,而是关于太阳底下一切事物的无限制的写作群体"③。这等于道出当今文学理论的特殊困境:一方面,它无限地开放,似乎具有强大的普遍适用性;但另一方面,它的这种普遍适用性又往往是断裂的或零散的,无法寻到人们原来信仰的有机整体感。卡勒进而归纳出当今文论的四种特征:第一,理论是跨学科的(interdisciplinary),常常涉及其他多种学科。第二,理论是分析性的和沉思性的(analytical and speculative),是文学现象的一种意义阐释尝试。第三,理论是一种对常识的批评(a critique of common sense)。第四,理论是自反性的(reflexive),即是思维的思维,代表着向现有文学和其他话语范畴发出质询(enquiry)的力量④。

卡勒对当代文学理论的上述四点概括也大体适用于当前西方美学的总体趋势,因为,西方当代美学与文论的学科特征没有太大的分别。

置身在全球化学术语境中,中国当代美学诚然具有自身的独特问题领域,但必然无法超脱于世界总的学科走势之外。就中国当代美学的具体情形看,可以见出如下新的学科特征:

第一,在学科属性上,美学已从科学论转向跨学科论。以往的美学,例如20世纪80年代美学,曾依托哲学而把"科学"或科学性当作自身作为独立学科的基本的或最高的追求;而当代美学则倾向于把自身不再看作追求确定性的科学或自然科学,而是看作探寻不确定性的人文学科,更进一步说,看作依赖于多重学科视野相互串通和协调的跨学科方式。在这个意义上,当代美学不仅与哲学、历史学、文学理论、艺术学等人文学科相联系,而且也注意引入人类学、社会学、政治学、经

---

① Jonathan Culler, Literary Theory: A Very Short Introduction, Oxford: Oxford University Press, 1997, p. 3.
② Ibid, p. 4.
③ Ibid, p. 3.
④ Ibid, pp. 14-15.

济学、心理学、传播学等社会科学视野，形成跨学科交响。这样，美学虽然主要属于人文学科，但同时已经具备了跨学科品格。

第二，在学科对象上，美学已从美论转向审美生活论。以往的美学以美的本质和美的艺术为中心问题，把美学视野局限在高雅文化的纯美价值范围内；如今的美学则关注审美化生活或日常生活中的审美文化，让美学视野向具体的审美生活或审美文化原野敞开；以往美学更多地偏重于人的至高精神价值的追寻，如标举优美、崇高、悲剧、荒诞等审美价值，以致成为一种关注过去回忆和未来想象的人生"虚学"；如今的美学格外注重人的物质的或世俗的生活，如关注美容、美发、美食、美肤等，以致成为分散在具体行业中、难以总括的一门门享受现时的人生"实学"。美学诚然要关注高雅文化的精神价值问题，但更多地缠绕在大众文化的实际生活装饰问题中。

第三，在学科方法上，美学已从演绎论转向归纳论与体验论。以往的美学习惯于从一个固定的哲学视点去推演整个美学体系，正像黑格尔当年所做的那样；而当代美学则注重从具体的审美现象中归纳出观点，或者索性强调亲身的审美体验。

第四，在学科反思上，美学已从确定论转向自反论。以往美学总是相信一种确定的结论，或者以一种新的确定论去代替旧的确定论，而当代美学则处处向一切现成结论提出质疑，或者干脆起来颠覆自身的任何确定性假设。

五、审美沟通及其要素

带着上述学科特征，美学如何研究审美沟通？也就是说，美学怎样去研究人们通过对符号形式的体验而实现审美沟通的行为呢？俄裔美国语言学家雅各布逊（Roman Jakobson，1896—1982）有关言语沟通六要素的论述，可以给我们分析审美沟通带来一种启迪。言语沟通（verbal communication，也可译言语传播），主要是指人与人之间通过言语符号系统而实现交际的过程。雅各布逊指出，任何言语沟通行为（act of verbal communication）都有其基本的构成要素（the constitutive factors）：发信人（the addresser）发送一个信息（message）给收信人（the addressee）；这个信息有其据以解读的参照语境（context）；为发信人和收信人都共通的符码（code）；最后，使得发信人和收信人之间建立联系成为可能的物理渠道——触媒（contact）。他用下列图式具体地解释言语

雅各布逊

沟通中的六要素(six factors)及其相互关系①：

语境(context)

信息(message)

发信人(addresser)·······················收信人(addressee)

触媒(contact)

代码(code)

　　这六要素确实是任何言语沟通都必不可少的。由于审美沟通有自身的特殊问题,所以有必要以这个模式为基础,对它加以适当调整,由此形成审美沟通的阐释模式。

　　审美或美,是一种通过对符号形式的体验而实现沟通的过程。在这个意义上说,审美正是一种沟通行为,因而有审美沟通。审美沟通是人们通过对符号形式的体验而实现的人生意义的生成、传播与通达过程。对雅各布逊的六要素加以具体化并稍加变通,就可以见出审美沟通的形成过程:审美沟通意味着审美施动者(发信人)发送一个审美文本(信息)给审美受动者(收信人);这个审美文本有其据以解读的审美语境(语境);为审美施动者和审美受动者都共通的审美符号(符码);最后,使得审美施动者和审美受动者之间建立联系成为可能的物理渠道——审美媒介(触媒)。由此看,审美沟通显然可以视为一种包含六要素的人类活动过程。

　　不过,考虑到审美沟通得以具体发生的审美条件及其成果的重要性,需要补充这样一个附加参数——审美文化。审美文化是审美沟通在其中发生并产生影响的现成审美符号系统及其传统的集合体。它作为特定民族的文化传统"河床",对任何一次新的审美沟通过程都可能产生微妙而又重要的影响;而新的审美沟通过程一旦实现,又可能整合或凝聚到审美文化的传统链条中,对将来的审美沟通起到作用②。

　　这样,我们在探讨审美沟通时就有必要在雅各布逊式六要素中加入附加参数审美文化,从而形成审美沟通七要素框架:第一,审美体验,即审美沟通中的施动者(发信人)角色及其审美创造行为;第二,审美鉴赏,即审美沟通中的受动者(收信人)角色及其审美欣赏行为;第三,审美文本,即供审美施动者和审美受动者发

---

① Roman Jakobson, Linguistics and Poetics, Language in Literature, Krystyna Pomorska and Stephen Rudy, ed., Cambridge：The Belknap Press of Harvard University Press, 1987, p. 66. 中译本参见罗曼·雅各布逊：《语言学与诗学》, 佟景韩译,《结构—符号学文艺学》, 波利亚科夫编, 北京, 文化艺术出版社 1994 年版, 第 176 页。

② 这里补充"审美文化"要素, 有助于呈现和吸收 20 世纪 90 年代以来我国美学界审美文化领域的研究重心及其成果。

生联系的符号形式系统;第四,审美语境,即审美施动者与审美受动者之间的沟通所发生的具体场所;第五,审美符码,即审美施动者与审美受动者之间彼此共享的符号识别系统;第六,审美媒介,即审美施动者与审美受动者之间借以发生物理联系的感性渠道;第七,审美文化,即审美沟通在其中发生的已成审美符号系统及其传统的集合体,作为现成审美文本与审美语境的一种特殊结合体而存在,代表着审美沟通在其中被影响并发生影响的惯例与传统维度。这里把七要素一律冠以"审美××"字样,并不是刻意强调它们的审美特异性,更多地只是指"审美沟通中的××"要素而已,即审美沟通中的体验、鉴赏、文本、语境、符码、媒介、文化等要素。这样可以获得如下审美沟通模式:

审美文化

审美语境

审美文本

审美体验………………………审美鉴赏

审美媒介

审美符码

现实的审美沟通当然丰富多样、千变万化,不能一概而论。然而,就处于全球化及消费文化语境中的当代审美沟通过程来说,上面的审美沟通过程及其七要素却可能具有某种普遍适用性,可以用来阐释和总结现实的审美过程。只不过,相对说来,有的审美过程可能完全符合全部七要素,而有的则主要突出其中的部分要素。这是正常的事情。

《红楼梦》第 23 回《西厢记妙词通戏语,牡丹亭艳曲警芳心》,这样叙述宝玉偷读《西厢记》(《会真记》)并与黛玉共读的经过:

> 谁想静中生烦恼,忽一日不自在起来,这也不好,那也不好,出来进去只是闷闷的。园中那些人多半是女孩儿,正在混沌世界,天真烂漫之时,坐卧不避,嬉笑无心,那里知宝玉此时的心事。那宝玉心内不自在,便懒在园内,只在外头鬼混,却又痴痴的。茗烟见他这样,因想与他开心,左思右想,皆是宝玉顽烦了的,不能开心,惟有这件,宝玉不曾看见过。想毕,便走去到书坊内,把那古今小说并那飞燕、合德、武则天、杨贵妃的外传与那传奇角本买了许多来,引宝玉看。宝玉何曾见过这些书,一看见了便如得了珍宝。茗烟又嘱咐他不可拿进园去,"若叫人知道了,我就吃不了兜着走呢"。宝玉那里舍的不拿进园去,踌蹰再三,单把那文理细密的拣了几套进去,放在床顶上,无人时自己密看。那粗俗过露的,都藏在外面书房里。
>
> 那一日正当三月中浣,早饭后,宝玉携了一套《会真记》,走到沁芳闸桥边

桃花底下一块石上坐着，展开《会真记》，从头细玩。正看到"落红成阵"，只见一阵风过，把树头上桃花吹下一大半来，落的满身满书满地皆是。宝玉要抖将下来，恐怕脚步践踏了，只得兜了那花瓣，来至池边，抖在池内。那花瓣浮在水面，飘飘荡荡，竟流出沁芳闸去了。

回来只见地下还有许多，宝玉正踟蹰间，只听背后有人说道："你在这里作什么？"宝玉一回头，却是林黛玉来了，肩上担着花锄，锄上挂着花囊，手内拿着花帚。宝玉笑道："好，好，来把这个花扫起来，撂在那水里。我才撂了好些在那里呢。"林黛玉道："撂在水里不好。你看这里的水干净，只一流出去，有人家的地方脏的臭的混倒，仍旧把花糟蹋了。那畸角上我有一个花冢，如今把他扫了，装在这绢袋里，拿土埋上，日久不过随土化了，岂不干净。"

宝玉听了喜不自禁，笑道："待我放下书，帮你来收拾。"黛玉道："什么书？"宝玉见问，慌的藏之不迭，便说道："不过是《中庸》、《大学》。"黛玉笑道："你又在我跟前弄鬼。趁早儿给我瞧，好多着呢。"宝玉道："好妹妹，若论你，我是不怕的。你看了，好歹别告诉别人去。真真这是好书！你要看了，连饭也不想吃呢。"一面说，一面递了过去。林黛玉把花具且都放下，接书来瞧，从头看去，越看越爱看。不到一顿饭工夫，将十六出俱已看完，自觉词藻警人，余香满口。虽看完了书，却只管出神，心内还默默记诵。

宝玉笑道："妹妹，你说好不好？"林黛玉笑道："果然有趣。"宝玉笑道："我就是个'多愁多病身'，你就是那'倾国倾城貌'。"林黛玉听了，不觉带腮连耳通红，登时直竖起两道似蹙非蹙的眉，瞪了两只似睁非睁的眼，微腮带怒，薄面含嗔，指宝玉道："你这该死的胡说！好好的把这淫词艳曲弄了来，还学了这些混话来欺负我。我告诉舅舅、舅母去。"说到"欺负"两个字上，早又把眼睛圈儿红了，转身就走。宝玉着了急，向前拦住说道："好妹妹，千万饶我这一遭，原是我说错了。若有心欺负你，明儿我掉在池子里，教个癞头鼋吞了去，变个大忘八，等你明儿做了'一品夫人'病老归西的时候，我往你坟上替你驮一辈子的碑去。"说的林黛玉嗤的一声笑了，揉着眼睛，一面笑道："一般也唬的这个调儿，还只管胡说。'呸，原来是苗而不秀，是个银样镴枪头。'"宝玉听了，笑道："你这个呢？我也告诉去。"林黛玉笑道："你说你会过目成诵，难道我就不能一目十行么？"①

这段叙述实际上记录了宝玉与黛玉之间的一次审美沟通过程。这两位具有叛逆性格的青年男女，通过阅读《西厢记》，对于男女之间的自由恋爱及个性解放

① ［清］曹雪芹、高鹗：《红楼梦》上册，北京，人民文学出版社 1987 年版，第 324—326 页。

新编美学教程

不禁心驰神往。一个感叹"好书"，忍不住把自己的激动难耐的审美体验告诉心上人，希望与她沟通；而另一个也确实"心有灵犀一点通"，读罢立时"自觉词藻警人，余香满口。虽看完了书，却只管出神，心内还默默记诵。"这样的通过文学作品的阅读体验而实现的审美沟通过程，在审美与艺术实践中是具有一定的代表性的。

对于宝玉和黛玉之间的这次审美沟通过程，不妨运用上述审美沟通模式去分析，由此窥见审美沟通要素及其相互关系。第一，茗烟为让宝玉"开心"，去"书坊"买来《西厢记》等作品，这就完成了一次审美沟通过程。可知专门为营利而开设的"书坊"即书店在曹雪芹时代的城市已出现甚至趋于普及了，人们可以鉴赏到包括被正统礼教视为低俗而禁止的多种文学作品。第二，宝黛之间通过"书坊"的书而实现沟通，点明其媒介是印刷出来的书：他俩所据以实现审美鉴赏及彼此沟通的媒介，不再是龟甲媒介、竹简媒介等，而是印刷媒介。第三，《西厢记》正是他们据以共读和共赏的审美文本。第四，与贾府的正统氛围格格不入而共同向往自由的呼吸，这正构成他俩产生审美沟通的特定审美语境。第五，他俩先后敏锐地领悟了书中真意并产生强烈共鸣，表明已同时掌握据以识别或破译这套文本的审美符码系统。第六，正值春意萌动和青春勃发季节的宝玉渴望了解更多的男女情事，这构成了他体验《西厢记》的内在期待视野。他选择"早饭后"、"沁芳闸桥边桃花底下一块石上坐着"阅读，具有一种暂时脱离实际生活而进入审美世界的虚静态度。他独自而安静地坐在石头上"从头细玩"《西厢记》，顺利地沉浸在文本阅读过程中。读到"落红成阵"，便与现实的"落红"联系到一起，起而葬花，显示他与文本形象形成强烈的认同性体验。他又忍不住与自己的知己黛玉沟通说"真真这是好书"，从而引起同样春情萌动的黛玉一同阅读、体验和沟通。一个连说"真真好书"，一个感觉"果然有趣"；一个炫耀"过目成诵"，一个争显"一目十行"。两人显然一同进入到共同阅读与体验的至高境界中。第七，宝黛的这次审美沟通过程的发生，与当时的审美文化传统密切关联：一方面，如果没有以贾政为代表的正统审美文化的挤压，以及来自非正统审美文化生产的充满叛逆精神的馈赠（如《西厢记》等作品被印刷出来供消费），他俩是无缘实现这次审美沟通的；另一方面，这本身又为后代提供了据以实现新的审美沟通的审美文化传统。这就是说，发生在宝黛之间的此次审美沟通经历会成为后人寻求审美沟通和个性解放的宝贵的审美传统资源。

六、本书的美学构架

本书的主要框架正是依据这一审美沟通模式设计而成。我们将按我们的独特理解，以如下顺序依次论述审美沟通中的七要素，即审美体验、审美媒介、审美符码、审美文本、审美语境、审美鉴赏和审美文化。为了帮助读者了解并参与美学批评实践,本书开辟了美学批评章。这种审美沟通七要素加美学批评的论述体例,体现了我们基于美学当代性与美学传统性融会生长这一特定思路而对审美沟通及相关美学问题的独特探索。这当然不是探讨此问题的唯一路径,但确实是众多可选择的合理的交叉路径之一。

在本章之后将首先讨论来自发信人的审美体验,正表明审美体验在审美沟通模型中的重要性。审美体验代表审美沟通的核心状况及至高境界,也成为当前大众文化、消费文化或媒体文化等时新美学问题交叉渗透的焦点领域,因为这些时新问题都可能涉及人的日常物质生活体验和超越性精神生活体验、久远的历史体验与当下的现实体验等敏感区域。紧接着讨论审美媒介,来自我们从当前大众传媒或媒体文化语境出发对媒介作用的特定理解:审美体验只有借助于特定的审美媒介才能发生,而媒介的不同会导致不同的社会作用。审美符码是继媒介之后并与媒介一道直接左右审美沟通效果的微妙而又重要的规则性或结构性因素,现在同样有必要正视和强调。审美文本章的设立尤其能集中代表本书的鲜明而独特的美学当代性与传统性相交融的立场。在审美语境要素中,影响审美沟通的各种场域或环境因素如符号、个体、社会、历史或文化等会获得阐明。审美鉴赏在这里主要是作为审美沟通中的收信人的审美欣赏行为去理解和阐释的。它与审美体验不存在等级的不同,而只存在角色与程度的分别。审美文化一章的设置,可以反映当前审美与日常文化生活相互渗透的新趋势,以及本民族审美符号系统及其传统在当代审美沟通中的作用。最后,为了帮助读者了解并参与美学批评实践,本书开辟了美学批评章。

本 章 摘 要

美学不是中国土特产,而是从西方来的洋学科。德国哲学家鲍姆加登被公认为美学学科的创始人。西方美学经历了本质论美学、神学美学、认识论美学、语言论美学和文化论美学等阶段。美学在中国是一门外来的而又年轻的学科,经历了清末民初美学、五四美学、30—40 年代美学、50—70 年代美学、80 年代美学和 90 年代美学等阶段。

美学在当代生活与文化中有着显性、隐性及中介等层面作用。美学当代性是指美学主要把握当代审美与艺术问题领域,内在地通向传统性。美学传统性是指美学在把握当代审美与艺术问题领域时注重激活或借鉴以往美学传统,意味着根据当代新需要而重新激活古代美学资源,使这种资源在当代美学建构中散发新的活力。美学在当前具有美论美学和感性论美学两义。可在感觉论美学基础上适当吸收美论美学的某些传统,形成对于审美现象的新的阐释框架。美学是一门在运用概念、抽象和推理方式的同时也注重形象、具体和体验方式的研究人的审美沟通的人文学科。美学是研究审美沟通的人文学科。审美或美是一种通过对符号形式的体验而实现沟通的过程。审美沟通是人们通过对符号形式的体验而实现的人生意义的生成、传播与通达过程。审美沟通有七要素:审美体验、审美鉴赏、审美文本、审美语境、审美符码、审美媒介和审美文化。

研 究 建 议

注意思考美学中国化的原因。关注美学的两种歧义在今天的延伸。这里没有重复美学是"科学"的观点而是标举"人文学科"之说。本章的突出新意在于把审美理解为沟通,进而从"言语沟通"模式去提出审美沟通七要素说:审美体验、审美媒介、审美符码、审美文本、审美语境、审美鉴赏、审美文化。

深 度 阅 读

要想了解当代中国学者在美学原理上的独创性建树,可读张世英先生《哲学导论》(北京大学出版社 2002 年版)、叶朗先生《美学原理》(北京大学出版社 2009年版)。如希望知道外国美学家对当前审美与艺术状况的前沿分析,可读德国学者韦尔施的《重构美学》(上海译文出版社 2002 年版)。把美学与艺术思潮演变结合起来讲的,首推法国学者希门尼斯的《当代美学》(文化艺术出版社 2005 年版)。吉尔伯特和库恩合著的《美学史》(上海译文出版社 1989 年版)可以满足读者系统领会西方美学发展史的需要。张法教授的《中国美学史》(上海文艺出版社 2000年版)梳理出中国古典美学传统线索。

第二章 审美体验

审美体验是特殊的瞬间性人生经历,代表着人生意义的瞬间生成。这看起来有点神秘,但其实在每个人都不陌生。读一首敲击心扉的小诗、看一方生养于斯的水土、见一巧笑情兮的佳人、听一支美妙悠扬的乐曲,甚至漫步花园时为一阵袭来的芳香所陶醉,所有这些活生生的人生亲历,都是审美体验。不过,这里主要谈论的是作为审美沟通中的发信人一方即艺术家的审美体验,而正是这种审美体验构成艺术创造的动力和原料。

一、审 美 体 验

要认识审美体验,需要从人的日常体验说起,因为这两者紧密关联。

1. 日常体验与审美体验

日常体验是指人们在日常生活中的生命体验。"人有悲欢离合,月有阴晴圆缺",生活中的得失、成败、生死、离合,都会引发人的喜怒哀乐。这种日常情感体验为审美体验奠立了丰厚的基础,并有可能转化为审美体验。这就是说,日常体验具有升华为审美体验的潜能。美国哲学家杜威(John Dewey,1859—1952)举例说,当人们"知道精神高度紧张、但姿态又优美自如的运动员如何感染着观众,他们注意到家庭主妇在栽花时如何满怀喜悦,而男主人在照料屋前那块草地时又是怎样专心致志、情趣满怀……",这时,"在幻觉中,他好像自己也卷了进去,他不再是一个淡漠的观看者了"。在杜威看来,人们的日常体验中处处蕴含着艺术和审美元素。与此同时,杜威又强调审美体验的整体性。他认为:"一个经验必须自然地展开并有一开端、中间以及顶点和终结。而每当它完成了一个圆满的形态,它就上升到审美层面。"①在这个意义上,审美体验又是日常体验的集中、凝练和理想化。不过,与其说审美体验"高于"日常体验,毋宁说它正蕴藏在日常体验之中。日常体验构成审美体验的不竭源泉。

2. 审美体验的含义与分类

"北风卷地白草折,胡天八月即飞雪。忽如一夜春风来,千树万树梨花开。"这

---

① 〔美〕歌恰克:《论杜威的美学》,转引自《现代西方美学史》,朱立元主编,上海,上海文艺出版社1996年版,第642页。

新编美学教程

是唐代诗人岑参在《白雪歌送武判官归京》中形容边塞异域风光的名句,由此可窥见审美体验的大体含义。第一,审美体验是发生在瞬间的直觉。岑参心中灵光一闪,沟通北国飞雪与南国梨花之间的奇异关联。审美体验就这样在一瞬间翩然而至。陆机说得好:"观古今于须臾,抚四海于一瞬"。刘勰则描述为"寂然凝虑,思接千载;悄焉动容,视通万里"。审美体验是对于人生某个刹那的永恒直觉。第二,审美体验是对生命理想形象的顿悟。德国美学家席勒早就说过,美在于"活的形象"。离开了生命,不见了形象,审美体验就无从谈起。岑参的"功名只向马上取,真是英雄一丈夫"的积极进取精神只有依托于"千树万树梨花开"的理想形象才不至堕入玄虚。第三,审美体验是个体的亲历感兴。岑参把边关萧索苦寒的雪景化作一片绚丽烂漫,显示出高度个人化的豪壮情怀。清人沈德潜由此做出"参诗能作奇语,尤长于边塞"的定评,翁方刚也认为"嘉州之奇峭,入唐以来所未有。又以边塞之作,奇气益出"。从上面的讨论可见,审美体验是日常体验的升华,是个体在亲历中对理想的生命形象的直觉或顿悟。

在当代大众文化、消费文化勃兴的状况下,这种以精神性、圣洁或高雅为标志的、属于少数艺术家或精英人物的带有纯审美特点的审美体验,正逐渐地向大众日常生活播散、泛化,出现所谓泛审美体验。泛审美体验,是纯审美体验向世俗的日常生活过程流播的结果。例如,艺术品进地铁早已不是什么新鲜事了,莫斯科地铁就享有"地下的艺术殿堂"之称。上世纪 70 年代,袁运甫创作的北京地铁建国门站壁画《天文纵横》已经成为经典。地铁 4 号线也在重点站设置了装饰性艺术壁画,如国家图书馆站的《书的海洋》,圆明园站的西洋楼残柱浮雕,西单站的《老字号》等,如今都成了游客们的留影墙。在刚刚落成地铁大兴线贯通运营后,途经的 11 个站,有 9 个站设置艺术品,其中西红门站过道设计成红色彩带装饰,一层是地下商场,二层出站口处设置铜像雕塑《历史的瞬间》,展现了乾隆皇帝出行、在西红门大阅兵的历史画卷。大兴线艺术品总面积达 400 多平方米,艺术品比例比 4 号线多了一倍,无疑将成为北京地铁中艺术含量最高的线路。比较而言,纯审美体验着重超越现实世界的精神性内涵,所谓"目送飞鸿,手挥五弦,俯仰自得,游心太玄";泛审美体验则更强调审美愉悦的当下性和现场感,既与世俗生活的物质性相靠近又有所超拔、间离。

3. 中西审美体验论的演变与比较

在初步了解审美体验的含义基础上,进而了解中西审美体验论的不同发展轨迹是必要的。在西方,柏拉图的"迷狂"说代表了有关审美体验的开拓性论述,审美体验被视为为失去"平常理智"的"神灵凭附"状态。德国古典美学时期的席勒企图通过体验(游戏)这一中介,使碎片化的现代人重新融合为感性与理性相谐调的完整体。19 世纪后期的叔本华、尼采、狄尔泰等从各自不同角度出发思考"现代

柏拉图

人"的感性生存危机问题,掀起一次西方体验(生命)美学的蔚为壮观的大潮。狄尔泰的历史功绩尤其应当被铭记。按照加达默尔的考证,体验(erlebnis)是到19世纪70年代"才突然一下成了常用的词",这与狄尔泰有密切关系①。狄尔泰在《体验与诗》中反复强调,体验不是一般心理学意义上的经验,而仅指足以使人直觉到生命的真正意义的瞬间。

中国古代的审美体验论或可称为感兴论。孔子最早提出"诗可以兴"的命题。魏晋以后,随着"诗缘情"观念的提出,触物起情成为人们关注的重要问题。相应地,"兴"开始从一种修辞手法发展为一个重要审美范畴②。刘勰在《文心雕龙·比兴》中提出"起情故兴体以立",在《诠赋》篇中又明确指出"睹物兴情","情以物兴"等。以"起情"释兴,把兴置放在心物之间加以考察,是刘勰的重要理论贡献。自此,从感物角度解释兴或感兴于是成为那时人们的共识。感兴是外感事物、内动情感而又情不可遏的特殊状态的产物③。

孔子

中国式体验美学不追求表述的精确性、明晰性,以及理论的系统化、科学化,而是强调对于天人合一境界的瞬间领悟。刘勰对此曾做出充满诗意的表述:"春秋代序,阴阳惨舒,物色之动,心亦摇焉。……献岁发春,悦豫之情畅;滔滔孟夏,郁陶之心凝。天高气清,阴沉之志远;霰雪无垠,矜肃之虑深。……目既往还,心亦吐纳。春日迟迟,秋风飒飒,情往似赠,兴来如答。"④要获得令人神往的天人交感体验,审美主体必须具备一种特殊的心理能力——"妙悟"。南宋严羽在《沧浪诗话·诗辨》中将之与属于理性认知范畴的"学力"区分开,规定"妙悟"作为审美体验与审美创造的基本方式。诗兴的最精妙处是难以言喻的,正如陶渊明所谓"此中有真意,欲辩已忘言",张孝祥所谓"悠然心会,妙处难与君说"。因而"悟"的美学非同一般地强调体验、体味、意会,而不讲概念的分析、推理等。

---

① 〔德〕加达默尔:《真理与方法》上卷,洪汉鼎译,上海,上海译文出版社1999年版,第77—78页。
② 参见张海明:《经与纬的交结——中国古代文艺学范畴论要》,昆明,云南人民出版社1994年版,第108页。
③ 参见王一川:《文学理论》,成都,四川人民出版社2003年版,第78页。
④ 刘勰:《文心雕龙注释》,周振甫注,北京,人民文学出版社1981年版,第493页。

西方的体验美学虽然也反对抽象分析对艺术体验精妙处的危害,但毕竟深深植根于西方理性主义哲学传统中,因此仍要大量求助于分析。尼采称西方美学为"审美苏格拉底主义",坚持"理解然后美"的原则,原因即在于此。加达默尔在《真理与方法》中说得明白:"正是狄尔泰首先赋予这个词以一种概念性功能,……正是由于这种词汇的精确化,才在狄尔泰那里出现了'体验'这个词。"①不妨这样说,西方体验美学归根到底还是摆脱不了"思"的美学的烙印。在中西审美体验论中如果有所谓最高本体,那么在中国这个本体就是"道",在西方则是"逻各斯"。这两者都是千变万化的宇宙中的永恒之物、万物之源,但不同之处在于,"道"倾向于"无",是不可言说的;"逻各斯"倾向于"有",是可以言说的。中西有别的本体论传统衍生出"悟"与"思"两套不同的美学话语及相应的审美体验观念。

二、审美体验的特征与作用

审美体验总有其一般特征和作用。

1. 审美体验的特征

审美体验常常要求个体在瞬间的直觉中把过去、现在和未来吸纳在自身内,进行积极的心灵建构。审美体验是有强度和深度的体验,它超越了现实,指向了远景。审美体验的特征可分述如下。

第一,原构性。原构性,是指审美体验具有原始建构的属性。它显现了审美体验的力度。在德国哲学家尼采看来,怯懦的眼睛无法感受到美。醉作为"力的提高和充溢之感",是一切审美体验的心理前提。尼采甚至说:"美学不是别的,而是应用生理学。"②尼采强调人有赖肉体的活力才能进入审美状态。弗洛伊德则在20世纪初从精神分析角度指出:"性的冲动,对人类心灵最高文化的、艺术的和社会的成就作出了最大的贡献。"③弗洛伊德的论断固然夸大了性欲在人类精神文化生活中的位置,但人的原始生命力确是一种与自然同根、与宇宙共脉的巨大能量,也同审美体验与艺术创造存在千丝万缕的联系。诗人穆旦在《春》中这样写道:

> 绿色的火焰在草上摇曳, / 他渴求着拥抱你,花朵。 / 反抗着土地,花朵伸出来, / 当暖风吹来烦恼,或者欢乐。 / 如果你是醒了,推开窗子, / 看这满园的欲望多么美丽。

《春》的意象从一开始就充满了性爱的暗示,这是一种生命的还原,又是一种

---

① 〔德〕加达默尔:《真理与方法》,洪汉鼎译,上海,上海文艺出版社1999年版,第79页。
② 〔德〕尼采:《尼采反对瓦格纳》,引自周国平:《悲剧的诞生·译序》,北京,三联书店1986年版,第9页。
③ 〔奥〕弗洛伊德:《精神分析引论》,高觉敷译,北京,商务印书馆1984年版,第9页。

牡丹亭

原欲的升华。三四行构成一个倒装句,正常的语法结构应为"当暖风吹来烦恼,或者欢乐,花朵反抗着土地,伸出来。"通过变换词序,"反抗"紧接着前句的"渴求";而"花朵伸出来",则隔着"渴求"和"反抗",与那"绿色的火焰"的"摇曳"遥相呼应。"看这满园的欲望多么美丽",这是一幅何等遒劲、炽烈的生命图景。

中国古人对这种审美体验的原构性早有体认。明代汤显祖在《牡丹亭记题词》中所说的"情"或"情之至",就是指包含性爱成分的人生欲求。杜丽娘对于大好春光无人赏的叹息,更其实也是对自身之美无人怜的深沉感喟。汤显祖立足于人的原初生命,暴露出封建礼教对自然人性的压抑。

第二,历构性。历构性,是指审美体验具有历史建构的属性。它体现了审美体验的深度。瑞士心理学家荣格提出著名的"原始意象"概念,从一个重要侧面揭示了审美体验的历史积淀属性。审美体验不仅与个人过去活动相联系,而且与整个社会文化群体的既往活动息息相关。在荣格那里,原始意象是体验的原型、生命的原型,具有永恒的艺术魅力。龙、凤、麒麟、龟等均是中华民族的原始意象,能唤起中国人独特的审美感兴。

九龙壁

中国最早的诗歌选集《诗经》中所提到的龙多指器物上的龙纹,尤其以龙旗为最多,如"龙旗十乘"(《商颂·玄鸟》)、"龙旗阳阳"(《周颂·载见》)等。战国时期屈原所作的《九歌》中有很多涉及龙的诗句，如《云中君》"龙驾兮帝服"，《湘君》中"驾飞龙兮北征"，《大司命》中"乘龙兮辚辚"等。"龙赋"以唐、宋两代为最多，当时的不少文学大家都涉足于此，如钱起作《西海双白龙见赋》、白居易作《黑龙饮渭水赋》、王安石作《龙赋》等。诗人们笔到之处，龙之形神兼备、气势逼人，直入中国人作为龙的传人的集体无意识深层。

　　第三，超构性。超构性，是指审美体验具有超越现实、超越个体而进行意义建构的属性。张若虚在被誉为"孤篇压倒全唐"的《春江花月夜》中，描绘了烟波浩渺而透明纯净的春江夜景："滟滟随波千万里，何处春江无月明。江流宛转绕芳甸，月照花林皆似霰。空里流霜不觉飞，汀上白沙看不见"。他情不自禁地由此遐想时空和生命的无限："江天一色无纤尘，皎皎空中孤月轮。江畔何人初见月？江月何年初照人？人生代代无穷已，江月年年只相似。不知江月照何人，但见长江送流水。"闻一多认为，这首诗表达了一种深沉而寥廓的宇宙意识。现代诗人余光中则这样描述他在台北故宫博物院观赏玉器"白玉苦瓜"的诗性体验："只留下隔玻璃这奇迹难信／犹带着后土依依的祝福／在时光以外奇异的光中／熟着，一个自足的宇宙／饱满而不虞腐烂……一首歌，咏生命曾经是瓜而苦／被永恒引渡，成果而甘"。这同样生动体现了诗人审美体验的超构性特征。

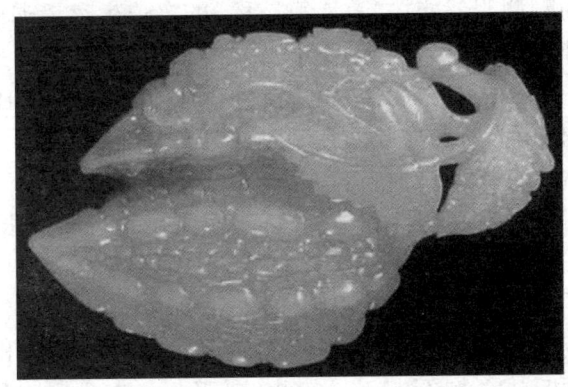

白玉苦瓜

　　第四，预构性。预构性，是指审美体验具有预先建构未来形象的属性。正如穆旦在他的名作《春》中写到的："蓝天下，为永远的谜迷惑着的／是我们二十岁的紧闭的肉体，／一如那泥土做成的鸟的歌，／你们被点燃，却无处归依。／呵，光，影，声，色，都已经赤裸，／痛苦着，等待伸入新的组合。"穆旦所谓"新的组合"正是明确指向一种审美体验和人生体验的新的可能性。

　　总之，审美体验具有原构性、历构性、超构性及预构性。至于泛审美体验，作为纯审美体验向大众日常生活的播散形态，同样具备以上这些基本特征，只不过在精神超越的纯粹性上有所稀释或淡化。举个例子，与音乐剧不同，西方歌剧主人公总保持着优雅而高贵的举止生活、相爱和逝去，在每次踏上旅途时，他们会祈祷，"主啊，我上路了"，仿佛这不仅是一次地理意义上的旅行，更是开始精神上的旅程；但在音乐剧中，主人公多为平凡生活中追求浪漫和幸福的普通人，他们与爱人告别的场景可以是杂乱的集市，甚至是垃圾场。从审美体验特征的角度看，如果一场歌剧听起来太像音乐剧，那么它会被视为失之轻浮；反之，太像歌剧的音乐剧会被评价为脱离现实。

2. 审美体验的作用

从审美体验的上述四种特征，可以进一步见出其作用。审美体验具有原构性，能起到升华本能、解放情感、焕发生命的作用。人类生而具有诸多本能冲动，但在实际生活中可能实现的却寥寥无几，而恰在审美体验的想象世界中，人的欲望可以获得"望梅止渴"式的替代性满足。更为重要的是，生命、生活，也就意味着体验。生命本身就是体验。这样，审美体验就具有了生存本体论的含义。朱熹说："半亩方塘一鉴开，天光云影共徘徊。问渠哪得清如许？为有源头活水来。"审美体验正构成人的生命的"源头活水"。

审美体验还具有历构性，能使人打破现时约束而游心千载，极大地拓展精神空间。东晋时代的陶渊明就能在"草盛豆苗稀"的窘迫生存境遇中，获得任何力量都无法剥夺的精神自由。他发现许多可"尚友"的古人，"何以慰吾怀，赖古此多贤"，"历览千载书，时时见遗烈"，"泛览周王传，流观山海图。俯仰终宇宙，不乐复何如"。陶渊明凭借个人审美体验而在现时"樊笼"以外开拓了一个可供个体精神自由翱翔的内宇宙。

审美体验同时还具有超构性和预构性，能使人超越现实局限而指向以主客两合、物我同一为标志的"和"的最高审美境界。中国美学讲"神与物游"、"物我两忘"，并将这种快乐称之为"至乐"。中国古人深刻认识到审美体验对于构造和谐社会与和谐世界的重要作用。《乐记》云："乐极和，礼极顺，内和而外顺"，"大乐与天地同和，……和，故百物不失……如此，则四海之内合敬同爱矣"。西方美学虽然多讲主客两分，但也认识到审美对于和合人心的重要作用，康德就曾假设审美具有普遍可传达性，其原因是全人类具有一种共通感：我认为美的，别人也会认为美。用康德的话说："美是不涉及概念而普遍地使人愉快的。"[①]在审美体验中方显万民谐和、世界大同的总体远景，并鼓舞人类为实现此生存远景而不懈努力。

尤具现实意义的是，审美体验还能在一定程度上发挥抵抗生活物化或反物恋化作用。在这点上，影片《三峡好人》和《天下无贼》可以作为一种当前范例来看。

① 〔德〕康德：《判断力批判》上册，宗白华译，北京，商务印书馆1964年版，第57页。

前者虽大量涉及金钱的作用并对人民币图案做了细致的符号学刻画，但没有让观众沉溺于对它们的实体或实用价值的联想中，而是让他们与之疏离，转而向往精神境界的提升；后者仅仅以金钱至上观念及傻根的三万元人民币为"起兴"的对象，但最终是要展示金钱至上论的毁灭并阐明情义无价论的真理性。这两部影片都描绘了金钱但又超越于金钱之上①。

三、现代审美体验形态②

这里主要考察中国人的现代审美体验形态。中国人的现代审美体验，是指晚清以来中国人在新的全球境遇中对世界与自我的生存直觉。随着古典的"自我中心的"的"天朝型模的世界观"被剧烈摇撼③，从"天下观"转向"全球论"，中国人不得不对本民族及个体的地位和境遇产生新的体验。简单地说，就是从认定自己是世界的中心到意识到自己不过是国际大家庭中的一员。这在今天看来会觉得是常识，但在当时却标志着中国人的世界体验模式经历了一次巨大而根本的转型，即从古典性体验向现代性体验的转型。

这里着重考察现代中国人的四种审美体验形态：第一种是惊羡体验，以王韬和薛福成对西方艺术的观感为代表，体现了中国人现代审美体验中新生的或新出现的东西，指向中国现代性的未来维度。第二种是感愤体验，以黄遵宪为代表，显示了现代中国人审美体验的感伤与悲愤情调，专注于中国现代性的现实维度。第三种是回瞥体验，以刘鹗为代表，表达了对于行将消逝的中国古典性传统的深深惋惜与缅怀之情，指向中国现代性的传统维度。第四种是断零体验，即家国飘零体验，以苏曼殊为代表，集中代表现代性个人的审美与生存体验，而不像王韬、黄遵宪和刘鹗那样更为关注世界、国家或民族传统。

1. 惊羡体验

惊羡体验是现代中国人对于新的现代性景观的震惊与羡慕体验。王韬自1867年起有机会赴英法游历，亲自耳闻目睹西方现代社会文化状况。他在游记散文《漫游随录》（1884年初版）中，毫无保留热烈地礼赞西方文化现代性，涉及市容、建筑、宫殿、图书馆、博物馆、科技体制、学术体制、工厂、军队、民俗和艺术等诸多方面。王韬从中表露出一种剧烈的震惊与羡慕心态，即惊羡体验。

例如，王韬这样描述自己观赏西洋名画的感受："悉出良工名手，清奇浓淡，冈

---

① 王一川：《感兴传统面对生活—文化的物化——当代美学的一个新课题》，载《文艺争鸣》2010年第13期。

② 本节论述依据王一川：《中国现代性体验的发生》，北京，北京师范大学出版社2001年版。

③ 殷海光：《中国文化的展望》，上海，上海三联书店2002年版，第3—5页。

拘一格。山水花鸟、人物楼台,无不各擅其长,精妙入神。……人物楼台,遥视之悉堆垛凸起,与真逼肖。顾历来画家品评绘事高下者,率谓构虚易而征实难,则西国画亦未可轻视也。"①王韬对于西画的"与真逼肖"的审美效果印象深刻。中国画历来有"构虚易而征实难"之说,并以此品评绘画作品的高下,而西画却恰恰以写实、"征实"为美学追求,因此才"未可轻视"。显然,这与清代著名画论家邹一桂认为西画"笔法全无,虽工亦匠"的说法大相径庭。

距王韬《漫游随录》发表后几年,薛福成于1891年整理出《出使英法义比四国日记》。薛福成在观看《普法战争图》时,同样获得一种"毕肖"的审美体验。薛福成差点以为自己正置身于一片枪林弹雨中,直到以手触摸,才证实自己不过站在一幅西洋油画面前。

可以说,王韬、薛福成对于西洋画的审美现代性惊羡感受,为后来"现实主义"在中国画坛独领风骚甚至一度被奉为"正宗",打下了最初的体验根基。

2. 感愤体验

感愤体验,是指现代中国人对现实生存状况的感世与愤时交织的体验。黄遵宪的诗歌创作注重表现中国人在现代世界新格局中的这种特殊生存体验,记录了鸦片战争、第二次鸦片战争、甲午中日战争、八国联军侵华等历次重大历史变故及其对中华民族生存境遇的巨大冲击乃至灾难性后果。黄遵宪在《香港感怀》中记述了鸦片战争的屈辱史:"六州谁铸错,一恸失燕脂。……山头风猎猎,犹自误龙旗。"这首诗写诗人在香港登高望远,见山河易主,国土残破,心中无比哀痛。在甲午战争后,面对中国被列强瓜分的现实,诗人在《书愤》中写道:"地动山移恐,天悬日坠忧","弱肉供强食,人人虎口危"。八国联军侵华时,黄遵宪在《夜起》一诗中愤怒诘问:"斗室苍茫吾独立,万家酣梦几人醒!"

由于黄遵宪特殊的外交官生涯,他亲眼目睹了华工在美国所遭受到的"非人"待遇,而这正高度浓缩了当时中国人在现代世界上的不幸处境。黄遵宪在《逐客赋》中这样写道:"呜呼民何辜,值此国运剥,轩顼五千年,到今种极弱。……黄华与大汉,第供异族谑……倒倾四海水,此耻难洗濯。他邦互效尤,无地容漂泊。"黄遵宪的哀痛之情溢于言表,表达他对现代中国命运的激切的感愤体验。

3. 回瞥体验

回瞥体验,是现代中国人对自身古典传统神韵的怀旧体验。与王韬面向西方奇异景观的惊羡和黄遵宪面对中国现实衰败状况的感愤不同,刘鹗由于实业救国的理想遭遇失败,在长篇小说《老残游记》中复苏了"回瞥古典"的冲动。"明湖居听书"是《老残游记》中脍炙人口的精彩段落,刘鹗这样描绘他对于"白妞说书"的

---

① 殷海光:《中国文化的展望》,上海,上海三联书店2002年版,第90—91页。

审美体验：

> 王小玉便启朱唇，发皓齿，唱了几句书儿。声音初不甚大，只觉入耳有说不出来的妙境：五脏六腑里，像熨斗熨过，无一处不伏贴；三万六千个毛孔，像吃了人参果，无一个毛孔不畅快。唱了十数句之后，渐渐的越唱越高，忽然拔了一个尖儿，像一线钢丝抛入天际，不禁暗暗叫绝。那知他于那极高的地方，尚能回环转折。几啭之后，又高一层，接连有三四叠，节节高起。恍如由傲来峰西面攀登泰山的景象：初看傲来峰削壁千仞，以为上与天通；及至翻到傲来峰顶，才见扇子崖更在傲来峰上；及至翻到扇子崖，又见南天门更在扇子崖上：愈翻愈险，愈险愈奇。那王小玉唱到极高的三四叠后，陡然一落，又极力骋其千回百折的精神，如一条飞蛇在黄山三十六峰半中腰里盘旋穿插。顷刻之间，周匝数遍。从此以后，愈唱愈低，愈低愈细，那声音渐渐的就听不见了。满园子的人都屏气凝神，不敢少动。约有两三分钟之久，仿佛有一点声音从地底下发出。这一出之后，忽又扬起，像放那东洋烟火，一个弹子上天，随化作千百道五色火光，纵横散乱。这一声飞起，即有无限声音俱来并发。那弹弦子的亦全用轮指，忽大忽小，同他那声音相和相合，有如花坞春晓，好鸟乱鸣。耳朵忙不过来，不晓得听那一声的为是。正在缭乱之际，忽听霍然一声，人弦俱寂。[①]

刘鹗以中国现代小说史上罕见的密集明喻段落，成功"回瞥"了白妞的说书艺术之美，流露出他对于中国传统艺术的深厚感情。在某种意义上，"明湖居美人绝调"正代表了中国古典性文化的现代遗韵。

4. 断零体验

断零体验，是现代中国个人对自身孤独与飘零境遇的体验。与王韬、黄遵宪和刘鹗主要探索世界、国家或民族传统不同，苏曼殊小说《断鸿零雁记》明确返回到现代性个人，即在现代全球化语境中悉心探究自我的人。小说一开始，苏曼殊就借三郎之口就说："人皆谓我无母，我岂真无母耶？否，否。余自养父见背，虽茕茕一身，然常于风动树梢，零雨连绵，百静之中，隐约微闻慈母唤我之声。顾声从何来，余心且不自明，恒结辖凝想耳。……吾母生我，胡弗使我一见？亦知儿身世飘零，至于斯极耶？"[②]

苏曼殊笔下的三郎，是一个身世复杂的青年孤僧。他生在日本、长在中国，在民族身份和文化身份认同上存在严重困惑，不知在中日之间哪里才是他的理想归

---

① 刘鹗：《老残游记》，北京，人民文学出版社1957年版，第18—19页。
② 苏曼殊：《苏曼殊小说诗歌集》，裴效维校点，北京，中国社会科学出版社1982年版，第3页。

宿。进而,三郎的这种国门错位体验又同家门(情门)与佛门之间的冲突交织在一起。在三郎身上,日本民族身份、中国文化认同和佛教归宿三大力量,形成彼此冲突的异质性汇合。他飘零于他乡、异国,在亲情、爱情和情感寂灭之间痛苦地徘徊。他盼望母亲的爱,但又不堪承受家庭的情感羁绊;他渴慕恋人的爱,但又向往佛门的清静;而当他回归佛门后,他又心存家门和情门之内。三郎就是这样在那里左顾右盼、彷徨无依,体验到自身存在的断零性。苏曼殊对于三郎这种断零人生体验的审美描绘,正如一则寓言高度集中地显示了现代中国人在全球化生存境遇中漂泊无依的身份认同困惑。

上述四种审美体验虽然在清末民初发生,但从那时以来一直演化到当代,不断呈现出新面貌。例如,在海子、于坚、韩东、胡冬等写于 20 世纪 80 年代的诗歌中,在影片《甲方乙方》、《不见不散》、《爱情麻辣烫》等中可以见出新的惊羡体验;可以看到,感愤体验回荡在罗中立绘画《父亲》、贾平凹小说《浮躁》、路遥小说《平凡的世界》、张艺谋影片《红高粱》等中;从张承志的《黑骏马》、金庸武侠小说、汪曾祺小说、霍建起影片《暖》等中可以领略回瞥体验的深长韵致;至于断零体验,不正流溢在韩少功《爸爸爸》、阎连科《日光流年》、刘恪《蓝雨徘徊》和贾樟柯的《小武》中吗? 对此,不妨紧密联系当代审美沟通实践去加以领会。

四、现代审美精神流变:从诗意启蒙到异趣沟通

中国现代审美体验贯注着中国现代审美精神的新质。我们这里所说的中国现代审美精神,约略是指那种在活的兴象中、并通过它去呈现现代中国人的生存意义的普遍态度或意向[1]。根据现代美学家宗白华的概括,古代中国人的审美生活可谓怡然自得、自足圆满,其精神实质不是西洋式的追求无穷,而是吸饮无穷于自我中[2],因此无需像浮士德那样野心勃勃,彷徨不安。但面对着鸦片战争带来的震撼,这数千年未有之变局,现代中国人的审美体验平添了多少失落、悲愤与酸辛!

从 20 世纪初直至 80 年代,梁启超、王国维、宗白华、李长之、李泽厚等美学家都从各自角度关注中国现代审美精神问题,不约而同地汇聚到诗意启蒙的大纛下,其中无不包含对中国传统审美精神的深刻反省,无不饱含一种难以遏抑的现代性冲动。诗意启蒙不同于理性启蒙,是一种通过审美或艺术感染手段去实现大众教化的启蒙形态。当然,现代美学家们所心仪的"活的兴象"或提取的重要美学

---

[1] 参见王一川:《从诗意启蒙到异趣沟通》,载《汉语形象与现代性情结》,北京,首都师范大学出版社 2001 年版,第 47 页。

[2] 宗白华:《美学散步》,上海,上海人民出版社 1981 年版,第 102 页。

范畴各不相同,梁启超的"小说论",王国维的"悲剧论",宗白华的"节奏论",李长之的"审美人格论",李泽厚的"审美积淀论"可谓各呈异彩。

1. 梁启超论小说之力

梁启超于 1902 年 11 月 14 日发表名文《论小说与群治之关系》。他的"新小说"论开启了中国现代美学的诗意启蒙理想的先河。他一反小说难登大雅之堂的传统偏见,认为"小说乃文学之最上乘"。他把小说的"不可思议之力"归结为"熏"、"浸"、"刺"、"提"四方面:

> 一曰熏,熏也者,如入云烟中而为其所烘,如近墨朱处而为其所染……二曰浸,浸也者,入而与之俱化者也。人之读一小说也,往往既终卷后,数日或数旬而终不能释然。……三曰刺,刺也者,刺激之义也。熏、浸之力,利用渐;刺之力,利用顿。熏、浸之力,在使感受者不觉;刺之力,在使感受者骤觉。刺也者,能入于一刹那顷,忽起异感而不能自制者也。四曰提,前三者之力,自外而灌之使入;提之力,自内而脱之使出,……凡读小说者,必常若自化其身焉——入于书中,而为其书之主人翁。……有此四力而用之于善,则可以福亿兆人;有此四力而用之于恶,则可以毒万千载。而此四力所最易寄者惟小说。可爱哉小说! 可畏哉小说!

小说既然有如此审美魔力,"故今日欲改良群治,必自小说界革命始! 欲新民,必自新小说始!"①梁启超在现代性语境中,首次突出了审美与艺术对于中国社会变革、人格重塑的特殊促进作用,这一诗意启蒙取向对后来的中国美学界乃至整个思想界都产生深远的影响。

2. 王国维论"悲剧"

王国维在 1904 年发表的论文《红楼梦评论》中提出,中国传统文艺缺乏真正的悲剧精神。这个严肃命题的提出表明,这篇论文决不仅是对叔本华悲观生命哲学的简单套用,而是直面中国传统审美精神在现代的某种缺失。王国维认为:"吾国人之精神,世间的也,乐天的也。故代表其精神之戏曲小说,无往而不著此乐天之色彩,始于悲者终于欢,始于离者终于合,始于困者终于亨;非是而欲厌阅者之心难矣! 若《牡丹亭》之返魂,《长生殿》之重圆,其最著之一例也",又说:"《红楼梦》一书,与一切喜剧相反,彻头彻尾之悲剧也。"②在王国维看来,《红楼梦》的真价值在于张扬了一种长久以来为中国传统艺术所欠缺的"悲剧"精神。"此《红楼梦》之所以大背吾国人之精神,而价值亦即存乎此。"③这一论点鲜明表露了王国维

---

① 梁启超:《论小说与群治之关系》,《新小说》创刊号,1902 年 11 月 14 日。
② 王国维:《王国维论学集》,傅杰编校,北京,中国社会科学出版社 1997 年版,第 358—359 页。
③ 同上书,第 358—360 页。

追寻审美现代性的诗意启蒙意图。

3. 宗白华论"节奏"

宗白华以"节奏"概念去诠释中国审美精神。他在《中国艺术境界之诞生》中开篇就指出："现代的中国站在历史的转折点。新的局面必将展开。然而我们对旧文化的检讨，以同情的了解给予新的评价，也更重要。就中国艺术方面——这中国文化史上最中心最有世界贡献的一方面——研寻其意境的特构，以窥探中国心灵的幽情壮采，也是民族文化的自省工作。"①宗白华立足于"民族文化自省"的高度，探究华夏审美精神的底蕴并试图指明其"症候"。在他看来，华夏艺术境界论的底蕴乃是"生生而有条理"的作为宇宙本体的节奏。宗白华由此认为，中国诗画所表现的空间意识，不是像代表希腊空间感觉的有轮廓的立体雕像，不是像表现埃及空间感的墓中的直线甬道，也不是代表近代欧洲精神的伦勃朗油画中渺茫无际追寻无着的深空，而是"俯仰自得"、"无往不复"的节奏化、音乐化了的中国人的宇宙感。

在此基础上，宗白华深刻揭示以和谐的"节奏"为核心的华夏审美精神的得失：

> 中国人感到宇宙全体是大生命的流行，其本身就是节奏与和谐。人类社会生活里的礼和乐，是反射着天地的节奏与和谐。一切艺术境界都根基于此。但西洋文艺自希腊以来所富有的"悲剧精神"，在中国艺术里，却得不到充分的发挥，且往往被拒绝和闪躲。人性由剧烈的内心矛盾才能掘发出的深度，往往被浓挚的和谐愿望所淹没。固然，中国人心灵里并不缺乏他雍穆和平大海似的幽深，然而，由心灵的冒险，不怕悲剧，以窥探宇宙人生的危岩雪岭，发而为莎士比亚的悲剧、贝多芬的乐曲，这却是西洋人生波澜壮阔的造诣。②

在揭示中国传统艺术缺乏悲剧精神上，宗白华与他的前辈王国维一脉相承，表达的依然是中国传统审美精神现代化进程中的诗意启蒙情怀。

4. 李长之论审美"人格"

李长之明确质疑五四新文化运动的全盘反传统与理性启蒙的思想倾向，转而雕塑孔子的理想人格形象，贯注了其诗意启蒙的热望。他把五四时代精神的实质归结为一种"清浅的理智主义"，即五四理性启蒙主义只有清浅的理智而无深厚的情感。

① 宗白华：《美学散步》，上海，上海人民出版社 1981 年版，第 68—69 页。
② 宗白华：《艺术与中国社会》，引自《宗白华全集》第 2 卷，合肥，安徽教育出版社 1994 年版，第 413—414 页。

李长之以德国现代生命哲学为思想武器，重构孔子的审美化了的理想人格，走与五四理性启蒙大相径庭的诗意启蒙路子。他一方面充分肯定孔子所说"未知生，焉知死？未能事人，焉能事鬼"及其体现的理性精神，另一方面又尤其注意突出孔子审美理想人格所包蕴的情感性。也就是说，孔子虽有高度的理智，但决不因此而排斥其丰盛深厚的情感活力，这正充分体现了孔子理想人格的深度。李长之这样说，显然有针砭五四以来"清浅理智主义"泛滥的用意，因为"人不是照着逻辑长成的。生命力的源头本来有烟，有雾，……孔子精神在核心处，乃仍是浪漫的。"①他认为：

> 孔子的真价值，却毋宁在他那刚强，热烈，勤奋，极端积极的性格。这种性格却又有极其特殊的面目，即是那强有力的生命力并不是向外侵蚀的，却是反射到自身来，变成一种刚强而无害于人，热烈而并非幻想，勤奋而仍然从容，极端积极而丝毫不计成败的伟大雄厚气魄。倘若作为一种艺术看，可说从来没有这样完美无缺的雕像；倘若作为一种剧本看，也可说从来没有这种精彩生动的角色！②

李长之从审美人格论的独特视角出发，视孔子的人格雕像本身为一件艺术品。与其说他试图还原孔子人格形象，还不如说是在文化现代性语境下对孔子理想人格实施一种重塑或创造性转化，以此反拨"五四"时代的清浅理性启蒙取向。

5. 李泽厚论审美"积淀"

李泽厚的审美"积淀"说强调审美来自于长期的社会历史积淀。从传统中寻觅发现、认识和改换自己，构成"积淀"说的理论出发点。在这一视域中，所谓华夏审美精神，正是一种历史积淀的产物，是中国文化现代性建设不容回避的基本现实。

在李泽厚看来，传统华夏审美精神是以儒家精神为主流和基干的。他之所以在讲儒家美学前先讲"礼乐传统"，就是要以此见出儒家美学有其悠久坚实的历史渊源。李泽厚认为，孔子及儒家把这种非酒神型的"礼乐传统"进一步内在化为对人性自觉的本体追求，强调从内心来自觉建立一种完美的主体人格。孔子曰："兴于诗，立于礼，成于乐"，表达的正是理想人格的培育历程。"成于乐"乃是高于"兴于诗"和"立于礼"的审美人格完成。如果说"诗"主要给人以语言智慧的启迪感发（"兴"），"礼"主要给人外在规范的培育训练（"立"），那么，"乐"便给人以内在心灵的完成。前者是有关智力结构（理性的内化）和意志结构（理性的凝聚）的构

---

① 宗白华：《艺术与中国社会》，引自《宗白华全集》第 2 卷，合肥，安徽教育出版社 1994 年版，第 274—275 页。

② 李长之：《迎中国的文艺复兴》，重庆，商务印书馆 1944 年版，第 59 页。

建,后者则是审美结构(理性的积淀)的呈现。李泽厚坚信:"最高(或最后)的人性成熟,只能在审美结构中。因为审美既纯是感性的,却积淀着理性的历史。它是自然的,却积淀着社会的成果。它是生理性的感情和官能,却渗透了人类的智慧和道德。"①这可谓审美积淀说的一个完整而清晰的表述。

他进而从华夏审美精神演进的角度,论述了儒家美学与庄、屈、禅交融互补的后果及得失。李泽厚认为,儒家美学的非酒神型特点,并未因庄、屈、禅的渗入而有所改变。华夏审美精神的总特点仍然是:既不排斥感性欢乐,重视满足感性需要,同时又要求节制这种欢乐和需要。即使是庄子自由乘风的人格想象,屈原寻死觅活的情感风波,以及禅宗心空万物的超越世俗,都没有越出"极高明而道中庸"的儒学规格。总之,用李泽厚的话说:"礼乐、人道、人格、感情、妙悟,都没强调个体感性存在的自然情欲问题,没重视这个感性生存中的本能动力的价值和意义。"②这实际上是李泽厚在对"积淀的"华夏审美精神作历史分析基础上,发出的现代性诗意启蒙的有力呼声。

6. 从诗意启蒙到异趣沟通

大致以20世纪90年代为界,由于文化语境的变迁,中国现代审美精神的主潮由诗意启蒙转向异趣沟通。

应当看到,"启蒙精神"在中国有着特殊的内涵。自1840年鸦片战争以来,尤其是"五四"以来直到20世纪80年代末,它都意味着以西方领先文化开启蒙昧的中国大众的心灵,从而使被抛出中心轨道而在边缘处挣扎的中华文化重新具有中心权威和魅力。这就必然隐含一种等级制假定:中国大众尚处在蒙昧之中,需要依靠一批知识精英,自觉承担起启蒙的神圣而艰难的使命。梁启超的小说"新国民"论、王国维的《红楼梦》"悲剧精神"论、宗白华的"节奏"论、李长之的审美"人格"论以及李泽厚的审美"积淀"论,都或显或隐地表达了以审美或艺术促进启蒙理想实现的意图。诗意启蒙就是指以诗、艺术或审美手段去实现理性启蒙的意向。可以说,从20世纪初直到80年代,华夏审美精神的实质就是企图以现代性的"美"的光芒去开启中国大众的"蒙昧"。与此同时,知识精英自己的人生意义也通过这种"照亮"大众的过程获得实现。这正形成了诗意启蒙的现代传统。由此可以说,贯穿中国现代审美精神八十年的内核主要是一种诗意启蒙精神。

然而,进入20世纪90年代以来,中国社会急剧向商品社会转型,不是文化蒙昧而是生存分化成为更需要迫切回应和解决的问题。在社会世俗化、商品化大潮中,知识精英们不再享有一呼百应的号召力,大众对于精英权威不是顶礼膜拜,而

---

① 李泽厚:《华夏美学》,桂林:广西师范大学出版社2001年版,第69页。
② 同上书,第243—244页。

是置若罔闻。并且,知识分子的内部分化也十分明显,不少知识分子开始质疑自身的启蒙者角色。例如80年代还秉持文学启蒙理想的王蒙到90年代发表《躲避崇高》一文,就很能说明问题。至于80年代曾叱咤风云的李泽厚进入90年代以来影响力减弱,则更是一个富于文化语境变迁意义的象征事件。

20世纪90年代以来人们的生存分化,也可以理解为话语疏隔问题。即原来操同一种启蒙话语的人们,如今已化成使用不同话语的"圈"了。例如,当今既有启蒙话语圈,更有强调娱乐、消闲的消费文化圈。在这些话语圈中,启蒙话语仍有其地位,但毕竟不再处于中心,不再享有"独尊"地位,而不过是众多话语圈之一。面对这种话语隔疏的现状和事实,需要从事话语沟通。分化与沟通,理应成为当前美学研究的中心问题。相应地,美学应当成为话语沟通修辞学。也就是说,美学被视为透过具体文化语境中的话语修辞而寻求人与人或话语圈与话语圈之间的沟通的生活智慧。在修辞论美学视野中,修辞就是为适应特定的生存而调整话语。因此,修辞实际上是人的生存沟通的智慧或智慧的生存沟通。修辞论美学讲求生活的"美化"或审美的生活化,力图打通精英话语与大众话语的鸿沟。在这个意义上,它体现出异趣沟通的新的时代审美精神①。

五、审美体验与艺术创作

从宏观方面看,审美体验是透视民族生存境遇与时代审美精神的窗口;从微观方面看,审美体验同作家、艺术家的具体创作活动息息相关。中西美学都包含了思索体验与艺术关联的丰富思想资源。

1. 狄尔泰论体验与诗

狄尔泰(Wilhelm Dilthey,1833—1911)的名著《体验与诗》论及了莱辛、歌德、诺瓦利斯、荷尔德林等多位德国18、19世纪重要作家,把体验看作个人独特的、通过反复亲历才获得的对生命的内在隐秘本质的把握。狄尔泰明确指出:"诗的活动的起点始终是一种生命体验。"

狄尔泰赞赏歌德的艺术创作成就,认为歌德"无与伦比地敏锐地感受到在四季交替时,在月晖下的黄昏里,自然同他的关系。他窃听他的心灵隐秘的深处的活动,由此理解人的生存和人的发展。……这是从他自身出发的对生活的解释,不依赖任何宗教和形而上学。这个关于生活的思考层是母土,从这土壤中生长出他的文学作品。他的《威廉·迈斯特》、《亲和力》和《诗与真》具有最强的魅力"②。

---

① 详见王一川:《修辞论美学》,长春,东北师范大学出版社1997年版,第359—365页。
② 同上书,第191—192页。

可见,艺术品实在就是艺术家生命体验的结晶。中国现代著名批评家李长之深受狄尔泰影响,从而作出"内在的体验力,乃是一切艺术制作的母怀"的断言①。

2. 中国"感兴"理论及其现代传承

中国古典美学家和文论家不是孤立地谈论感兴或体验问题。刘勰在《文心雕龙·物色》中指出:"岁有其物,物有其容;情以物迁,辞以情发。"②诗人感物而兴,兴而修辞,从而生成感兴修辞即"兴辞"。叶燮《原诗》更以"兴"为中心,明确揭示了文学创作的"兴起"、"兴意"和"兴辞"三环节,也就是感兴的修辞化阶段③。

李长之上承刘勰、叶燮以来的中国古典感兴修辞传统,同时吸收狄尔泰等的生命哲学、体验美学和语言哲学成果,提出体验论语言诗学构想,并在鲁迅、李白及史记批评诸领域取得令人瞩目的创获。他认定李白的价值在给人以解放,因为他所爱、所憎、所求、所弃、所喜、所愁,皆趋于极端故④。李长之从感兴修辞立场出发敏锐发现:

> 什么愁杀、笑杀、狂杀、醉杀、恼杀,这些极度的夸张的字眼,在别人是不常用的。这在一方面看,可以认为是像李白的一种口头禅似的了,……正因为他内心的要求是往往强烈的,所以他即使在不经意的时候也就如此流露而出了。……他自己便是生活本身,更根本地说,就是生命本身了。……有一颗滚热的心,跳跃在他每一首,每一句,每一字的作品!⑤

可见,李白的独特感兴方式(体验结构)与其特定语言修辞方式是二而一的,两者不可分割,必须深刻把握其内在关联。

3. 审美体验与主要艺术类型的创造

关于艺术的文化类型的讨论见本书第八章审美文化。高雅艺术(或高雅文化)作为艺术家个体审美体验的结晶,突出不媚俗的独特个性,这构成高雅艺术家顽强坚守的基本立场。荷兰是郁金香的故乡,凡·高却偏偏强烈认同法国的向日葵,从而创作《向日葵》。在凡·高看来,郁金香太秀气和娇柔,而粗茎糙叶、花序奔放、可充饲料的向日葵才富于泥土气、草根性。向日葵昂头扭颈,从早到晚随着太阳转脸,这有追光拜日的象征意味。凡·高自己也正一生追求光影和色彩,可谓一位狂热的拜日教徒。在凡·高的自画像里,头发连同络腮的胡髭全都红焦焦

---

① 李长之:《语言之直观性与文艺创作》,引自《李长之批评文集》,郜元宝、李书编,珠海,珠海出版社1998年版,第358页。

② 刘勰:《文心雕龙注释》,周振甫注,北京,人民文学出版社1981年版,第493页。

③ 详见王一川:《文学理论》,成都,四川人民出版社2003年版,第82页。

④ 李长之:《道教徒的诗人李白及其痛苦》,沈阳,辽宁教育出版社1998年版,第3—4页。

⑤ 同上书,第4—5页。

的,跟向日葵的花盘颜色类似。因此,凡·高画向日葵就是画太阳,亦即是自画。向日葵与太阳、凡·高,三位一体,贯注了凡·高的独特生命体验。这种独特性使他同时代的人难以理解,无法接受。尽管潦倒一生,凡·高却从未向当时的流行艺术趣味妥协。

凡·高的向日葵

与高雅艺术不同,主导艺术(或主导文化)具有明确的教化性或群体整合性,在特定情况下,还能起到凝聚民心的社会动员作用。这种社会功利性的实现未必就是枯燥乏味的说教。《黄河大合唱》就是一个既生逢其时又得以传唱不衰的范例。1938 年 11 月武汉沦陷后,诗人光未然带领抗敌演剧三队从陕西宜川县的壶口东渡黄河,转入吕梁山抗日根据地。途中诗人亲临窄峡急流、怒涛漩涡、礁石瀑布的险境,目睹黄河船夫们与狂风恶浪搏斗的情景,聆听了悠长高亢、深沉有力的船夫号子。这一切都汇成发自民族生命深处的呐喊,为他日后创作《黄河》提供了强劲的感兴动力。次年 1 月抵达延安后,光未然一直进行艺术酝酿,并在除夕联欢会上朗诵了诗篇《黄河》。冼星海听后异常兴奋,表示要为演剧队创作《黄河大合唱》,并很快完成了这部大型声乐作品。1939 年 4 月 13 日,《黄河大合唱》在延安陕北公学大礼堂首演,引起巨大反响,很快传遍大江南北,鼓舞中国人民抗战到底的决心和意志。由于作词家、作曲家审美感兴的真诚性、内在性以及艺术传达的高度技巧,《黄河大合唱》已跻身 20 世纪华人音乐经典的行列。

有别于主导艺术的大众教化性,大众艺术(或大众文化)更注重满足普通市民的感性愉悦需要。冯小刚的贺岁片一向广受市场认可,他从不以“精英”自诩,对自身市民身份有明确认同,擅长以一种温情、平视的方式去描述都市小人物或平民在日常生活中的悲喜剧。他的新作《非诚勿扰》在主人公秦奋与不同对象一路征婚的过程中,编织进各种当下的流行元素,诸如同性恋、推销墓地、未婚先孕、小三、炒股之类。冯小刚影片中的一些台词已成为社会流行语,如“做人要厚道”、“不求最好,但求最贵”、“审美疲劳”等。当然,冯小刚电影在近十多年受观众追捧自有其多方面原因,这里仅强调他作为导演对自身市民身份有明确认同,有力地表达了他个人的都市平民体验。

不同于以上三种艺术类型,民间艺术的创造具有明显的传统性或传承性特点,即它的艺术手法和格式长期以来相对稳定、代代沿用。民间文学的韵文作品中有不少兴句口耳相传，为普通民众所喜爱、袭用。有的已成为脍炙人口的歌谣起句：如"天上星，亮晶晶"、"月儿弯弯照九州"、"花喜鹊，尾巴翘"等。民间艺术"万变不离其宗"，它只能在固有传统的基础上发生渐变。如果脱离了稳固的艺术"发兴"传统，民间文学作品就不可能为广大民众所接受。

总之，无论是高雅艺术、主导艺术、大众艺术还是民间艺术，审美体验都构成艺术创造的起点、动力和原料。

本 章 摘 要

审美体验是日常体验的升华，它是个体在亲自活动中对理想的生命形象的直觉。纯审美体验着重超越现实世界的精神性内涵，泛审美体验则强调审美愉悦的当下性和现场感，既与世俗生活的物质性相靠近又有所超拔、间离。西方体验美学自柏拉图以来，始终存在主观与客观，此在与彼在的分裂。中国的感兴论美学不追求表述的精确性、明晰性，以及理论的系统化、科学化，而特别强调对于天人合一境界的瞬间领悟。审美体验具有以下特征：原构性、历构性、超构性和预构性。审美体验具有焕发生命、心灵解放和呼唤未来的重要功能，还能在一定程度上发挥抵抗生活物化或反物恋化作用。现代审美体验形态可分为四种：惊羡体验、感愤体验、回瞥体验和断零体验。诗意启蒙是指以诗、艺术或审美手段去实现理性启蒙的意向。由于文化语境的变迁，中国现代审美精神的主潮由诗意启蒙转向异趣沟通。审美体验同艺术家的创作活动息息相关。在高雅艺术、主导艺术、大众艺术和民间艺术中，审美体验都构成艺术创造的起点、动力和原料。

研 究 建 议

想想看宗白华先生为什么要给生前唯一一部美学著作题名为《美学散步》呢？是兴之所至、随意为之还是有深意存焉？中国古代感兴理论还有现代价值吗？为什么？其实，现实生活中的审美体验更需要我们去身体力行，这比任何有关审美体验的纯理论探讨都更有价值。理论探讨诚然需要，但为的就是现实中的审美体验。

深 度 阅 读

刘勰《文心雕龙》中的《比兴》篇和《物色》篇（人民文学出版社 1981 年版）对感兴问题有深入探讨。叶燮著《原诗》（上海古籍出版社 1978 年版）以"兴起"解释诗歌创作动因及其感染力动因。美籍华人学者陈世骧教授在《原兴:兼论中国文学特质》一文(《陈世骧文存》,辽宁教育出版社 1998 年版)中提出"兴"的本义为初民在上举欢舞时所发出的呼喊,把"兴"视为结合凝聚《诗经》所有作品的真正原动力。宗白华代表作《美学散步》(上海人民出版社 1981 年版)是中国现代体验美学的经典著作,其后有刘小枫的《诗化哲学》(山东文艺出版社 1986 年版)、王一川的《意义的瞬间生成》(山东文艺出版社 1988 年版)和《中国现代性体验的发生》(北京师范大学出版社 2001 年版)等。李长之把人格体验置放在其批评理论与实践的中心位置(《李长之批评文集》,珠海出版社 1998 年版),使关于鲁迅、李白与司马迁的一系列论著都轰鸣着内在生命的呐喊,堪称中国现代体验批评的典范。

第三章 审美媒介

作为人类的一种具体可感的活动,审美沟通要求在人与对象之间建立起据以从事符码沟通和意义交流的物质通道,这物质一通道就是审美媒介。在审美沟通过程中,无论是艺术家的审美体验还是公众的审美鉴赏,都总是通过特定的媒介去实现的。

一、从媒介到审美媒介

媒介(单数 medium,复数 media),原指一种使两个个体发生关系的中介人或中介物。中介即把一方介绍给另一方。《旧唐书·张行成传》:"观古今用人,必因媒介。"用的就是"中间人"的意思。在西方,media 甚至指招魂者、通灵人等。在现代社会,媒介在专用于传播领域的同时,开始被泛化。同是 media 一词,在汉语词汇中即被分别对译为媒质、媒体和媒介,这三个词既紧密相关又有微妙不同。

1. 媒质

媒质也称介质,是指物体系统在其间存在或物理过程(如力和能量的传递)在其间进行的物质。如空气、水都可以是声音借以传播的媒质。就传播领域而言,媒质是人类社会系统中作为人与人之间沟通的工具而存在的物理现实,主要有声音、图像、文字、音乐和影像等。声音(voice)是语言文字出现以前人类进行沟通的重要媒质,如笑、哭、呼喊等。图像(graphic)是语言文字发明以前人类传达信息的另一重要媒质,如史前壁画。在现代社会也有许多用来表达意思的图画,如交通标志,使相关规则和指示一目了然,报章杂志中的图片可使相关报道动人醒豁并给人以真实感。文字(text)是用以沟通思想感情的篇章符号。音乐(music)是文字外的另一种语言,源于大自然和人的声音,但经过精心制作、蕴含着人类情感。影像(video)是人类在图像之外发明的一种重要媒质和工具。现代社会摄、录影机发明之后,它成为人类的一种主要沟通方式。

2. 媒体

在当代社会,文化艺术活动往往要落实到具体的社会化媒体运作过程中。媒体是指当代社会中向受众传播文化信息、娱乐节目的文化生产组织。当代美国媒体大致有三种:第一种是核心媒体(core media),如电视、制片公司和重要报纸等,可以美国各大电视网(ABC、CBS、NBC 等)、大影片公司(派拉蒙、时代华纳、21 世纪福克斯、迪斯尼)和重大报纸为代表;第二种是边缘媒体(peripheral media),如广播网、唱片公司、杂志社和出版社,其产品主要为图书、杂志、一般报纸、广播节目、唱片、录像等,主要针对因年龄和生活方式不同而各异的亚群体;第三种是一些带有地方色彩的媒体,主要出现在都市文化(urban culture)领域,由地方性文化组织生产并传播给地方观众,如音乐会、展览、博览会、游行、表演和戏剧等①。这种媒体分类式的研究,对理解当前媒介与媒体的区别、把握中国媒体发展现状,都是有帮助的。

NBC 的徽标

3. 媒介

媒介是利用媒质存储和传播信息的物质工具。"媒介就是插入传播过程中,用以扩大并延伸信息传送的工具。"②在当代,媒介一般主要指机械印刷书籍、报刊、杂志、无线电、电视和国际互联网等,它们都是向大众传播消息或影响大众意见的大众传播工具,都是传播信息的媒介。

甲骨文

在当代社会,各类艺术,比如绘画、雕塑、音乐、舞蹈、文学、戏剧等,大都需要媒介来承载信息、延展存留和扩大传播。文学也是需要媒介的。李白《赠汪伦》:"李白乘舟将欲行,忽闻岸上踏歌声。桃花潭水深千尺,不及汪伦送我情。"诗中的"踏歌",主要即是口语和音乐相结合的媒介,这种物质性的肉声媒介载歌载舞,古老而传统,充分传达了汪伦对李白的深厚的离情别意。今天的诗歌、小说、散文等,则都需要通过书籍、报纸、杂志等现代大众传媒来传播,而戏剧文学、广播文学、电影文学、电视文学和网络文学等,则更需以戏剧、广播、电影、电视和网络等媒介去扩大传播。可以说,没有媒介就不存在文学。各类艺术的审美活动也是如此。

可以说,任何美的事物,美的存在,任何具体的审美沟通活动,都需要审美媒

---

① 〔美〕戴安娜·克兰:《文化生产:媒体与都市艺术》,赵国新译,南京,译林出版社2001年版,第6—8页。
② 〔美〕威尔伯·施拉姆、威廉·波特:《传播学概论》,陈亮等译,北京,新华出版社1984年版,第144页。

介。由此,我们不妨把审美媒介界说为:审美沟通活动中各种审美符码得以贮存、传达或表现的物质器具与传播工具。作为审美沟通活动的构成因素,审美媒介是传输审美文化信息的物质渠道,是各种形态的意义交流与审美沟通活动的载体和方式。没有审美媒介,就不存在审美沟通活动。

二、审美媒介及其演变

人类历史长河中,每个时代都有其功能突出的审美媒介。从远古的口语到当今人们习用的大众传媒和网络媒介,审美媒介经历了漫长的发展演变历程。

1. 口语媒介

口语就是口头语言,口语沟通媒介时代指主要以口语形式实现人际传播的时代。口语媒介具有如下特点:简便快捷;与身体语言和原始礼仪相伴随;真切生动;随口而出,不易保存。在文艺审美活动中,口语媒介主要是一种文学媒介。借助口语媒介,原始先民在舞蹈和音乐的伴随下“喊”出了最早的文学。远古歌谣《候人歌》:“候人兮猗!”只是在“兮”和“猗”两个感叹词前加了两个具有体验意味的词,却体现了起伏的节奏和情感变化。这些只是有幸保存下来的极少量的原始口语文学,而大量的作品却随“口”消逝了。在没有“白纸黑字”而只有口语的时代里,口语文学虽繁盛生动,有神话、史诗、歌谣和流言等诸形态,却难以给后世留下可供征查的资料。

2. 文字媒介

文字是记录语言的书写符号系统,是在石头、青铜器、兽骨、竹简、木牍、缣帛和纸等媒介上记载的语言,是人类在原初口语基础上进一步发展自身语言能力的产物。与口语媒介主要诉诸听觉不同,文字媒介主要先诉诸人的视觉,然后唤起其听觉记忆或思想表象。文字媒介的发明是人类文化发展史上的一次重要的革命性事件,正如某些学者所指出的:

> 随着书面语言的发展和散播,口头语言和文化获得了高得多的稳定性。书面信息的交换不要求发送者和接收者同在,因此传播从它们早期受到的时间和空间的限制中解放出来,书面文献将字词从它们的言者和它们最初的上下文中分离出来,削弱了记忆的重要性,允许对信息内容进行更加独立和更加从容地审视。书面文献也使思想和想法可以在它们的原创者死去之后留存下去。[①]

---

① 〔美〕菲德勒:《媒介形态变化——认识新媒介》,明安香译,北京,华夏出版社2000年版,第48页。

新编美学教程

文字这种书面语言在一定程度上可以消除口语媒介的时空限制,使语言超越时空,传播久远。从先秦到唐代的中国文学,属于文字媒介占主导地位的时代。正是运用汉字媒介,中国创造了先秦、两汉、魏晋南北朝和唐代文学,而这些文学的主要文类是诗歌、散文和史传文学。而诗歌是其中的中心文类,借助汉字媒介,中国古典诗歌经历了四言、五言、七言等多种形态的发展和演化历程,并且在唐代达到了一个高峰。

3. 手工印刷媒介

制版印刷是把文字和图画做成版、涂上油墨并复制到纸张上的媒介技术,通常包括手工印刷和机械印刷两种形态。这里先谈手工印刷。手工印刷术是中国四大发明之一,历史悠久。在南北朝时期就出现了雕版印刷,隋朝以后就陆续使用雕版印刷复制文化典籍,中晚唐时期用雕版印刷印制佛教典籍《金刚经》,唐宋五代时期的民间已经出现雕版印书。宋代前一般文人学者主要使用的还是文字手抄本。在大约北宋中期以后,以雕版印刷为主体的民间刻书业才开始普遍,各种刻本书籍才逐渐流行起来①。手工印刷媒介在宋代至清代文学与绘画中起到了主导作用。以雕版印刷术为主体的印刷媒介为文化典籍的通行和保存、更为宋代市民文化和明清长篇小说的发展创造了条件,推动了宋代至清代文化的发展。由于印刷媒介的使用,类书和小说等能批量复制,为它们

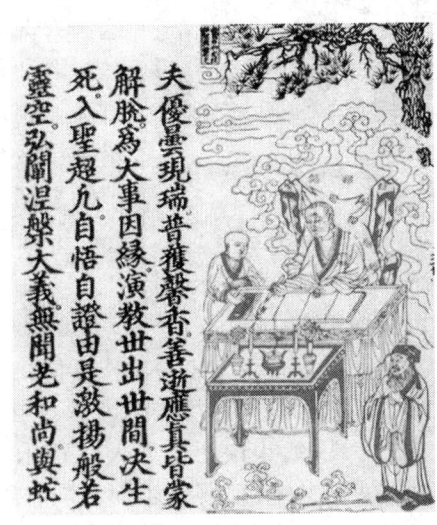

雕版印刷作品

在读者中批量发行和迅速流通提供了媒介条件。各类典籍文选大量印行,科举考试用书成批出版,白话小说逐渐兴盛,画谱图舆也批量复制,士人和市民普遍受惠,文学、戏曲和绘画等审美文化事业逐步发展。如果没有印刷媒介的普及和以士民为主体的文化市场的兴起,白话长篇小说在明清时期出现繁荣是不可思议的。

4. 现代大众传媒

大众传媒是向大量群众传送信息或娱乐节目的各种现代传播形式的总称,包括报纸、杂志、书籍、电影、广播、电视、录音带等。大众传媒由两个要件构成:一是运用现代技术方式复制和传送信息的机器;二是相应编辑人员组成的、进行批量

① 参见方汉奇:《中国新闻事业通史》(第 1 卷),北京,中国人民大学出版社 1992 年版,第 85 页。

制作和工业化生产的组织。在现代社会,大众传媒体现了以往任何一种传播媒介都无法比拟的强大威力和传播优势。大众传媒从技术形态角度,可分成机械印刷媒介和电子播放媒介两种形态。

古登堡印刷机

机械印刷媒介是指由机械印刷机印制文字或图画的媒介技术形态。15世纪40年代德国美因茨的普通金工古登堡(Gutenberg)制造了世界上第一台印刷机,并用它印刷了有史以来最精美的42行《圣经》200册,这成为近代文明史和传播史上最具划时代意义的革命事件。有了印刷机,比手工印刷远为快捷和大量的复制成为可能,这大大促进了欧洲及全球书籍的生产、传送和阅读能力,其对欧洲宗教革命、世界文化和教育有着巨大的革命性意义。鸦片战争后,来自西方的机械印刷逐渐进入中国,铅字排版和机器印刷展示出手工抄写和雕版印刷无法比拟的复制优势。

电子播放媒介(electronic broadcasting media)是现代大众传媒的另一种重要形态,是由电磁波或光电技术去复制和传送信息的媒介技术,主要有电影、广播和电视三种形态。电影(cinema film)是电子媒介之一种,是以活动照相术结合幻灯放映发展起来的媒介技术,其流程是用灯光把拍摄的影像连续放映在银幕上,使观众看起来像是实在活动的形象。电影的较完整形态是在1895年由法国卢米埃尔兄弟发明的,很快便作为大众娱乐的艺术风靡欧美,不久也传入中国。电影作为现代媒介艺术,以视觉画面和声音组成的逼真镜头去再现生活、反映思想,显示了此前任何媒介都缺少的强大的综合写实和表现能力,具有过去的戏剧艺术形式所没有的传播优势。由此,电影逐渐从马戏团般的杂耍待遇中摆脱出来,被视为继音乐、诗歌(文学)、舞蹈、建筑、绘画、雕塑之后的"第七艺术"。

广播(broadcast)也是电子媒介之一种。在广义上,它指以无线电波或导线播送声音节目,或图像与声音合成节目的媒介技术。它包括狭义的广播(radio)和电视两种。而狭义的广播,则主要专指以无线电或导线播送声音节目的媒介技术。狭义的广播在西方出现于20世纪初。尽管广播最早是制造商用来推销无线电设备的工具,是报纸、杂志和室外招贴画之后的"广告的第四载体",但各阶层民众更欢迎各类广播音乐、戏剧、新闻及言论、综艺等节目,它们"为广播带来了新闻和娱乐、事实与幻想的明显结合,它把每天的重大事件变成了听众家庭的炉边戏剧。"①

---

① 〔美〕丹尼尔·杰·切特罗姆:《传播媒介与美国人的思想——从莫尔斯到麦克卢汉》,曹静生、黄艾禾译,北京,中国广播电视出版社1991年版,第77—97页。

广播可以不受山水阻隔和距离遥远等空间限制,拥有各阶层的大量受众,使文艺娱乐和文化信息实现大范围传播,"飞入寻常百姓家"。广播不仅可以复活和扩展原始口传艺术和现场表演艺术那种面对面传播特有的直接性和亲切感,而且时效性强,这是文字媒介和手工印刷乃至机械印刷媒介所缺少的。

电视(television)也是电子媒介之一种,是大众媒介的一种形态。电视是用电子技术转输图像和声音的媒介技术。它作为 20 世纪下半叶最为重要的大众传媒,经历了黑白电视、彩色电视和有线电视三阶段。电视可以把视觉画面和听觉音响兼容起来,把文学、音乐、舞蹈、绘画、雕塑、建筑和戏剧等多种艺术综合为一体,每天 24 小时连续不停地播放节目,这种综合性和连续性可以最大限度地激发和满足日常生活活动和艺术审美活动的需要,体现了其他艺术门类和传播媒介无法比拟的媒介优势。电视在中国诞生于 1958 年,到 80 年代出现飞速发展的局面,目前已拥有 10 亿多观众。

5. 网络媒介

这是指运用电子计算机网络及多媒体技术传播信息的媒介技术(参见本书第八章第四节网络文化部分)。多媒体(multi-media)原指由两种或两种以上传播形式结合到一起的电子媒介,又称"混合媒介",现在主要用来指将多种电子媒介(包括广播、电视、电话、传真、计算机等)连接起来,对声音、图像、文字和数据进行综合快速处理并传输的双向信息系统。国际互联网(Internet)则提供了一个集各种媒介于一身的新型传播系统,它使声音、影像、文字完美地结合在一起。目前,以多媒体媒介为主体的网络媒介在世界范围内获得了迅速发展,被视为继报纸、广播和电视之后的"第四媒介"。有人据此称世界已进入"网络时代"。

网络媒介作为新一代媒介技术,在促进和推动文化信息传播和文艺审美活动方面,具有以往各种媒介所不具备的特点,形成独到的新媒介优势。首先,由于数字化技术的应用和国际互联网的逐步完善,网络媒介具有突出的传输和复制快捷、储存和提取简易的优势,大大促进了文字作品、图像艺术、新闻信息、视听产品等的传播、储存和复制速度;其次,与报纸、书籍、杂志、广播和电视等大众传媒属于媒介对受众的单向传播不同,网络媒介具有传播者与受众之间的双向互动属性,这使得在网络时空中,信息发送者和接受者之间可能形成人与人之间的真正而及时的沟通,同时享有平等对话和互动交流的权利;再次,由于运用多媒体技术,网络媒介使文字、图像和声音等因素相结合,这就为人们在信息接受、视听阅读和审美活动中带来了新的体验。

三、审美媒介的作用

审美媒介在人们的审美沟通活动中具有什么样的重要作用呢？不妨从如下三个角度考察。

1. 接触与情境：沟通过程的第一环节

审美媒介在审美活动中的作用表现在，媒介不只是审美的外在物质传输渠道，而就是审美本身的重要构成维度之一；它不仅具体地实现审美意义和信息的物质传输，而且给予审美效果以微妙而又重要的影响。审美媒介具体地实现了审美信息的物质传播，即实现了发信人与收信人之间通过符号而达成的接触与交换。在导论中提到的雅各布逊的沟通模式中，媒介作为接触方式而存在。虽然媒介是审美沟通的第一环节，但却往往因为人们司空见惯而忽略。就打电话说情话、诉说衷肠而言，人们可以数出这一活动的要素有打电话的人、接电话的人、相对熟知的具体语境、所谈的信息或事情，乃至交谈双方所使用的或许别人听不懂的语种或方言，但往往却不觉得还有一个要素就是他们都利用的电话。正是作为媒介的电话使审美沟通处于接触状态，使审美活动中的信息传播和意义交流成为可能。

梅罗维茨

更重要的是，审美媒介作为审美沟通活动的要素，往往意味着特定的审美情境，而这种特定的审美情境会对审美沟通活动本身产生影响。美国传播学家梅罗维茨（Joshua Meyrowitz）提出的"信息情境"论认为，不应把媒介的作用仅仅理解为技术本身的决定性作用，而应理解为由媒介所造成的信息情境（situation）的作用。媒介的作用取决于媒介所造成的信息情境，这种信息情境犹如谈话地点一样，可以影响到信息的传播，进而影响人的行为。为此，他明确提出"新媒介，新情境"（new media, new situation），"新情境，新行为"（new situation, new behavior）的观点①。梅罗维茨的理论较为契合审美媒介在审美沟通过程中的实际情况。在审美活动中，交流双方必须进入某种审美情境。鉴于审美媒介在社会系统或文化语境中扮演不同的角色，审美媒介第一环节的地位必然会对文本意义

---

① 〔美〕梅罗维茨：《空间感的失落》，载张国良编《20 世纪传播学经典文本》，上海，复旦大学出版社 2003 年版，第 515—532 页。

的生发及其效果的实现产生某种微妙而巨大、乃至实质性的影响。梁启超的《新中国未来记》单从艺术标准来看很不成熟,但由于在《新小说》杂志连载,对于启蒙知识界产生强大的影响,并由此对现代小说的发生和发展产生了重要的示范作用。

2. 主导、叠合及泛化:审美活动的多重选择

特定的社会和时代都有自己的主导性媒介。在文字产生前的时代,自然是身体、物品和口语等媒介主导的时代;而在文字出现后的年代里,书籍成了文化的载体,文字是主要的传播媒介。无论是西方从图画文字发展至拼音文字,还是中国一以贯之的具有独特形态的汉字,它们都是主流或上层文化领域内占主导地位的用以表情达意的媒介。甚至在资本主义以来的现代社会,虽然机械印刷逐渐成为主导媒介,但各大艺术部类分流自治,文字文化仍然占据主导地位。自20世纪以来,现代电子媒介以电影、广播和电视为代表,逐渐在全球取得统治性地位,并且渗透进人们的日常生活中。电影那逼真动人的影像产生强大的震撼力,而电视进入千家万户,人们无时无刻不生活在影像包围中①。

现代媒介的发达带来审美媒介在当代社会的主导、叠合和泛化现象。主导,主要是指当代社会电子传媒起着主导作用。过去以印刷文字为中心的文学创作往往以作家为核心,作家一人单枪匹马,以文字的魅力和语言唤起的间接形象打动人。而今的文化生产机制则是围绕电子传媒而形成庞大的生产队伍:一部电影或一期电视节目的主创人员不仅包括导演、演员、编剧、摄影、音乐,还包括电工、美工师、化妆师、服装师、工程师,乃至雇佣特技队等。他们与摄影机、灯具、玻璃、电线、汽车、泡沫石头等结合起来,再与投资、利润以及各种各样的文化模式缠绕在一起,构成"文化工业"。正是在对电子传媒和文化工业所制造的产品的消费中,在影像和声音所制造的娱乐中,现代民众日益成为大众文化和审美文化的拥趸。

叠合,主要是指当代文化中电子传媒与传统媒介出现叠合共存的状况。在当代社会,以文字为媒介的传统文学形态仍将继续存在,但在流行歌曲和影像叙事那里,传统文学的抒情和叙事功能被淋漓尽致地发挥出来,浅显易懂的流行歌曲(主要通过卡拉OK)则成为人们的选择。20世纪90年代以来,古今文学名著《红楼梦》、《三国演义》、《水浒传》和《围城》等都曾因影视改编而重新热销,人们往往是因为消费了影像产品后回头再去阅读文学名著。近年甚至出现由影视工业派生的影视文学,不少时尚热潮的电影或电视剧受到市场欢迎后,出版商将其脚本稍加修改变成"畅销书"推向市场。影视不再以文学为脚本,而文学只是影像的

---

① 参见王一川:《文学理论》,成都,四川人民出版社2003年版,第124页。

孳生。

　　泛化，主要是指随着以电子媒介为主的审美媒介的日益多样化和高度发达，人们的意义交流和价值交换活动可以有更灵活而多样的方式。不妨考虑如下问题：在当代日常生活中，一个善于讲故事的人可以用不同的审美媒介讲述同一故事，其形成的修辞效果和意义交流会相同吗？除了注意故事加工的技巧，使故事足够生动有趣，动人心魄外，他还可以选择不同的媒介。比如，以口语媒介讲述，他就会追求叙述口语化、语言生动，力图唤起听众兴趣；也可以手抄本媒介，他就可能要注意照顾朋友或同道的趣味，讲究语言文采，故事具有个性；也可以找出版商出版小说，如果追求畅销，就要兼顾不同阶层的阅读趣味，寻找"雅俗共赏"的契合点；如果他写成电视连续剧剧本，就不得不投合观众，考虑电视剧的"播放档期"或"黄金时段"以争取家庭主妇们；自然也可以自由自在地在网上发表或连载，考虑放心尽情、任性游戏而无所顾忌地表达，同时也满足匿名网友的各种欲望渴求和公共化幻想。显然，无论选择哪种媒介，在意义生成和修辞效果方面，都无可避免地出现因媒介不同而导致的差异。

　　3. 媒介的变化：世界的演化与文明的变迁

　　媒介变化意味着沟通活动中的审美内容的扩展或压缩。加拿大传播学家马

麦克卢汉

歇尔·麦克卢汉（Marshall McLuhan）有句名言：媒介即讯息。在他看来，媒介是人的延伸，即是人的器官的延长。每一种新媒介的出现都意味着人的能力获得一次新的延伸，从而带来传播内容和信息的变化。新媒介意味着传播内容（即讯息）的变化、接受信息方式的变化和生活方式的变化，而不仅仅是信息传播速度的快捷和传播范围的扩大[①]。麦克卢汉认为，西方现代艺术其实要通过电子媒介的出现才可以得到充分的说明，因为新旧艺术和种类的不同是建立在媒介不同的基础上的。他说：

　　……电力媒介的出现立即把艺术从囚衣的束缚下解放出来，也创造了（绘画上的）保罗·克利、毕加索、布拉克，（电影上的）爱森斯坦、麦思克兄弟

---

① 〔加〕麦克卢汉：《理解媒介——论人的延伸》，何道宽译，北京，商务印书馆2000年版，第33页。

和(文学上的)乔伊斯世界。①

在20世纪初,电子媒介开始逐渐占据主流地位。与此同时,立体画派出现了,立体派在两维平面上画出客体的里、外、上、下、前、后等各个侧面。它放弃了透视的幻觉,偏好对整体的迅疾的感性知觉。大约也在同时,电影发展起来。电影是一种承前启后的艺术,它从机械化的切分和序列中诞生,但电影在诞生的那一刻又超越了机械与序列,转入有机联系的世界:仅仅靠加快机械的速度,电影就把我们带进了创新的外形和结构的世界,从线型连接过渡到外形轮廓;依靠电影蒙太奇,图像艺术打破线性艺术和叙述连续体,蒙太奇必须推前和闪回,一推前它产生叙述,一闪回它产生重建,一定格它产生报纸式的静态风景,产生社会生活各方面的共存。而这也正是乔伊斯的《尤利西斯》表现的都市形象②。麦克卢汉把媒介看成是一切艺术形式和种类演变的基础,这虽属于一种极端的媒介决定论,但对理解新媒介对人类感受方式的变迁有一定的帮助。

媒介甚至在整个社会变革或文明转型的过程中起着革命性作用。麦克卢汉进一步将媒介决定论推广到对近现代社会和文明转型的理解中,认为印刷文字和电子媒介是两套属性完全不同的媒介体系。印刷媒介是人的感觉器官的延伸,而电子媒介是人的神经系统的延伸,它们分别意味着完全不同的世界观、感觉、生活和文明。这种媒介决定观点是极端的,但从印刷文字媒介主导的时代到电子媒介主导的时代,确实意味着文明的巨大变化,人们的世界和生活有可能正从视觉型分割向触觉型整体,从线型转向瞬间同步,从机械观转向场论。美国学者拉姆潘(Lewis H. Lampham)曾把麦克卢汉的这些大胆推论和假设综合如下③:

印 刷 文 字	电 子 媒 介
视觉的/visual	触觉的/tactical
机械的/mechanical	有机的/organic
序列性/sequence	共时性/simultaneity
精心创作/composition	即兴创作/improvisation
眼目习染/eye	耳朵习染/ear
主动性的/active	反应性的/reactive

① 〔美〕埃里斯·麦克卢汉、弗兰克·秦格龙编:《麦克卢汉精粹》,何道宽译,南京,南京大学出版社2000年版,第272页。
② 参见张法:《互看的灵思》,北京,中国大百科全书出版社2002年版,第264页。
③ 参见何道宽:《中译本第二版序——麦克卢汉的遗产》,载麦克卢汉《理解媒介——论人的延伸》,何道宽译,北京,商务印书馆2000年版,第8—9页。

印刷文字	电子媒介
扩张的/expansion	收缩的/contraction
完全的/complete	不完全的/incomplete
独白/soliloquy	合唱/chorus
分类/classification	模式识别/pattern
中心/center	边沿/margin
连续的/continuous	非连续的/discontinuous
横向组合的/syntax	马赛克的/mosaic
自我表现/self-expression	群体治疗/group therapy
文字型的人/Typographic man	图像型的人/Graphic man

四、媒介共生与多态竞争

审美媒介的变化和革新,影响着文化艺术生产的格局,推动着审美活动的变迁。一方面,每个历史时期都会出现占主导地位的媒介,并在不同的文化领域实现程度不等的分层。另一方面,已经出现的所有旧媒介都不会断然消隐或终结,而总是与新的主导媒介叠加到一起,混合作用,或相互竞争,或相互促进,推动着审美文化的变迁。从整体上看,20世纪中国逐渐经历了一个审美媒介不断变化的进程:

　　　　→传统社会的文字文化与口说文化相对独立,并行不悖

　　　　→以机械印刷的报纸杂志为标志的大众传媒不断侵蚀旧有文化格局,催生出现代文化

　　　　→电子媒介不断进入政治领域和日常生活,引导中国近大半个世纪的动荡和革命,推进现代化建设

　　　　→再到九十年代以来网络媒介崛起,推动改革开放和全球交往

现代媒介文化产品无孔不入地渗进人们的生活,以其近乎不可抗的力量改变了人们的生活方式。但就细微处而言,可以看到新旧审美媒介之间的相互龃龉和相互揉搓,审美媒介的发展是以多态并存、相互竞争和妥协共进表现出来的。

1. 口语与文字

历史上每一种文化(包括其中的艺术)的兴盛,总是伴随着特定媒介的发达的。加拿大传播学者哈罗德·英尼斯(Harold Innis,1894—1952)指出:"一种新媒

介的优势将成为导致一种新文明诞生的力量"①。在中国的印刷媒介兴起以前,传统社会上层士人文化依赖于文字媒介,而在下层民众那里,民间口头文化则是以更为传统的口语媒介为根本,总体文化格局是文字文化与口语文化相互并存,又时有交融。到 20 世纪,现代文明以西式报章和杂志的强势面孔出现,新式大众传媒登载着各类政论、思想和学说,新媒介与新文体似乎是与西方强权一起抢滩中国的②。作为对这种强力刺激的反应,文化保守人士痛感西方学术和西化浪潮对传统文化格局的冲击。国学家章太炎即以媒介作为区别和划分文化的依据,指出:"等是人言,出诸唇吻,而据实而书,不更润色者,则曰口说;熔裁删刊,缘质构成者,则曰文辞。"③这位"有学问的革命家"认为,口说不外乎雄辩、演讲、语录和讲故事,纯然临时触兴,脱口而出,往往浮词曼衍,不讲道理,甚至强词夺理无所不用其极;而书面文辞中,有韵的如赋颂哀诔、箴铭词曲、古今体诗,无韵的如历史、典章、学说、杂文和小说,乃至公牍,都必须精心营构,认真剪裁、结构、加工和修改,记事明理表情达意,"务合体要"并笔为文书。古来中土传统由这两大文化构成,口说文化或口语文化如小说、传奇和戏曲自有规则,不可忽视;而以文字为媒介的文字文化较口说文化精深高雅,也自有其特点和规律,两者正可并行不悖,互动共进。如果完全以西学为指针,"欲更文籍以从鄙语,冀人人可以理解",一味求俗便民,结果为启蒙而舍弃真意,为通俗而舍弃文化,这样会侵蚀和破坏从历史发展而来的总体文化格局。所以,本土文字应该"宁为求真,不取径便",覃思振起,以恢复制名指实、书契记事、实事求是的文字文化。

章太炎大概没料到,此后百年中国并没有走上他指引的文字文化道路。"五四"后即逐渐冲破传统文化格局,不仅出现"白话文运动"推动文字文化与口头文化相互混融,形成各种各样的新语体,而且出现"废除汉字"、"汉字拉丁化"等激进的民族语文虚无主义主张。在 20世纪后半叶,在整个文艺领域内,不仅"语"、"文"混杂,而且出现批量影像的生产和消费,近年来又出现网络文化。这样,文字在社会中的主导地位和文字文化的垄断格局被打破了,口说文化和影像文化的力量全面抬升,文字文化、口语文化和影像文化相互竞争、相互激励、共同

章太炎

① Harold Innis, *The Bias of Communication*, Toronto:University of Toronto Press,1951,p. 34.

② 参见周勋初:《西学东渐和中国古代文学研究》,载《周勋初文集》(第 6 卷),南京,江苏古籍出版社 2001年版;陈平原:《现代中国散文之转型》,载陈平原、陈国球主编《文学史》(第 3 辑),北京,北京大学出版社 1997 年版。

③ 章太炎:《文学说例》(1902),载《近代文论选》(下册),北京,人民文学出版社 1959 年版,第 412 页。

发展,整个文化格局也发生了翻天覆地的现代转型。

2. 文字与影像

现代社会是电子媒介主导的时代,视觉影像在日常文化生活中的比重和地位越来越突出。在当代社会,有不少人阅读唐诗宋词,但通俗化、消费化的时尚读物急剧膨胀;也有人热爱古典戏曲,但比起迅猛生产的流行歌曲,这几乎微不足道。据统计,一个普通的美国人每天大约看4小时电视。这意味着到65岁时,他已经在电视机前坐了9年的时间①。在中国,20世纪80年代末到90年代初,热播的电视连续剧《渴望》(1989—1990)、《编辑部的故事》(1990—1991)等使电视逐渐上升到中国社会大众传媒中的"第一媒介"或"中心媒介"地位,进入人们的日常生活中。诉诸视觉的影像遍布生活的方方面面,大量复制和急剧发展的影像越来越多地占用了人们阅读的时间,用于传统的文学阅读和艺术欣赏的时间越来越少,而且人们越来越疏于这种感受和经验了。电影、电视、VCD或DVD、时尚读物、仿真雕塑、街头广告裹挟着巨量的影像和信息冲向大众,文字文化急剧地缩小领地,它们正被新兴的巨量影像流排挤到边缘地带。影像不仅成为每日生活的常备内容,成为日常交往闲聊的谈资,而且对各类文艺审美活动,尤其是审美活动中的人们的感受方式和生活方式,发生了举足轻重的影响。美国学者丹尼尔·贝尔甚至发出这样的感叹:"当代文化正在变成一种视觉文化,而不是一种印刷文化,这是千真万确的事实。"②

视觉影像及其文化产业是现代社会或消费社会的产物,它通过工业化的大生产和多种大众媒介,正在改变文化的形态,也改变着社会。其最大的特征即是大批量的复制广泛传播。如20世纪30年代德国思想家本雅明(Walter Benjamin)所认为的,使艺术作品从"独一无二"的神奇状态,彻底走向芸芸众生皆可领略、乃至占据全民生活的批量"复制"时代:

> 复制技术使复制品脱离了传统的领域。通过制造出许许多多的复制品,它以一种摹本的众多性取代了一个独一无二的存在。复制品能在持有者或听众的特殊环境中供人欣赏,在此,它复活了被复制出来的对象。这两种进程导致了一场传统的分崩离析,而这正与当代的危机和人类的更新相对应。这两种进程都与当前的种种大众运动密切相联。③

---

① 〔美〕阿瑟·阿萨·伯杰:《通俗文化、媒介和日常生活中的叙事》,姚媛译,南京,南京大学出版社2002年版,第123页。
② 〔美〕丹尼尔·贝尔:《资本主义文化矛盾》,赵一凡等译,北京,三联书店1989年版,第156页。
③ 〔德〕瓦尔特·本雅明:《机械复制时代的艺术》,张旭东译,据邵牧君主编《电影理论译文选》,北京,中国电影出版社1990年版,第62页。

本雅明在评价机械复制技术及其造就有影像文化时,基于马克思主义的信仰和取向,对现代传媒的利用怀抱一种积极乐观的精神,希冀现代技术能充分发挥其政治潜能。

本雅明

但在另外一些马克思主义倾向的学者、40 年代的德国思想家霍克海默(Max Horkheimer)和阿多尔诺(Theodor Adorno)那里,情形就显得比较悲观了。在他们看来,文化产业包括其巨大的影像产业通过商品化和传播媒介,对大众有一种压迫性,它以虚假的现实来侵蚀并取消人们的批判意识和怀疑精神,最终服务于资产阶级的意识形态:

> ……文化产业的产品到处都被使用,甚至在娱乐消遣的状况下,也会被灵活地消费。但是文化产业的每一个产品,都是经济上巨大机器的一个标本,所有的人从一开始,在工作时,在休息时,只要他还进行呼吸,他就离不开这些产品。……社会上所有的人都接受文化产业的影响。文化产业的每一个运动,都不可避免地把人们再现为整个社会所需要塑造出来的那种样子……①

到 70 年代,法国思想家鲍德里亚(Jean Baudrillard,1929—2007)则诊断,当代社会中的影像文化纯粹是一种高度仿真的类像(或译仿像,simulacrum)的文化。他认为,人们创造的审美符号与自己的"生活世界"之间的关系自古以来经过一系列重大的改变:

> ……由于表征通过把模拟解释成虚假的表征来吞噬模拟,所以模拟则把表征作为自己的一个仿像而包围起来。这些就构成了形象的四个相继的阶段:(1)形象是基本现实的反映;(2)形象掩盖和歪曲了基本现实;(3)形象掩盖了基本现实的缺失;(4)形象和任何现实都毫无关系:它不过是自己纯粹的仿像而已。②

鲍德里亚激进地认为,当代资本主义的影像文化实际上是以"超现实"的方式生产着"现实"和人们对现实的"经验",而这些影像并不是对现实的模仿,而是对现实的一种遮盖和蒙蔽,它最终取消了现实并取代了现实,这就是当代"类像文

---

① 〔德〕霍克海默、阿多尔诺:《启蒙的辩证法》,洪佩郁等译,重庆,重庆出版社 1990 年版,第 118 页。
② 〔法〕Baudrillard, J., "Simulacra and simulation", in Kim W., ed., *Postmodernism*, Seoul:Hanshin, 1991, p. 440. 转引自周宪《中国当代审美文化研究》,北京,北京大学出版社 1997 年版,第 142 页。

化"的内在逻辑。影像的遮蔽功能在美国的马克思主义学者弗·杰姆逊(Fredric Jameson)那里被解释为"后现代文化产品"的"非真实化"效果:

> 这些极度真实的艺术品对现实是有一定影响的:如果你在博物馆里长时间地盯着这种塑像(指博物馆里的摄影写实主义的塑像——引者注)看,那么,当你转过身来时,你会怀疑周围的人是否是真实的。……在后现代文化里,形象也是有着同样的非真实化的效果。尽管它被很忠实地复制出现实,但也正是在这种复制中,形象将现实抽掉,非真实化了。……如果你被各种类像(simulacrum)包围,就像置身于一间装满玻璃的房子时,现实也就不存在了。如果一切都是类像(simulacrum),那么原本也只不过是类像(simulacrum)之一,与众没有任何不同,这样幻觉与现实便混淆起来了,你根本就不会知道你究竟处在什么地位。当代对柏拉图的解读之一就是,他对艺术的意识形态性拒绝是因为他对类像(simula-crum)的害怕,害怕现实的失去,一切都成为形象,都成为文本,没有指涉物,没有外在的客观世界。[1]

根据以上数位理论家的强调,当整个世界充满了廉价、巨量、性感的汽车广告、风光挂历、时尚制品、封面女郎、卡通书画、时装展秀、影视偶像、迪斯尼乐园及各类仿真人造景观的时候,人们必然容易失去对外在客观世界的真切感知,而把并不存在的指涉物与包围自己的形象能指混淆起来。

自有文字并形成文化以来,人类形成了通过文字描摹和艺术描绘的传统,尽管力图做到惟妙惟肖,但形象或符号与指涉物之间总存在一定距离,人们感受到一种形象的间接性和直接的符号性,并由此去追求符号或形象背后的深层的意义。但到当代,电子媒介批量复制和传输影像,传统的形象已被一种对对象巨细不分的精确复制和批量生产所取代,人们渐渐感受不到这种影像和形象是一种符号。造成符号性"消失"、人们误把能指和指涉物直接等同起来的原因,正在于现代影像文化产业可以借助高科技实现大批量复制。它虽然能获得"极度真实"的效果,但实际上造成传统的文学或艺术形象所蕴含的韵味和独一无二性被机械复制和高度仿真"抽(抽象化)空(空虚化)"了,使得传统形象所包含的特定主体性及其文化的"在场的有效性"丧失掉。图像与文字的战争的结局,是图像称霸而文字退场,还是两者相互包容和与时共进,历史将会给出答案。

---

[1] 〔美〕弗里德克·杰姆逊:《后现代主义与文化理论》,唐小兵译,西安,陕西师范大学出版社1987年版,第174页。

五、媒介文化

在当代社会,媒介开始全面介入民众生活,既带来文明的进步,但也引发了多方面的焦虑。古往今来没有一种传播媒介像今天这样深刻地影响到整个社会和人类文明,现代大众传媒和网络媒介加速了全球化和本土化进程。电子科技通过时间与空间的分离或凝缩,使信息超越了时空,在传播学意义上,"地球村"已经变成现实,本地生活越来越受到远处事件的远距离作用。在新的时代里,人们必须以更民主、更现实、更开放的眼光,来感受、体验和把握周遭日益变化中的文艺审美,尤其是媒介文化的活动。

在影片《一个都不能少》(1999,张艺谋执导)中,乡村代课老师魏敏芝进城寻找打工的学生。都市人海中怎么才能找到学生张慧科,保证当初在村里订下的"一个都不能少"的诺言呢?我们还记得影片中孤立无助的无聊和近乎绝望的沉闷。然而,随着剧情展开,魏敏芝上了电视后,境遇大变:也只有通过电视,她的遭遇才能一下子得到人们的理解和同情,不但张慧科找到了,而且还让学校的困境得到缓解。一个人进不进入电子媒介,前后变化如此之大。围绕媒体和

电影《一个都不能少》

媒介发生的故事,可说是这部影片必不可少的核心事件之一,它甚至使这部号称"最真实、最生活"影片获得了很强的戏剧性,从而在海内外大获成功。另一个例子是数年前影星濮存昕做的广告,其词曰:呼机、手机、商务通,一个都不能少。如今不过数年,呼机已不再时髦,手机新开发功能也层出不穷。"一个都不能少"的口号,透露出国人对现代资讯的渴求和对当代媒介的想象。贺岁片《手机》(2003,冯小刚执导)用极度夸张的手法表现人们对新型媒介的依赖及其引发的种种现实问题,而"手机变手雷"的说法也形象地表现出人们对当代生活拥挤的强烈感受。可以说,各类新媒介反映着人类文明和文化及其变迁,而且在生活中扮演着越来越重要的角色,媒介对文化及其变迁的影响也越见强劲。媒介文化生活已经成为当代文化的新景观或新现实。

所谓"媒介文化",主要是强调当代社会总体文化系统中近乎形成了一个亚文化的领域或空间,此中的文化生产、审美活动和价值取向较多地显现了大众传播媒介的影响力乃至它控制人的状况。在这里,媒介不仅仅实现了信息在自然空间

内的传递,而且通过符号的处理和创造,似乎具备了参与构筑和维持意义世界和文化生产的能力。在媒介文化的世界里,媒介创造出一种"文化世界"的样式。

媒介及其塑造的媒介文化在现实生活中似乎是无孔不入的。唱片、CD、电影、广播、电视和广告、MV、DV 等各种声像媒介及其电子影像,很大程度上塑造了当代社会民众的生活。形形色色的影音形象嵌入生活,成为民众生活不可离弃的一部分。这些声音或影像与人们的日常生活似乎建立起了一种内在的联系,"视觉文化"、"听觉文化"等逐渐成为当代都市生活的总体方式。广告文本中设定了"百事可乐=年轻=性感=受欢迎=好玩"的能指链,而事实上它们最终指向的是一种商品,即一杯杯碳酸饮料。而在以电子游戏、网络聊天、短信交流、网络 BBS、博客 BLOG 乃至"微博"为代表的网络互动媒介上,网络空间似乎已打破了虚拟与现实两者的两分思维。当人们沉浸在电脑程序构建出来的形形色色的社群或空间中,虚拟世界与现实世界的界限已经变得模糊不清。虚拟的活力正在于它能让人在虚拟世界中充满现场感觉,虚拟世界中的交流和游戏活动已成为现实生活之一种。文学是一种精神生活方式,而在电脑游戏中,各类游戏和交流所营造的、虚拟互动的世界也已与文学家们通过文字营造出来的文学氛围十分相近,在年轻人看来,它们所激发的游戏互动的愉悦足以超越传统的静观式文学观照。网络世界对青年大众的感受力、想象力和思考方式产生的巨大冲击和形塑作用是有目共睹的。

在当代社会,大众文化、精英文化或高雅文化、民间文化相当程度上都需要透过媒介展现自己,媒介文化的形象令人目不暇接。不仅如此,大众媒介(主要当代媒体)还主动参与社会生活,不断制造"媒介事件",对各种文化现象进行解释和宣传,开发新的文化样式,引导大众文化潮流。影像媒介和网络媒介扩大公共领域的疆界和范围,将越来越多的人卷入其中,但同时它又往往以信息源的垄断、单向传播以及零散化、碎片化和程序化等形式,在暗中削弱潜在的、可能的批判空间。媒介文化以其巨量的形象复制,摧毁了传统的灵韵,抹除了艺术与生活的边界,使审美文化容易走向同质化和类型化,但它也为各种审美活动的异质因素的成长提供了某种可能。

因此,在当代日益消费化的总体社会情势中,那种认定现代大众传媒和电子设备只不过增强了数据统计、信息播送和目标精确性,而没有造成文化和生活方式变革的想法,已显得不合时宜。美国学者波斯特打的一个比方确实击中要害:"电子媒介对时空的征服所预示的是,理论及种种机制仅仅再转一转惯例和观念的调谐钮是远远不够的,它们这样是收听不到新的传播频率的。"①但是,新的变革

---

① 〔美〕马克·波斯特:《信息方式》,范静哗译,北京,商务印书馆2000年版,第9页。

是否意味着新媒介"必定"带来崭新的主体和完全的自由呢？波斯特认为，新的信息方式和电子媒介交流"能够从根本上瓦解理性自律个体的型像"，"人们从此可以将自我视为多重的、可变的、碎片化的"，某种完全崭新的"整体的"或"真实的""后现代"自我正在构建之中①。新的媒介文化有时确实能破解固执自信的主体，但它是否必定建成一个全新的"自我"，基于某种"日常生活"的"新美学"也可随之建成？恐怕还需要时日去检视。

工作性的结论不妨是：与以往传统的文字文化比较，媒介文化领域内的影像产品或虚拟空间，对当代自我确实起到一种再构型作用。第一，引入新的可能性，自然也有其限度。新的可能性，是指引入以新的身份进行游戏和交流的可能，以及使娱乐和交流非性别化的可能、重新等级化的可能，还有某种程度上消解主体、脱离原位的可能。有其限度，指虚拟空间并不意味着全新的自由：无论如何，每位参加游戏的人总要定位于电脑化系统中。这个系统意味着，在虚拟空间中的人与人

所谓"网瘾"现象

的交流呈现出花粉状、无机化、偶然悬置、随机激发等状态；同时，游戏过程既存在着纪律的约束，也存在着某种越轨；尽管系统运行的是机器语言，而人们交流的语言却是在世的，有着与生俱来的语义性、意识形态性和具体的（或民族或阶级或历史的）文化特性。第二，有好处，但也有其风险。运用电脑和互联网在虚拟空间进行交流，好处是它意味着新的刺激和可能，新的生活方式、交往方式和游戏空间。但也有风险，它可能意味着被想象的或象征的生活所迷惑，迷失于声光影像和虚拟空间之中，甚或完全"他律"、受他人控制，而这种种风险往往遭到保守文化的严厉诟病和强烈抵制。

本 章 摘 要

审美媒介是审美沟通中各种审美符码得以储存、传达或表现的物质器具与传播工具。没有媒介，就不存在审美沟通活动。大众传媒是向大量群众传送信息或娱乐节目的各种现代传播形式的总称，包括报纸、杂志、书籍、电影、广播、电视、录

---

① 〔美〕马克·波斯特：《第二媒介时代》，范静晔译，南京，南京大学出版社2001年版，第85—106页。

音带等。审美媒介不仅是审美信息与符号传输的外在物质渠道,更意味着特定的审美情境,审美情境往往对审美沟通活动起到至关重要的作用,给予符号化修辞效果产生微妙而重要的影响。特定的社会和时代都有自己的主导性媒介,现代大众传媒和网络媒介的出现和繁荣促进了诸种媒介的叠合,人们的意义交流和价值交换活动有了更灵活而多样的方式,有了更多样的选择。新媒介意味着传播内容的变化、接受信息方式的变化和生活方式的变化,媒介甚至在整个社会变革或文明转型的过程中起着革命性作用。审美媒介在发展变化过程中出现不同媒介之间的新旧竞争。在当代审美媒介多元并存的格局中,既出现新一轮多态竞争,而且由过去的文字媒介主导发展成为当代的媒介文化。当代文艺审美和媒介文化需要以更民主、更现实、更开放的眼光来感受、体验和把握。

研 究 建 议

当代社会媒介在各种交际活动和审美活动中的重要作用日益突出。政治、经济、文化各领域都有传媒包装出的、形式不同、层次不等的明星:歌星、影星、导演、球星、运动明星、富翁、企业家、文化明星等等。各类明星常被媒介津津乐道地描述,新片、新歌和新书甚至财富等等常是媒介突出介绍的对象。当代大众传媒通过各种手段制造了一个个看来既真切而又虚幻的世界。正是通过呈示和塑造媒介形象,媒介文化充分影响社会,实现自身价值。你如何看待当代社会中由现代大众传媒和网络媒介所带来的媒介文化?

深 度 阅 读

麦克卢汉的《机器新娘——工业人的民俗》(中国人民大学出版社 2004 年版)对美国广告和连环漫画的社会学意义进行了研究,其开创性努力至今仍应认真对待。日本学者佐藤卓己《现代传媒史》(北京大学出版社 2004 年版)将现代传媒的历史解释成现代社会形成的历史甚至全民动员史的,视角非常独到,值得阅读。美国学者伯杰的《媒介分析技巧》(中国人民大学出版社 2005 年版)结合具体媒介案例讲解了四大媒介分析方法。凯尔纳的《媒体文化》(商务印书馆 2004 年版)不失为分析当前较新的大众文化、消费文化或媒体文化现象的合适参考书。

第四章 审美符码

审美符码,作为审美创造的素材和审美体验的对象,在审美沟通模式中处在不可或缺的中介地位。影片《盗梦空间》(*Inception*)戏仿文学与电影史上奇特的梦境元素,对现实生活进行了想象的变形,并对人的心理过程进行了神奇的编码,从而运用审美符码方式建构出一个多重时空交织成的悠长梦境。影片将现实化为符码,在无意识层面展开动作,完成一场神秘的思想改造,最后却将梦境撕碎。正像其他艺术门类一样,电影擅长于以现实存在物为素材编织和拆解梦境符码,从而以复杂的影像文本隐喻人生如梦、世事如烟等信息。这就需要我们来就审美符码做一番考察。

一、审 美 符 码

符码(code,又译密码、信码或代码)是依据一套组织规则编排并为特定文化共同体成员所认同的符号系统。符码是建构文本系统的材料,又是破译文本意义的规则。当代通俗作家麦家在其小说《风语》中借解密大师海塞斯说给未来间谍们的话,形象地解释了符码的含义:一旦进入神奇变态的密码世界,人们就告别了现实世界,"房子肯定不是房子,围墙肯定不是围墙,森林肯定不是森林,山谷肯定不是山谷,天空肯定不是天空,老鹰肯定不是老鹰。"[①]现实世界的这一切都被注入了一些秘密的意义,获得了新的关系和属性,从而成为有待解密的符码。

人类的审美活动总是一种特殊的符号实践,为个人和文化共同体生活创造出一个特殊的维度[②]。审美符码,就是在审美创造和审美沟通中被注入了审美意义的符号或代码。审美符码把各种媒介和符号编码成审美符号的一套特定规则系统。法国象征主义诗人兰波(Arthur Rimbaud,1854—1891)的诗歌《元音字母》堪称审美符码的范本。诗中写道:

> A 黑,E 白,I 红,U 绿,O 蓝:元音们,
> 有一天我要泄露你们隐秘的起源。[③]

---

① 麦家:《风语》,北京,金城出版社 2010 年版,第 133—134 页。
② 关于"符号实践"概念,参见王一川主编:《美学与美育》,北京,中央广播电视大学出版社 2001 年版,第 36—38 页。
③ 飞白:《诗海:世界诗歌史纲·现代卷》,桂林:漓江出版社 1989 年版,第 923 页。

从审美创造的角度看,诗人是用五个元音、五种色彩,来完成审美符码,编织出象征主义诗歌文本,传达着神奇的联想和神秘的通感体验,而讲述整个宇宙的审美起源。从审美体验的角度看,读者通过五个元音、五种色彩而进入象征诗学的空间,体验诗歌的音乐性和音乐的诗性,见证宇宙万物之间的相互感应,以及涌动在文本中的丰富隐喻。总之,经过审美符码,诗人和读者一起进入一个象征的世界,展开审美体验和审美沟通。

二、审美符码的特征与作用

让我们来欣赏三句中外名诗,由此理解审美符码的特征和作用:

青鸟不传云外信,丁香空结雨中愁。(李璟《浣溪沙》)①

她是有/丁香一样的颜色,/丁香一样的芬芳,/丁香一样的忧愁,/在雨中哀怨,/哀怨又彷徨……(戴望舒《雨巷》)②

四月是最残忍的一个月,/荒地上长着丁香,/把回忆和欲望参合在一起,/又让春雨催促那些迟钝的根芽。(T·S·艾略特《荒原》)

(April is the cruelest month, breeding/Lilacs out of the dead land, mixing/Memory and desire, stirring/Dull roots with spring rain.)③

“丁香”是一种植物,为落叶灌木或小乔木。小枝圆,髓心实;单叶对生,椭圆或针形;芳香独特,花序硕大繁茂,花色优雅,色彩谐和,姿态丰满而秀丽。但它出现在诗人的心境和诗歌的意境中,就含不尽之意于言外,生无尽之境于象外了。第一例是古典意象,“丁香”被拟人化,成为古代诗人寂寞愁思和淡泊忧伤的象征。第二例是中国20世纪诗歌的经典意象,“丁香”被浪漫化,传递出现代诗人唯美的情怀和爱的渴望,然在诗中依然有中国古典诗意的余韵绵延不绝地流荡。第三例是现代主义的典型意象,“丁香”被荒诞化,被塑造为荒原上脆弱的生命形象,被赋予了残忍和绝望的意味。一枝丁香,在不同的文化语境中被编码,蕴涵着迥然异趣甚至决然对立的含义。

反复品味这些诗句,我们可以认识审美符码的基本特征:

第一,指称不确定性。一般符码指称某一具有确定意义的对象,而审美符码则指称一种意义不确定的对象。指称的不确定性,在诗歌中表现得尤其显著,有道是含不尽之意于言外。在中国古代和现代诗人笔下,“丁香”俨然就是诗人无穷忧患的心灵,浩大的忧患已成为中国诗人的集体无意识。在20世纪西方诗人眼

---

① 唐圭璋:《唐宋词简释》,上海,上海古籍出版社1981年版,第27页。
② 梁仁编:《戴望舒诗全编》,杭州,浙江文艺出版社1989年版,第27页。
③ 袁可嘉等编:《外国现代派文学作品选》第一册,上海,上海文艺出版社1981年版,第89页。

里,人间四月是最残忍的月份,丁香不仅仅表示寂寞和忧愁,且是死亡的影子。用语言学家索绪尔(Ferdinand Saussure,1857—1913)有关"能指"与"所指"的著名区分,我们可以进一步阐发审美符码的指称不确定性。"丁香"从发音看是一个物质形式,属于"能指"(signifier);而其植物学概念则是一种观念形式,即"所指"(signified)。"能指"与"所指"之间产生随意联系,即"丁香"唤起一种植物学概念,就构成索绪尔所说的"指称"(signification,或译意指关系)。但是,一旦通过诗人的审美修辞编码作用,诗中"丁香"就成为一套审美符码中的审美符号。

第二,文化共识性。罗兰·巴特(Roland Barthes,1915—1980)说,符号有两个"指称序列"(orders of signification,或译意指序列):一个序列是外延(denotation)序列(即索绪尔所说的"指称序列"),一个是内涵和神话序列①。审美符号是在第二序列,即在"内涵和神话"(connotation and myth)维度上发挥作用,如诗中"丁香"指称中国诗人的忧患心灵或西方20世纪诗人的"死亡意识"。这第二个指称序列没有可以确定地解释的意义,而是依赖于主观心灵或者主体之间的相互交流达成的共识。由此可知,审美符码依赖于审美沟通中的文化共识。简单地说,审美符码具有文化共识性。

第三,多维组合性。"青鸟"和"丁香"、"云外信"和"雨中愁",构成符号系列,处在语言学的"聚合轴"上,而从这符号系列构成的聚合轴上选取符号形成组合轴,依照古典诗歌的平仄、韵律等符码惯例进行组合,就创作了两句诗歌。而这种组合的维度不服从形式逻辑的制约而趋向于无穷,以至于"丁香"和"姑娘"、"丁香"和"记忆与欲望"都可以根据一定法则组合,建构诗歌意境。由此可见审美符码的第三个特征:审美符码具有多维组合性。下面图式可以清楚地显示这一点:

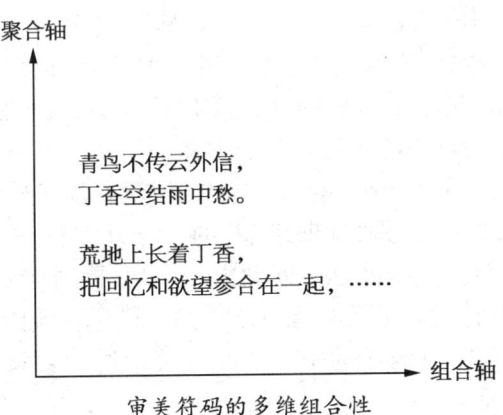

审美符码的多维组合性

---

① 〔美〕约翰·费斯克:《关键词:传播与文化研究辞典》,李彬译注,北京,新华出版社2004年版,第260页。

第四，传媒依存性，即审美符码依传播媒介的改变而改变其意义。上面三首诗歌均凭借文字媒介而得以传播，所以呈现出此等画意诗情。但如果把《雨巷》改造为MTV，审美符码就随着电子媒介和声音媒介而得以传播，其中的音乐效果和视觉画面将大大地被凸现出来。传播媒介的不同，审美符号的组织原则就发生变化，审美文本形态及其意义也会因此发生微妙而又重要的改变。

指称的不确定性、沟通的文化共识性、多维组合性及传播媒介依存性，构成了审美符码的一般特征，将审美符码同一般的指称符码区别开来。

现在来看审美符码的作用。审美符码贯穿在符号实践的整个过程中，直接支配审美体验的兴发、审美文本的意义和审美沟通的过程与效果。尽管审美符码随文本形式的不同而产生不同的作用，但这里还是只论及它的一般作用，即它在审美体验中的兴发作用、在审美文本中的意指作用以及在审美沟通中的中介作用。

第一，审美符码"兴发"了审美体验。审美符码触动人的内在生命结构从而激发了人的审美体验，这就是审美符码的兴发作用。云外的青鸟、雨中的丁香、悠长的街巷以及春天荒地里的植物根芽，都深深地触动了人的内在生命结构，从而激发了寂寞、忧伤或者绝望的体验。

第二，审美符码展示了审美文本的意指。审美符码直接相关于审美文本的意义，审美文本的意义由审美符号的意指和所指意义构成。审美文本的意指过程往往不是一种简单的对应关系，罗兰·巴特将意指分为"外延"、"内涵"和"神话"就提供了一种更加有效的文本分析模式。如上举三首诗中，首先，"丁香"（lilacs）作为一个普通的语言符号，只是"丁香"这个概念与"丁香"这个词语的物质形式（音响、形象等等）的相互作用，这构成了意指"外延"；其次，"丁香"作为一个审美符号往往是落寞心态的象征，它唤起人们经验中那种心理感受，这构成意指"内涵"；最后，"丁香"在不同语境下的诗歌中还是文化精神的象征，如在中国古代诗人那里"丁香"就是"忧愁"的符号，在受到象征主义洗礼又传承了古典韵味的中国现代诗人那里"丁香"就是"忧闷伤感"的符号，而在浸润着基督教精神又敏感于西方文化危机的诗人那里"丁香"就是"忧郁绝望"的符号，而"忧愁"、"忧闷"以及"忧郁绝望"获得了神话的意味。从外延序列到内涵序列，再到神话意味，审美符码及其意指过程将审美文本的意义无限地延伸，这就形成审美符码的意指作用。

第三，审美符码是审美沟通的中介。在审美沟通六要素中，审美符码构成了中介媒质，具有一种元语言的功能。美国符号学家斯科尔斯（Robert Scholes，又译为休斯或司格勒斯）注意到了审美符码的中介作用，并仿照雅克布逊的图式（见本书第一章），产生出描摹文学文本阅读过程的新图式。这个图式的主要变化在于，分别把作者与发信人、读者与收信人并列起来，更明确地揭示文学文本阅读过程的审美沟通特性①。斯科尔斯指出,当言语沟通各要素中任何一个要素失去简洁并变得多样和重复时,人们就感受到了文学性,即感受到审美符码在沟通中的特殊作用。发送者(即诗人们)对于"丁香"的体验和情感充满了模糊性;接受者(即我们读者)对于诗歌中"丁香"意象特别着迷,心随神往而梦系魂牵。在每一首诗歌的特殊上下文(语境)中或者文化氛围(文化语境)中,"丁香"意象飘忽不定,具有不同的象征意义和暗喻意义。在每一首诗中,"丁香"与其他语言修辞要素之间具有相当复杂的联系,而形成相对独立的诗歌意境。最后,作为一套一套的审美符码,每一首诗歌中的语言要素和修辞关系都各不相同,共同构成了诗歌的文学性,使审美文本蕴藉深远。而要在现实的审美沟通中对于审美文本的意义达成共识,则必须把握审美符码的中介作用。

三、审美符码的形态

鉴于艺术是一种符号实践、审美文本是审美编码的产物,我们确实有理由依据审美符码形态来对艺术进行分类。在这里,我们仅仅是从审美符码形态的角度去归纳几种主要的艺术形态的特征以及生活世界的审美化趋势。

1. 造型艺术符码

造型艺术,是指以自然物质材料为媒介进行审美符码活动、在二维或三维空间中塑造活的兴象的艺术(有关"兴象"的论述见本书第五章)②。造型艺术符码是指把自然物质材料编码成造型艺术符号的规则系统。"造型艺术"是德国启蒙思想家和美学家莱辛(Gotthold Ephraim Lessing,1729—1781)在《拉奥孔》中提出的概念,用来规定绘画艺术有别于诗歌的特征。莱辛根据艺术的物质媒介来区分造型艺术和叙事艺术,认为造型艺术呈现发生在空间中的静态物体,诗歌呈现发生在时间中的动态事件③。绘画当然是典型的造型艺术,但造型艺术还包括雕塑、建筑、工艺、书法和摄影等。下面不妨以绘画为例来分析造型艺术审美符码的特征。

绘画艺术运用笔墨颜料、纸帛画布等物质媒介,通过线条、色彩、构图、明暗等表现手段进行审美编码活动,在二维空间塑造活的兴象。由此看出绘画审美符码具有三个特征:

第一,审美符码媒介的遍存性。这是指绘画用来承担编码任务的物质媒介在

---

① 〔美〕罗伯特·司格勒斯:《符号学与文学》,谭大立、龚见明译,沈阳,春风文艺出版社1988年版,第11页。

② 参见王一川:《文学理论》第5章第5节,成都,四川人民出版社2003年版。

③ 〔德〕莱辛:《拉奥孔》,朱光潜译,北京,人民文学出版社1981年版,第81—82页。

社会中普遍存在,包括自然媒介和人文媒介。"日月叠璧,以垂丽天之象;山川焕绮,以铺理地之形。"(刘勰《文心雕龙·原道》)刘勰的意思是说,在有形有色有光的地方,就一定有绘画艺术的审美符码媒介。

第二,审美编码方式的文化差异性。虽然绘画审美符码媒介普遍存在,但在不同的文化语境下的审美编码方式却可以各有相同,从而显示出文化的差异性。确立于意大利文艺复兴时期的"焦点透视"在相当长时间里是支配西方造型艺术的审美符码。"焦点透视"突出一个视点或焦点,与画面成直角的多条线集合于一个视点,与画面成任何角度的多条线也集合于一个焦点,被再现的物体前后交错,形体和线条按照距离缩短,以衬托出远近。画面上的焦点向远方延伸,一直到目光所及的最后界限,而形成了一个"灭点"。达·芬奇《最后的晚餐》就体现了这种几何学透视审美编码法则。先看平行的视线运动:耶稣基督位于十二门徒的中间,十二门徒的表情和身姿都指向基督,即使是那些背靠基督的人也通过别人的身体姿势表现出回归基督的倾向,这样观者的视线最后都被引到基督这个焦点上。再看上下的视线运动:窗户和天花板的交叉处形成了一条射线,耶稣就成为画面三角形的中心,吸收了观者的目光,也使他头顶上笼罩着一圈灵气朦胧的光环。焦点透视作为绘画符号组织法则,确定了西方造型艺术中人与空间的关系,体现了西方人的空间意识,从而曲折地表现了近代文化精神。

《最后的晚餐》

与西方文化语境下的绘画艺术审美符码不一样,导源于《易经》"一阴一阳之谓道"宇宙观的中国绘画艺术审美符码则是"散点透视"。

散点透视在构图上不受几何学规范的约束,它可以用高远、平远和深远的构图法则将流观的主体在不同位置上摄取的景物纳入画面,形成一幅有节奏的音乐性画面。北宋画家范宽的《溪山行旅图》将巨峰、古木、亭台、寺观、溪流、山道等林林总总的事物写入图画，而没有泰西的那种固定的视点和遥远的灭点。一层淡淡的云气将画面分为上下两半，山形质朴浑厚，飞流飘溢空灵，尤其是那一行在画面上所占比例极小的商旅更是超旷虚灵，给予整个画面以人文韵味。这种空间形式十分典型地表现了中国古代艺术精神，正如宗白华所说："我们的宇宙既是一阴一阳、一虚一实的生命节奏，所以它根本上是虚灵的时空合一体，是流荡着的生动气韵。"①

《溪山行旅图》

第三，审美符码的瞬间蕴藉性。作为典型的造型艺术，绘画呈现的是空间中静态的物体，因此它必须选择行动达到巅峰状态之前最富有蕴藉性的时刻营造审美意境，这一瞬间就是莱辛所说的"最富孕育性的那一顷刻"②。莱辛指出，雕塑中被毒蛇缠住而痛苦万分的人物并没有张开大嘴哀号，而是通过拉奥孔的叹息和呻吟来暗示他巨大的苦痛，这就是因为人物叹息和哀伤蕴藉着巨大的苦痛和无边的悲愁。而呈现这一蕴藉最深的瞬间可以在不违背美的规律和不破坏画面的和谐的前提下对人的视觉造成强烈冲击，从而激发人的想象力，最大限度地体验人类的苦痛和悲愁。

可见，构成绘画艺术审美符码的物质媒介普遍存在，绘画审美符码表现出文化差异性，在一个静态的瞬间蕴藉深厚的意义。

2. 表演艺术符码

广义的表演艺术包括音乐、舞蹈、曲艺、杂技、戏剧和影视表演。表演艺术符码是指由人文媒介和自然媒介编码成表演艺术符号的规则系统。这里仅以舞蹈艺术为范例讨论表演艺术的符码形态。

"夔曰：於！予击石拊石，百兽率舞"（《尚书·舜典》）。舞蹈是典型的表演艺术，由三个编码程序构成：首先，舞蹈必须有音乐，"歌，咏其声也"（《乐记·乐象》），编舞者根据自己对音乐的理解和想象编排动作模式；然后，舞蹈必须有动作，"舞，动其容也"（《乐记·乐象》），舞蹈演员运用人体姿态加以解释和演示，突

---

① 宗白华：《美学散步》，上海，上海人民出版社1981年版，第63页。

② 〔德〕莱辛：《拉奥孔》，朱光潜译，北京，人民文学出版社1981年版，第83页。

出的是"身韵",即通过人体展现艺术的节奏和韵味①;最后,舞蹈必须表情达意,"摇荡性情,形诸舞咏"(钟嵘《诗品序》),从而直接作用于人的视觉和听觉,从而强化审美快感、净化精神。总之,舞蹈艺术编码表现为以身体为符号直接传情达意和感染观众。舞蹈艺术符码有四个特征:

第一,造型的动态性。舞蹈通过人体姿态、表情、动作来进行编码,塑造出行云流水一般的艺术形式。"随音乐摇曳的身体啊,烁亮的眼神!/我们怎能区分舞蹈与跳舞人?"爱尔兰诗人叶芝(B. W. Yeats)的这两句诗就是舞蹈符码的动态性特征的形象写照。

第二,动作的程式性。舞蹈中的人体动作经过了规范和抽象而具有了相对固定的程式。程式的作用是使舞蹈动作整齐一致,完整和谐,如欧洲芭蕾舞中的足尖站立以及托、举、推、拉、扶、转等技巧。但也必须指出,现代舞蹈艺术的发展有一脉强劲的潮流,那就是力求从古典舞的程式规范中解放出来,以身体自由奔放的表演来传达舞蹈的神韵②。现代舞试图超越一切人为规范与程式,完全返回到表演性本身。

第三,力量的虚拟性。舞蹈利用音乐、人体姿态、物体运动等等进行符号编码,从而创造出一种"基本的幻象",其中蕴涵着"虚幻的力"③。这种力"不是现实的、肉体所产生的力,而是由虚幻的姿势创造的力量和作用的表现"。双人舞中一男一女两个舞蹈者似乎互相吸引,似乎在两人之间存在着一种超乎空间力量的关系,但事实上是一种虚幻的力量将他们联系在一起。

第四,意蕴的原始性。舞蹈所传达的情感和意义非常原始,所以它的意蕴一直可以追溯到巫术或者神话时代。舞蹈家以人体姿态这么一种最原始的符号,把世界展现为一个由各种力量组成的神秘王国,从而把观者带入一个纯粹的精神世界,让人们再度体验曾经使远古洞穴和森林具有神奇魔力的力量。

东汉作家傅毅(?—约9)的《舞赋》④用形象的语言呈现了舞蹈艺术符码的特征。首先,《舞赋》赞曰:"若俯若仰,若来若往,雍容惆怅,不可为象。"女舞蹈演员的血肉之躯尽显"体韵",美在瞬息之间,转眼无影无踪,充分地表现出舞蹈动作的流动性。其次,《舞赋》先描写领舞者单人舞,"抒意自广,游心无限",舞者几乎达

---

① 参见孙毅:《中国古典舞评说集》,北京,中国文联出版社2006年版,第77页。

② 伊冯娜·雷纳语,转引自〔英〕史蒂文·康纳:《后现代主义文化》,严忠志译,北京,商务印书馆2002年版,第220页。

③ 苏珊·朗格:《情感与形式》,刘大基等译,北京,中国社会科学出版社1986年版,第200页。

④ 《舞赋》一文首见于昭明太子萧统所编《文选》,王世襄(1914—2009)曾经将这篇美文翻译成现代语体文,美学家宗白华在《中国古代的音乐寓言和音乐思想》一文中大段引用。参见宗白华《美学散步》,上海人民出版社1981年版,第169—170页。

到了高贵肃穆而又纯洁壮丽的神境;然后写众舞,明眸流盼,玉体晶莹,步态轻盈,流连往返,忽而像群鸟聚散,忽而像流云卷舒,忽而像游龙出水,忽而像幽兰入谷。这是舞蹈编码的程式性以及程式变异的节奏感。再次,《舞赋》写道:"明诗表旨,唱息激昂,气若浮云,志若秋霜。"这种令人赞叹的力量是一种虚幻的力量,引领观众进入一个总非人间所有的虚灵境界。最后,《舞赋》表达感叹说:"修仪操以显志兮,独驰思乎杳冥。"舞蹈的体韵、动作的程式、虚幻的力量,都象征着人类与世界的关系及其历史,使人体验到一种来自古老的神话境界的奇迹。

总之,舞蹈艺术以人体为符号进行审美编码,从而通过程式化的动作塑造动态的形式,建构了一个充满虚幻力量的王国,引领人进入一个纯粹的精神世界。

3. 语言艺术符码

语言艺术是以语言为主要媒介进行审美编码、创造富有审美意蕴的活的兴象的艺术。语言艺术符码是指把语言媒介等编码成语言艺术的规则系统。一提到语言艺术,常常会想到文学。其实,语言艺术还体现在戏剧、曲艺、杂技、影视等综合性艺术门类中。依据文学作品的体裁及其审美符码规则,文学包括诗、小说、散文、剧本等。"文学"发展到今天,其所指代的属性已经显示出相当的复杂性。现代意义上的"文学"是指语言性艺术,是运用富有文采的语言去表情达意的艺术样式。这是西方"美的艺术"中的表情性内涵与中国传统的"缘情"内涵相沟通的结果,也是西方"美的艺术"中形式美内涵与中国传统的"文采"内涵相汇合的产物①。用最简单的话说,文学作为语言艺术,就是"丽辞"和"雅义"的汇通,就是文采与情义的有机统一。

下面通过分析抒情文本符码和叙事文本符码,进一步把握语言艺术符码形态。

(1) 抒情文本符码。在欧洲文学历史上,"史诗"(epic)、"戏剧"(dramatic)和"抒情"(lyric)并列,文类三分已成惯例②。然而,直到16、17世纪文学批评家才在彼特拉克和意大利文艺复兴诗人的声望和影响下开始思索抒情诗的基本特征。相反,"中国古代文学创作的批评和对美学的关注完全拿抒情诗为主要对象","他们注意的是诗的音质,情感的流露,以及私下或公共场合中的自我倾吐③"。中国文学存在着一脉相承的抒情传统,这一传统并没有随着"史诗"的兴起而被替代和湮灭,即便是在史诗时代也有抒情的声音。

抒情文本符码的典型是诗歌文本符码,具有表层和深层的审美特征。它的表

---

①　参见王一川:《文学理论》,第一章"文学含义",成都,四川人民出版社2003年版。

②　参见 Claudio Guillen, *Poetics, in Comparative Literature*, Vol. 22, summer 1970, No. 3, pp. 193-222。

③　陈世骧:《中国的抒情传统》,载《陈世骧文存》,台北:志文出版社1972年版。

层特征包括"诗的音质"等语体层面上的节奏、韵律以及格律,即以高度精致化的符号结构来传情达意,感染风化。它深层特征是隐喻性,即以相似性为纽带将一事物转化为另一事物,诱导读者追溯诗歌符码系统所蕴含的深层意义。下面重点分析诗歌审美符码的这一特征①。

　　隐喻(metaphor)是大部分印欧语言中最典型的修辞格,因而成为西方文学的一种主导性修辞方式。罗曼·雅各布逊(R. Jakobson)指出,诗歌的注意力集中在符号本身,而注重实际效用的散文则首先集中于所指之物。诗歌符号组织的一个原则是依据相似性原则将不同的事物联系起来,并互相转换,如"乌纱帽"代替"官位","大海"代替"自由的元素"等等。雅各布逊进一步把隐喻/转喻同索绪尔语言学聚合/组合联系起来,断言"诗歌功能就是把对应原则从聚合轴反射轴到组合轴"。"青鸟"与"云外信"、"丁香"和"忧愁",都一一对应地处于聚合轴上,它们之间只存在类似性。但是,根据这种类似性,事物之间发生了令人惊叹的转换,"青鸟"隐喻"音信","丁香"隐喻"忧愁"。因此,我们分析诗歌文本符码,就是要穿越表层语言,读出隐喻,抓取诗歌文本的言外之意。

　　在处理诗歌文本时,我们却发现其隐喻修辞更加复杂,充满了歧义性。T·S·艾略特《荒原》第三章《火的布道》由这样的诗句开头:

　　　　河的帐篷已经破碎:树叶最后的手指/抓紧,陷入潮湿的河岸。风儿/横过棕色的大地,无人察觉。仙女们去了。/可爱的泰晤士河,轻轻地流,直到我唱完歌。/河水不再冲来空瓶子,三明治纸包,/丝手绢,硬纸盒,香烟头/或夏夜别的痕迹。仙女们去了。②

　　　　(The river's tent is broken: the last fingers of leaf/Clutch and sink into the wet bank. The wind/Crosses the brown land, unheard. The nymphs are departed./Sweet Thames, run softly, till I end my song./The river bears no empty bottles, sandwich papers,/Silk handkerchiefs, cardboard boxes, cigarette ends/Or other testimony of summer nights. The nymphs are departed.)

　　泰晤士河,在斯宾塞笔下曾流淌着爱情和歌声,散发着白色和金黄色的难以言传的荣光。而今,帐篷破碎,风吹潮湿的河岸,歌已唱完,仙女远去,诗人希望河水不再冲来空瓶子、面包纸、丝手绢、香烟头等夏夜的痕迹。从表面看,这些东西都互不相干,但它们相互联结成为一个符码整体,呈现了一道荒原景观,成为衰败的西方文化的隐喻。过去流金溢彩的泰晤士河,是爱情和荣耀的象征;今天肮脏

---

① 比较而言,中国诗歌与美学传统更注重"兴",见本书第五章,也见高辛勇:《修辞学与文学阅读》,北京,北京大学出版社1997年版,第61—92页。

② 刘象愚选编:《现代主义文学作品选》,北京,高等教育出版社2002年版,第105页。

污秽的泰晤士河,是肉欲和死亡的隐喻。破碎的帐篷、肮脏的垃圾,是一种支离破碎的庸俗生活的表象;歌声隐逝,仙女远去,则唤起人们对于古典文化的深切缅怀和对残像余韵的执著追寻。《荒原》所提供的"精致"的隐喻修辞,虽然堪称诗歌文本符码的典范,但其对文化的绝望体验及基督教拯救思想,却是不足取的。

(2)叙事文本符码。叙事文本符码是指对一系列行为和事件进行审美编码的规则体系。通过编码呈现事件,讲述故事,比如说一位英雄遇到美人,而美人正在恶棍手里备受折磨,英雄经千般磨难战胜恶棍,与美人结为眷属。这就是一个叙事文本的原型,它由"情节"(英雄遇美女、恶棍)和"叙述"(英雄救美)构成。因此,叙事文本编码必须满足两个基本条件:第一,所叙述的情节必须构成一个时间序列;第二,所叙述的事件必须具有必然的逻辑关系。

叙事文本符码主要存在于小说、戏剧、电影中,但也包含在古老的史诗和新近的广告艺术中。结构主义以来的叙事学对叙事文本符码的分析研究越来越精细,主要涉及叙事文本的编码和解码活动。现在着重介绍普罗普的叙事功能理论和罗兰·巴特的五种符码理论,前者是叙事编码学说的典型,而后者则是叙事解码策略的代表。

普罗普发现,民间故事有一个看起来自相矛盾的特征:一方面千奇百怪,色彩缤纷;另一方面又千篇一律,同出一辙。通过研究100多个俄罗斯民间故事,他归纳出31组叙事功能。他进而将一般句法和民间故事结构进行比较,提出了一套关于俄罗斯民间故事的理论。按照他的理论逻辑,如果民间故事中的典型人物(英雄、恶棍等)相当于一个普通句子的主语,那么,民间故事中典型人物的行动所构成的事件就相当于一个句子的谓语。虽然民间故事中存在大量散漫的细节,但整个民间故事体系都建立在上述31种功能上。一种功能构成了叙事语言的基本单位,指代构成叙述的意义行为。他所罗列的功能中,最后一个系列是:

25. 一个困难的任务被交给了英雄人物。

26. 英雄下决心要完成这个任务。

27. 英雄在执行任务的过程中被认出来了。

28. 假英雄或者恶棍出现了。

29. 假英雄乔装打扮,以新面目出现。

30. 恶棍受到惩罚。

31. 英雄娶亲,荣华富贵。①

诸如此类的功能不独存在于童话中,而且也普遍存在于喜剧、神话、史诗、传

---

① 拉曼·塞尔顿等:《当代文学理论导读》(英文),北京,外语教学研究出版社2004年版,第72—73页。

奇以及一般的故事中。普罗普所归纳的叙事功能仅仅是一些简单的原型,要运用于更复杂的文本还必须精细化。

《西游记》中就存在着如下四个典型事件:一是孙悟空护送唐僧西行,遇到黑熊精,仰赖观音菩萨帮助,降服黑熊精,继续西行。二是孙悟空等护送唐僧继续西行,遇到黄风怪物,仰赖灵吉菩萨帮助,擒获黄风怪物,继续西行。三是孙悟空等护送唐僧继续西行,遭遇镇元大仙,再次仰赖观音菩萨帮助,救活大仙的人参果树,继续西行。四是猪八戒等护送唐僧继续西行,遇到黄袍怪物,猪八戒不敌对手,奔赴花果山,请回孙悟空,战胜黄袍怪物,然后继续西行。这四个情节内容各不一样,但结构如出一辙。其中每一个情节中都有一个"英雄"(护送师傅赴西天取经)、一个"对手"(阻拦英雄完成使命)、一个"帮手"(帮助英雄战胜对手),行动的最后目标是"西天取经"。"英雄"和"对手"必然发生战斗,而且"帮手"必然干预,最后是"英雄"战胜"对手",一路凯旋①。普罗普的叙述功能理论恰当地说明了叙事文本的一般编码规则,但它只适合于一些圆满结局的故事,而且从中提取的叙事形式过分简单,难以处理复杂的叙事文本。

与经典结构主义符号学致力于寻求叙述符码的建构规则,归纳叙述艺术的基本语法和不同功能,后期的罗兰·巴特否定审美文本的整体性,拒绝接受统一的叙述结构、一贯的叙述逻辑、基本的叙述语法。他的做法是逆经典符号学的共时性研究而行,采用线性的或者历时的分析方法,把审美符码呈现为"反符码"或者"破裂的符码"。因此,不妨说,罗兰·巴特的叙述文本符码理论不是一种关于叙事文本的编码理论,而是一种叙事文本的解码策略。现在,我们通过他对《萨拉辛》叙事的解码而理解他的"五种符码"说。

罗兰·巴特在《S/Z》(1970年)中研究法国作家巴尔扎克的小说《萨拉辛》(*Sarrasine*)。故事中的叙述者"我"向女友讲述青年雕塑艺术家萨拉辛的故事。萨拉辛有悖父命,不想成为一名律师,而是在名师指点下成为一名才华横溢的雕塑艺术家。他偶然观看意大利女歌星赞比内拉(Zambinella)的演出而坠入爱河,为之神魂颠倒而无力自拔。萨拉辛冒险将赞比内拉劫持到画室。出于对意大利风俗的无知,他发现赞比内拉是被阉割的男人变性而成的女歌星,于震惊中陷入绝望。但更可悲的是,"女歌星"是红衣主教的宠爱,萨拉辛惨死在主教的剑下。小说篇幅不过30页,罗兰·巴特的《S/Z》却衍生出200多页的评论文字。其具体的做法是将小说从头至尾切分为561个意义单元,使人们本来以为完整的符号体系一下子化为碎片。用罗兰·巴特自己的话说,读者面对的是"星型裂开的文"。为什么好端端的一套符号体系顿时支离破碎,四处漂移?他相信,文本的自我撕

---

① 这里关于《西游记》的论述,参考傅修延:《文本学》,北京,北京大学出版社2004年版,第86页。

裂的力量来自于其内部的"五种符码"。如果说叙事文本是诗(完美的肌体),那么,他的做法就是将文本"五马(码)分尸(诗)"。下面,就截取小说中最动人的瞬间——赞比内拉出场的瞬间叙述,分析其中的五种符码及其解构力量:

> 年轻的雕塑家的所有感官都被约梅利无比协调的和弦润滑了一遍。这些意大利歌唱家的嗓音,巧妙地汇融起来,新颖别致,柔和极了。萨拉辛沉湎于美妙的梦境中。他默不作声,呆若木鸡,甚至感觉不到夹在两位修士中间拥挤。他的灵魂化为耳朵和眼睛,恍若每个毛孔都在倾听。突然,掌声迸爆而出,房子摇晃,女主角出场。①

女歌星虽未登场,但美的氛围正在弥漫,萨拉辛的激情已被点燃。萨拉辛(Sarrasine),一个人名,但其中含有一个阴性的词尾,女性素质是这个符号的含蓄意指。尚未出场但妖气弥漫的女歌星"赞比内拉"(Zambinella),又是一个人名,其中 Z 是一个表示残缺和偏离的字母,而被阉割的男性则是这个符号的含蓄意指。男人和女人,已经出现,然而他们之间会发生什么故事?男性人名何以含蓄指称女性素质,而女性人名为何含蓄指称阉割?这都是一些谜语,一些陷阱,诱惑读者去探索和冒险。叙述文本中这种以各种不同方式提出问题、期待阐释的符码,就是"阐释符码"(hermeneutic code)。

"女主角出场",惊天动地,众人喝彩,一代明星闪亮登场,这里"女主角"就是一个闪烁着含蓄意义的符码,这个有关明星的女性素质的符码以漫不经心的方式突出了故事中的变性之谜。叙述中这一具有含蓄意指的符码,就是"意素符码"(the semic code, or code of connotation)。

"萨拉辛沉湎于美妙的梦境中。"这是他激情被煽动和初步迷醉的境界,在这种境界中他被乐音润滑,第一次体验到了狂喜,而进入了梦境。"梦境"是一个象征领域,蕴涵着集体和个人长期发展而形成的具有特定含义的可以辨认的意象模型。叙事文本中,与此相类的符码就是"象征符码"(symbolic code)。

尚未出场的女歌星具有一种特殊的诱惑和蛊惑的魅力,可以将萨拉辛从默然状态中唤醒,直到完全沉醉于狂喜的境界;可以使他呆若木鸡,对自己的不舒服毫无感觉;可以将他的灵魂化为耳朵和眼睛,连同每一个毛孔都沉醉于这种特殊魅力中;最后,还可以使整个剧场沸腾,房子摇晃。叙事文本中,这种合理地确定行为结果的序列,构成叙述布局的这一系列事件,就是"行动符码"(proaretic code)。

"意大利音乐"、"意大利歌唱家的嗓音",这就是叙述所赖以展开的文化、历

---

① 〔法〕巴尔扎克:《萨拉辛》,见罗兰·巴特:《S/Z》,屠友祥译,上海,上海人民出版社 2000 年版,第 360 页。

法国画家吉罗代的《恩底弥翁的永睡》

史、神话层面,构成了叙事文本意指的内涵和神话序列。意大利音乐与歌星的嗓音,均有"肉欲"艺术的蕴涵,而故事中这个被阉割的歌星,这个"变性女人",以毁灭和否定的方式象征着某种肉欲的渴望。叙事文本中,被引用的科学智慧、知识类型以及文化惯例,就构成了"文化符码"(cultural code)。

罗兰·巴特说:"众声音(符码)的汇聚成为写作,成为一个立体空间,其中,五种符码、五种声音相互交织。"[1]由五种符码编织的文本,就是一张巨大无边的文本之网,其中纹理斑驳陆离,意义明灭无定,整个序列的唯一逻辑是"已经做过"和"已经读过"的踪迹而已,读者还得继续"做"和继续"读",以至无穷。因此,不妨说,叙事文本的审美符码总是在不断的编码和解码过程中。

4. 综合艺术符码

综合艺术,是指广泛使用自然媒介和人文媒介并综合运用多种艺术手段进行审美编码、创造活的兴象的艺术。综合艺术的"综合性"体现为艺术符号的广泛性、审美编码方式的多样性及艺术作品对审美感知的整体作用。综合艺术一般包括戏剧、戏曲、电影、电视,它们综合了造型、表演、语言等艺术物质媒介和符号组织方式,从而塑造出具有深刻审美意蕴的符号体系。可以将电影和电视艺术合称影视艺术,而构成影视艺术最小表意单元的符号是影像。综合艺术符码是指把自然媒介和人文媒介及多种艺术手段编码成综合艺术符号的规则系统。下面简要论述影像符码形态的特点:超真实、影像能指的想象力以及影像叙事的转喻—隐喻。

第一,影像的超真实。影像是电子媒介所虚拟和传输的形象,同存在于真实时空或者形成于心理时空中的形象有所区别。如果说形象是真实,那么影像就是

---

① 〔法〕罗兰·巴特:《S/Z》,屠友祥译,上海,上海人民出版社 2000 年版,第 85 页。

通过虚拟而生成的超真实(hyper reality)①。作为附丽于现代传播文化和电子技术媒介的超真实,影像符码同真实之间存在着一种复杂的关系:一方面,影像复制了真实;另一方面,在虚拟中生成的影像又超越了真实。

第二,影像是一种能指,而且是一种"想象的能指"(imaginary signifier)。"能指"是索绪尔语言学的一个基本术语,是指符号的可以感知的物质媒介。"想象"是指心理构成中以构造形象为主的心理状态。法国符号学家麦茨(Christian Matz,1931—1993)将语言学和心理分析学结合起来,说影像就是"想象的能指"。这一概念的双重含义在于,影像审美编码是一种虚拟的(想象的)技术,同时影像作为一种能指也是想象的产物②。基耶斯洛夫斯基(1941—1996)《爱情三部曲》之《蓝色》(1993)中的蓝色影像就是一种想象的能指。已故音乐家的居室是蓝色的,游泳池里的水是蓝色的,悬挂的各种装饰是蓝色的,遭受伤逝苦痛打击的女主人公朱莉的幻觉空间也是蓝色的。蓝色影像弥漫整个影片,而超越了真实生活时空的色调,浸润着女主人公身心,悲情与欲望构成了这个想象能指的"内涵"。不仅如此,蓝色还是法国国旗的象征意义之一,在电影中代表女主人公走出死亡的阴影、征服哀悼的悲情、一往无前地追求爱情的自由,而这种大写的人性渴望构成了这个想象能指的"神话"。

第三,影像符号审美编码的法则是转喻—隐喻。电影艺术家塔可夫斯基(1932—1986)一言以蔽之,说电影艺术的本质就是"雕刻时光"③。作为一个能指,影像在组合轴上彼此联结,依据邻近关系和时间节奏而形成一个转喻序列,从而叙述一个遵循日常生活逻辑的故事。作为一个想象的能指,影像符号的组织结构在整体上超越了组合轴而投射到聚合轴上,依据类似关系和时空合一形成一个隐喻体系,从而超越日常生活的真实逼近诗意的真实。

现在来分析中国"第六代电影"(或"都市代电影")的一部代表作《巫山云雨》(1996,章明执导),具体理解影像符码形态。影片以浩瀚的长江和神秘的巫山为背景,叙述一个孤独悲伤的男人从现实压制下获得幻想的解放的故事。从影片标题的出典看,"曾经沧海难为水,除却巫山不是云。"(元稹《离思五首》)华夏传说中的两个帝王曾经迷恋过巫山的朝云暮雨,艳遇神女而神秘交欢。往昔帝王被放置在现代文化语境中,化身为长江上一个信号接线员叫麦强(张献民饰)。白天和黑夜,他都在一间单独的办公室里守望,引渡长江上往来的轮船。孤寂、无聊、

---

① "hyperreality",鲍德里亚用来描述电子技术虚拟真实和超越真实的传播学术语,这个概念在艺术批评中的运用,参见王一川《文明与文明的野蛮》对张艺谋影片《一个都不能少》的评论,见《当代电影》1999年第2期。

② 〔法〕K·麦茨:《想象的能指》,王志敏等译,北京,中国广播电视出版社2006年版,第1—5页。

③ 〔苏〕塔可夫斯基:《雕刻时光》,陈丽贵等译,北京,人民文学出版社2003年版,第64页。

电影《巫山云雨》招贴画

委琐,但身在压抑中而不自知,在业余时间画几笔水墨画。面对一身新潮的风骚女孩莉莉(杨柳饰),他竟然没有一点"性趣"。但他梦中的佳人却是一个孀居的女人陈青(钟萍饰)。这个孤独悲伤的女人常常站在阳台上俯瞰江流,而成为神秘巫山的一道景致。她还是一个身在压抑下而渴望反抗的女人,正筹备第二次婚姻以摆脱老板的纠缠。这对身处压抑中而无比孤独悲伤的男女,在一个偶然的时刻遭遇,交欢后男人负疚万分,而女人为流言所伤。影片结尾,麦强游过夜色朦胧的长江,冒死来到梦中女人面前,只见陈青狠劲地抽打这个湿漉漉的男人瘦削的脸面,而在这时,陈青的儿子提着一篮鸡蛋上台阶,一个传统的中国家庭就这样"团聚"了。

不妨对其中符码状况做点讨论。第一,境界朴奇。电影的故事接近日常生活,甚至带着日常生活的平庸与委琐,人物性格有着世俗生活的朴素,朴素得接近木讷。但通过影像符号的审美编码,这种平庸委琐的生活成为奇迹,这些朴素木讷的人物获得神奇的风采。这就是影像符码,来源于真实却超越了真实,成为一种超真实。与此相联系,世俗生活被放在神话氛围中,一方面日常事件被仪式化,另一方面自然景象古朴化了。不妨将这种境界称之为"朴奇境界",即在奇幻中见朴素,在朴素中露奇幻,奇中含朴,朴中蕴奇①。第二,意指含蓄。影片中,一对陌生男女之间似乎有一种神秘的默契,缔结了一种古老的契约。麦强和陈青的儿子都喜欢中国传统水墨画,这一艺术形式成为麦强和陈青之间的"小客体"。作为一个"文化符码",水墨画的作用是含蓄地意指一种将他们扭结在一起的传统文化血脉。古典审美情趣、传统艺术的残像余韵,以及传统家庭伦理文化,构成了影像符码的含蓄意指——古典艺术的审美意蕴("内涵")和古典家庭伦理("神话")。第三,转喻—隐喻的转换与叠加②。时间中运动的影像流依据邻近性法则在符号组合轴上形成转喻,直接演绎出一个悲伤的故事,叙述欲望压抑、欲望觉醒、欲望想象性满足、欲望向家庭升华的过程。但是,一切转喻都在向隐喻回归,在总体上叠合为一个总体隐喻,通过影像的含蓄意指间接呈现欲望与伦理之间从冲突到和谐的辩证运动。

---

① 参见王一川《文明与文明的野蛮》对张艺谋影片《一个都不能少》的评论,见《当代电影》1999 年第 2 期。

② 〔法〕K·麦茨:《想象的能指》,王志敏等译,北京,中国广播电视出版社 2006 年版。"第 4 章:隐喻与转喻或想象界的参照物",特别是第 5 小节,专门讨论了隐喻和转喻的转换与叠加。

还可以从接受者角度来看影像符码形态。根据影视艺术接受者的立场,影像符码的解码可能存在三种类型:一是主导型解码,即接受者根据主导意识形态和职业意识进行解码;二是协商型解码,即接受者通过与主导意识形态协商在具体的情境下进行解码;三是反抗型解码,即逆主导意识形态而动以相反的姿态进行解码①。面对任何一套影像符码,接受者都可能采取上述三种解码立场之一,对审美文本符码进行解码活动,发掘其中的内涵和神话。

可见,作为影视艺术的基本表意单元,影像符码具有超真实性、能指的想象性以及转喻—隐喻的转换性与叠加性,而且接受者可以在特定情境中采取特定的立场,对影像符码进行解码。

5. 生活审美符码

生活审美符码,是指由生活中多种媒介编码成生活审美化符号的一系列规则系统。当代美学淡化思辨的审美主义,而倾向于平民的审美主义,也就是跨越以艺术或高雅艺术为研究对象的传统美学围栏,适度扩展到既包括天然世界又包括人工世界的整个生活审美世界,并关注传媒文化所打造的虚拟生活之美②。同时,这也要求当代美学从审美符码角度,去重新审视属于生活审美的组成部分的自然景物、人体、科技、时尚、广告及城市规划等领域,呈现这些与生活审美紧密相关的符号实践的符码特征及其所表现的审美景观的特征。生活审美符码主要包括下列符码系统:自然审美符码、人体审美符码、科技审美符码、时尚审美符码、广告审美符码、城市景观审美符码等。

(1) 自然审美符码。作为一个过程,这是指人类对非人工的自然物进行审美编码从而建构自然审美符号体系。而从作品角度看,这是指由自然物编码成审美符号的规则系统。自然审美符码主要有以下三个特征。

第一,物质性。"曾经沧海难为水,除却巫山不是云。""巫山云雨",是未经人工改造的天然景色。作为审美编码的基本媒介,一切天然景色最明显的特征就是物质性,它构成了自然审美符号的一个基本特征。

第二,变易性。巫山云雨,飘忽迷离,早晨是绚丽的云彩,而黄昏化作潇潇细雨,瞬息之间又去留无迹,这很能代表自然符号的变易性,而这种特性在诗人眼里恰恰构成了自然符号的含蓄意指。马克·吐温将密西西比河奔流不息的河水读成一本奇妙的书,并心领神会地去理解"水的语言"。但他悲哀地发现,随着现代

① 〔英〕S·霍尔:《编码/译码》,见张国良主编:《20世纪传播学经典文本》,朱晨译,上海,复旦大学出版社2003年版,第434—437页。
② 这是德国美学家韦尔施《重构美学》一书的基本观点,参见该书"第四章:超越美学的美学"(《重构美学》,陆扬等译,上海译文出版社2002年版)。

巫山云雨风景

生活节奏的加速,"浪漫和美丽从这条河流中全部消逝了"①。

第三,形式性。形式不是空虚的容器,而是被意味所充实的象征符号。巫山云雨,美就美在它是一种有意味的形式,其意味来自于符号实践漫长的历史建构。这种蕴涵于形式中的意味构成了自然符号的"神话意指"。《高唐赋》记载,楚襄王在巫山游览,梦中与神女交欢,梦中神女临别留言,说她自己在巫山险要之处,早晨为云,黄昏化雨。这一神奇的传说激发了后代中国诗人无数的想象,甚至将巫山云雨变成了一个文化符码,浪漫梦幻成为诗人的文化无意识。自然,就是一种神话语言,但并非是"虚幻慰藉的语言",而是"神话之歧义性的传代物"②,一直把人生的悲欢离合的故事传承到今天③。

总之,自然审美符码具有物质性、变易性以及形式性,它具有含蓄的意指和神话的意指。

(2)人体审美符码。人体审美符码是指由人的躯体编码成审美符号的规则系统。人体是人类与世界交换物质能量获取生命资源的直接媒介。在当今日常生活审美化的潮流中,对人体的重视程度、对人体的塑造水平以及人体的展示力度,都超出了以往的任何时代。从医学美容到演艺化妆,从形体表演到市场营销,从形象设计到新闻炒作,人体的审美编码与日常生活密切相关,正形成一个巨大的"人体文化工业"。当今借助自然科学和媒介技术而迅速崛起的"泛裸体"文化,就是人体审美符码普遍存在的一个有力证据。在当代媒介文化语境下,人体审美符码的基本特征如下:

第一,人体的原质性。这是指人体的原始生命属性。人类躯体在原始属性上是一种存在状态和行为过程,它遵循一定客观现实的审美标准而存在。从生存需要而言,男人身体必须体格健壮、肌肉饱满和充满力量,具有一定的辐射性和攻击力;而女人身体必须体型苗条、线条柔和以及体现性诱惑力。

---

① Mark Twain, *Life on the Mississippi*,转引自〔加拿大〕卡尔松:《环境美学》,杨平译,成都,四川人民出版社 2006 年版,第 34 页。

② 〔德〕阿多诺:《美学理论》,王柯平译,成都,四川人民出版社 1998 年版,第 131 页。

③ 贾樟柯执导的、获得第 63 届威尼斯金狮奖的影片《三峡好人》(2006 年 12 月)也把背景放置在长江三峡,看来正在消失的风景——"巫山云雨"确实成为大可挖掘的"文化符码"。有关评论见本书第九章。

第二,人体的建构性。这是指人体具有主动建构和被动建构属性。人类躯体在建构的意义上,是占有一副躯体,是被文化铭刻出来和被技术打造出来的一个符号,并且可以根据种族、性别和阶层的规则进行审美编码。在被动建构意义上,身体是塑造出来并遵循话语秩序的符号(如福柯所说);在主动建构的意义上,身体是历史文化中被教化而成的一套可以接受的行为机制(如埃里亚斯所说);在现代媒介建构的意义上,身体是一种虚拟的真实,一种超越真实的真实(如鲍德里亚所说)。简单说来,身体不仅仅是一副血肉之躯,而是一种被铭刻了文化意义的符号①。

第三,人体的消费性。这是指人体作为可进入流通领域的物品,具有可供消费的特性。人体作为视觉对象,通过当代影像产业、广告产业、杂志产业以及营销产业而广泛地进入市场,并进一步在消费中建构成人体形象。当媒介将一切物品都转化为商品、将一切商品都转化为景象时,观赏景象体系的行为也就成为消费人体的行为。

第四,人体的技术性。这是指人体符号的建构过程越来越具有技术属性。当人体进入符号实践的文化大循环,从自然领域进入生产和流通领域,身体的技术性特征也日益引人注目了。人体的技术包括塑造身体的技术和运用身体的技术,前者意味着利用当代科学和技术塑造理想的人体,后者则意味着进入历史文化语境利用人体更好地传情达意。

总之,人体审美符码可以说是以生命的原质为编码元素、建构具有消费性和技术性的人体符号体系的一整套规则系统。

(3)科技审美符码。科技审美符码是指由科学和技术活动编码成审美符号的规则系统。换句话说,科技审美符码是指科技活动所据以呈现审美属性的规则系统。科技审美符码可分为科学审美符码和技术审美符码两个层次。

先说科学审美符码。科学是人类的一种符号实践,即制造和运用符号去探索世界的真理,其成果既包括科学理论又包括科学变革。科学审美符码是指把人类的真理求索过程及其成果编码成审美符号的规则系统。因此,科学审美符码分别在科学过程、理论成果和科学变革三个方面展现出来,显示出人类认识世界和获得真理的本质力量。

第一,从科学过程看来,人们在科学理论指导下,通过正确的编码方式去逐步接近世界的规律直到获得真理。科学家常常用隐喻和诗歌去描述科学探索的审美快感。卢瑟福(Ernest Rutherford)就坚决主张"把科学发现过程看作艺术活动的

---

① Elaine Baldwin (eds.), *Introducing Cultural Studies*, Prentice Hall Europe, 1995, p.281, p.285.

一种形式"①。詹姆斯·华生(James Watson)叙述他发现 DNA 的过程简直就是叙述梦境的语言:严寒的日子,蜷缩在火炉边,任其思绪漫游,突然想到 DNA 美妙地蜷缩起来,以很美的方式排列起来。

第二,从理论成果看来,科学理论以严密精确的编码去表述世界的本质和规律,使得科学真理像艺术品一样散发着神奇的魅力。汤姆逊(W. Thomson)把"热力分析理论"誉为"数学的诗",爱因斯坦则把玻尔(Niels Bhr)的电子壳层模型称之为思想领域中"最高的音乐神韵"。而帕伊斯(Pais)指出,"相对论"理论模式表明,爱因斯坦"既不是要诠释未得到解释的东西,也不是要解决任何悖谬之处",而是要在审美吸引力的作用下"纯粹地寻求和谐"②。

第三,从科学变革历史看,科学发现决裂了科学范式,激烈地打破了传统秩序赖以建立的编码程序,从而形成和构造了一个崭新的符号世界。文艺复兴时代的人向外发现了自然,向内发现了人性,将人从一个蒙昧世界带向了启蒙世界,人们从而以新的编码方式对自然和人进行建构,呈现世界的审美形象。还有一派科学历史学家持一种更激进的观点:科学逻辑和经验属性的基本原理一旦确立下来,科学革命就是"由审美规范的变化而不是由理论选择标准的大规模更替组成"③。不言而喻,科学变革事实上同审美符码的断裂和转型有深刻的内在关联。

科学如何具体地"形成和构造一个崭新的世界"? 这就必须谈到技术审美符码。技术审美符码是指把人类的技术实践过程及其成果编码成审美符号的规则系统。刀耕火种、结绳记事,快马驿站、烽火狼烟,一直到当今电子媒介、虚拟天堂,人类在改造世界的实践中建立起来的工艺符号结构在不断发生变化,人类的物质躯体也在持续延伸,人类的内在缺乏也随之被补偿。如果把技术放在更宽阔的文化语境中去考察,技术就"被理解为代表着一切即将来临的可能性和未来可能性的前景"④。"即将来临的可能性","未来可能性",这是一种典型的审美解构式表述,显示了技术符号实践的基本特征,那就是立足当下,指向未来。

下面结合汽车这一技术产品来具体了解技术审美符码形态。首先,技术审美符码具有观赏性。观赏性是指一件技术物品具有可以观看和欣赏的属性。作为一种技术审美符号,汽车具有赏心悦目的外观和优美雅致的造型,消费汽车也就是消费造型外观。作为一种个人化的消费品,汽车又具有亲和性和诱惑力,以至于在消费者的想象中,它就是"机器新娘(新郎)"。消费一款自己喜欢的汽车,不

---

① 转引自〔英〕詹姆斯·W·麦卡里斯特:《美与科学革命》,李为译,长春,吉林人民出版社 2000 年版,第 11 页。

② 同上书,第 228 页。

③ 〔英〕詹姆斯·W·麦卡里斯特:《美与科学革命》,李为译,长春,吉林人民出版社 2000 年版,第 166 页。

④ 〔法〕斯蒂格勒:《技术与时间》,裴程译,南京,译林出版社 2000 年版,第 1 页。

仅解决了交通问题,而且更重要的是释放了视觉审美欲望,将激荡在想象中的欲望升华到象征中。其次,技术审美符码具有开放性。开放性是指一种技术审美符码具有开拓力量和解放潜能。汽车开进普通家庭,大大地开拓了家庭生活的空间,解放了个人生命的潜能。汽车运行的速度,使空间变小,让更丰富的世界景观展现在自己眼前。这充分说明技术审美符码的开拓力量。麦克卢汉断言,作为机械时代的最新产品,汽车的意义不在于象征一种特权地位,而在于它与印刷术一起,"造成了世界上第一个无阶级社会"①。这充分说明技术审美符码的解放潜能。总之,作为人类探索和改造世界的实践活动,科学和技术都可能蕴涵着由审美符码系统所建构的审美属性。科学和技术的审美符码不仅可以解释世界之美,而且可以建构一个美的世界。

(4)时尚审美符码。时尚审美符码是指把各种时尚元素编码成审美符号的规则系统。时尚(fashions)是指某一时代普遍追求的生活风格及其致力建构的社会风尚。

首先,时间性构成了时尚审美符码的基本特性。这一特性是指时尚随时而来,时过而往。时尚包含着时期性文化符号,蕴涵着时代所特有的文化风貌②。时尚审美建构的基本模式中所包含的文化符号,都是一些暂时为人们所接受和尊重的文化规范。时过境迁,更新的文化符号和更新的时代规范将取而代之。

其次,矛盾性构成了时尚审美符码的分裂趋向。这一特性是指时尚符号体系内部蕴涵着矛盾并酝酿着分裂。正如乔治·西美尔所言,时尚体现了一种冲突的张力,一方面宣告差异,一方面又趋向同一;因此,一个时代普遍流行的生活方式就是"社会平等倾向和个人魅力倾向之间达成妥协"的产物③。

最后,消费性构成了时尚审美符码的生产力。这一特性是指时尚符号通过消费而变成了一种生产力。时尚的一个关键方面当然是生活方式的急速变化和持久变化,时尚审美符码的"过渡性"、"短暂易逝性"和"偶然性",从而构成了审美现代性的一个重要维度④。通过时尚审美符号体系,人们求新尚变,但时尚审美符号之"新",具有三种特别的意味:一是渴望新鲜事物和未被触摸的东西;二是偏爱最新的产品系列和革新的产品;三是求新成瘾,渴望新奇、奇异和古怪的事物。

总之,时尚审美符码体现了一个时代的文化风尚,包含着内在矛盾,而且其本身成为生活中一种引人注目的符号建构力量。

(5)广告审美符码。广告审美符码,是指由广告的各种元素编码成审美符号

---

① 〔加拿大〕麦克卢汉:《理解媒介》,何道宽译,北京,商务印书馆2000年版,第278页。
② Elaine Baldwin(eds.), *Introducing Cultural Studies*, Prentice Hall Europe, 1995, p.290.
③ 〔德〕西美尔:《金钱、性别、现代生活风格》,顾明仁译,上海,学林出版社2000年版,第95页。
④ 参见〔英〕D·弗里斯比:《现代性碎片》,卢晖临等译,北京,商务印书馆2003年版,第20—21页。

的规则系统。随着现代媒介文化的高度发展,影像化也成为广告发展的稳定走向,审美符号实践也广泛地渗透于市场策划、商品营销和消费动员的整个运作系统中。在广告审美符码中,产品不仅是产品,而且是整个社会变革过程及其意识形态的构成部分。同时,现代广告变化的趋向是日益脱离产品消费者的形象,走向正在开发中的生产者。

广告作为一种文本形态,是一种"生产者的文本"(producerly text),而非"读者的文本"(readerly text)①。所谓"生产者的文本",是指诱导消费者以意义生产者的姿态去主动创造意义的文本。与之相对的"读者的文本",是指让消费者以读者姿态去接受的、相对封闭、容易阅读和对消费者自身要求甚微的文本。作为"生产者的文本",广告以一切可能的方式暗示消费者主动地参与意义的建构。广告中大量使用双关语、矛盾表达、转喻、隐喻等修辞方式,激发消费者的个人无意识和集体无意识对广告文本进行创造性解读。

在当代中国,汽车走进千家万户都市家庭,构成市民当代生活的一部分,成为人们欣然认同的一个文化符号。随着媒介文化的推进,汽车广告已经把"香车美女"影像当作现代化生活的编码范型推到了画面中心。"一汽大众"一款汽车"Audi A8L"的广告是典型的美女/汽车组合:裸臀露胸的美女,身材苗条,亭亭玉立,黑色长发飘荡,在汽车上下内外摆出不同的姿势,夸张地表演出万种风情,或平静或奔放,或困惑或忧郁。外观雅致的汽车,风情万种的美女,两者互为隐喻。而广告中的文字与"色"感迷离的模特姿态组合起来,直取观众的个体无意识,用双关语、隐喻等修辞手法唤醒一种隐秘的欲望:

看似平静,却蕴藏着无限能量!(画面:模特在汽车下侧做下肢体推平运动,眼中充满渴求。渴求什么?)

展现,让无限激情尽现眼前!(画面:半裸的模特背对观众,双手开启汽车后盖,然后高高举起,色欲迷离的眼光瞥向右方。瞥见什么?)

广告符码就这样编码出自身的文本系统,以一切可能的方式将相互关联的基本因素组织起来,肯定产品,激发无意识,呼唤文化认同,从而在与消费者的合谋中完成了符号建构和意义再生产。

(6)城市景观审美符码。城市景观审美符码,是指把各种城市景观媒介编码成审美符号的规则系统。城市景观是一种独特的历史存在,由自然环境、人文媒介和工艺产品媒介等编码而成,既是供共同体聚居的生态系统,又是文化历史变迁的踪迹。城市景观审美符码具有综合多元性,动态叙事性以及总体象征性。

---

① 参见〔美〕J·费斯克:《理解大众文化》,王晓珏等译,北京,中央编译出版社 2001 年版,第 127 页。

第一,综合多元性。这是指城市景观审美符码综合了人类符号实践的多元编码要素。从存在形态看,城市景观审美符码综合了自然媒介、人文媒介以及工艺产品媒介;从动态关系看,城市审美景观符码代表人与其所聚居的环境之间的综合互动关系;从构成形态看,城市景观符码包括"场"、"事"、"风"、"言"、"态"①;从体验形态看,城市景观审美符码是通过人的整个身体和精神来综合解码即实现的,以视觉和听觉为中心形成了城市符号体验。

第二,动态叙事性。这是指城市景观审美符码本身可以叙述一个地方和一个共同体的独特历史。城市存在的意义是为各种力量的聚集、酝酿、变换、储备提供了一个相对稳定的场所,为充满差异的人群搭建了斗争的平台,所以芒福德在隐喻意义上将城市称为"社会的戏剧"②。城市景观审美符码因此而获得了叙事功能,它的存在讲述了一个地方、共同体、民族,甚至国家的独特传奇故事。

第三,总体象征性。这是指城市景观审美符码在总体上具有象征意义。从技术学上说,城市景观审美符码由一系列构成性媒介编织而成,这些构成性媒介包括道路、边界、区域、节点和标志物。由这些编码元素构成的符码,就是一套由标志物为轴心辐射意义的象征符号体系③。这些符号告诉我们有关共同体的生活方式的一切,尤其是呈现了深层伦理观念和审美观念。"城市代表一种文化心灵的存在。"④

在空间研究方面,芝加哥学派文化地理学的代表人物索亚(Edward W. Soja)以"第三空间"为理论视角,解读加利福尼亚南部的洛杉矶城市景观符码,就特别突出强调城市的综合多元性、动态叙事性以及总体象征性。索亚用阿根廷作家博尔赫斯的"交叉小径的花园"来解码这座城市的奥秘,描述其中充满矛盾而又兼收并蓄的符号体系,并特别指出这一符号体系的象征意味:"自1900年以来,与资本主义中心化相联系的各种社会剧变,也许没有任何其他地方像加利福尼亚那样已发展得如此迅速、如此的寡廉鲜耻。"⑤索亚还进一步穿越真实与想象的空间,追寻一些特定的场景所唤醒的历史记忆,从而营造一种地理乡愁:1871年落址,1992年的暴动,中心城区非洲后裔美国人的历史存在;被铭刻在"天使圣母城镇"历史中的墨西哥城,更令人过目不忘,追思怀想;邦克山生活世界的一段回忆,当今成

① 参见王一川:《京味文学第三代》,北京,北京大学出版社2006年版,第10页。
② 〔美〕L·芒福德:《城市是什么?》,载许纪霖主编:《帝国、都市与现代性》,南京,江苏人民出版社2006年版,第194页。
③ 参见〔美〕凯文·林奇:《城市意象》,方益萍等译,北京,华夏出版社2001年版,第35—37页。
④ 〔德〕斯宾格勒:《西方的没落》(上),齐世荣等译,北京,商务印书馆1995年版,第200页。
⑤ 〔美〕爱德华·W·索亚:《后现代地理学》,王文彬译,北京,商务印书馆2004年版,第289页。关于全球文化的五种景观,参见本书第六章的具体论述。

为一座掐头去尾的"文化卫城",在迪斯尼家族设计的新音乐厅里等待再受冠冕;波那文图拉大酒店已经是引发争论的现代文化研究城堡,作为后现代文化的历史纪念碑永垂不朽;"权力的眼睛",一个雕塑生动的论坛,它曾见于毗邻监狱的《新世界》中,而今在众多恍恍惚惚地为美国联邦政府服务的建筑群之内,有形无形地庆祝无政府主义和性解放的胜利……①

总之,城市景观审美符码综合了审美符号的多元要素,形成一套象征体系,叙说着文化历史,辐射出文化气质。

四、当前审美符码新景观

从上面的论述可见,审美符码已逾越了传统美学研究的主要领域即艺术领域,而呈现出向生活世界普遍散播和不断延伸的态势。以上所举审美符码清单远不详备,这里的论述也仅仅起到举例的作用,比如未论及的宗教礼仪审美符码、异国情调审美符码等,都很值得探讨。当今审美与艺术范围日益扩张,超越了传统美学所聚焦的纯审美与艺术问题而延伸入日常生活和媒介技术中,这便是当代美学研究的大势所趋。所以,这里需要对当前审美符码的新景观作简要论述(参见本书第五章关于审美文本的现代价值形态的论述)。

"当前"是一个相当不确定的时间指代词语,一般指我们目前所生活或正与我们的生活相关的文化语境。我们的生活世界正在发生历史性转变,而审美文化也相应地经历巨大的转型,当然审美符码也呈现出一些新景观。

第一,审美符码的普泛化,是当前审美文化的一个不争的事实。审美符码普泛化,是指审美符码的存在范围超越艺术领域而向生活世界普遍扩散。"日常生活审美化"(aestheticization of everyday life)有三种具体表现:艺术亚文化、将生活转化为艺术作品的谋划、充斥于当代社会日常生活之经纬的迅捷的符号与影像流。而第三种(与第二种密切"交叉")正构成"消费文化发展的中心"②。换言之,这样理解的"日常生活审美化"意味着以审美与艺术方式对日常生活进行重新编码,在生活中消费审美与艺术。这使生活充满了艺术韵味,也让艺术获得了生活的血脉。单从现代艺术领域看,从物质生活环境到个体生命的物质载体,从日常生活消费品到媒介文化的影像世界,从基因工程到立美教育,与生活相关的一切符码无一不在变为审美符码。不论是生活的表层还是深层,都在经历着一场审美

① 参见〔美〕爱德华·W·索亚:《第三空间》,陆扬等译,上海,上海教育出版社2005年版,"第七章:回忆——洛杉矶城堡的异形地志学"。
② 〔英〕费瑟斯通:《消费文化与后现代主义》,第5章,刘精明译,南京,南京大学出版社2000年版,第95—99页。

符码化的变革。

第二，与审美符码的普泛化紧密相关的是，审美符码的编码方式的多元化。这是指人们在符号实践中同时采用多种符码编织出"和而不同"的审美文本形态。举例说来，建筑家贝聿铭设计建造的香港中国银行（建于 1982 年至 1990 年）就体现了全球时代审美符码多元编码的特征。在一个杂交狂欢的文化盛宴上，中国文化的审美符码和西方文化的审美符码彼此交织，互相蕴涵，"自我"在"他人"中，"他人"在"自我"里。自动电梯代表着现代科技对空间的塑造力量，表示数学上的严谨和精密。双排自动电梯的蜿蜒运动，令人想到阴阳靡荡、天地交泰、生命的河流永不枯竭。高耸的摩天大楼，象征人无限的探求和欲望，让人驰情入幻，蹈光于虚影中。别致的

香港中国银行

塔状建筑，提示人们不要忘却生存的地基，其玲珑别致的形式诱惑人返回到生命节奏的核心。摩天大楼既可以被看作基督教堂的变形，给人以向上升腾、亲近神圣的感受，也可以被看作节节上升的竹子，给人以精神净化和品格提升的感觉。可见，这一全球时代跨国建筑文本超越了地域文化的局限，体现了"和而不同"的审美精神。

第三，随着现代媒介文化的迅速崛起，审美符码呈现出过度化趋势。这是指审美符码在传播速度、力度、幅度等方面急剧强化，呈现出超越现有审美编码界限的趋势。鲍德里亚断言，在当今世界，影像随着媒介文化而迅猛崛起，导致了影像的全面统治及主体的全面卷入。影像消灭了符号，符号消灭了真实，在影像和真实间已没有逻辑的联系，于是当代世界的人们完全生活在一种影像迷宫中。影像没有起源、终结，没有参照对象和内在蕴藉，只有影像反射影像的无限迷宫。以影像为编码要素建构的战争与苦难，已失落了震撼人心的崇高感与悲剧感，而成为一种消费对象。

当代审美符码的普泛化、编码方式的多元化以及审美符码的过度化，向当代美学研究提出了急切而又尖锐的问题，需要进一步研究。

本 章 摘 要

审美符码是组织审美符号的特殊规则系统，其基本特征在于指称的不确定

性、沟通的文化共识性、组合的多维性及传媒依存性。审美符码有三种作用,即兴发作用、意指作用及中介作用。审美文本正是审美编码的产物。可依据审美符码形态来对艺术进行分类,由此理解造型艺术、表演艺术、语言艺术和综合艺术。造型艺术符码是指由自然物质材料编码成造型艺术符号的规则系统。表演艺术符码是由人文媒介和自然媒介编码成表演艺术符号的规则系统。语言艺术符码是指由语言媒介等编码成语言艺术符号的规则系统。综合艺术符码是指由自然媒介和人文媒介及多种艺术手段编码成综合艺术符号的规则系统。生活审美符码是指由生活中多种媒介编码成生活审美化符号的一系列规则系统。审美符码已逾越传统美学研究的主要领域即艺术领域,呈现出普遍散播和不断延伸的态势。当代审美符码的普泛化、编码方式的多元化以及审美符码的过度化,向美学研究提出了急切而又尖锐的问题。

研 究 建 议

本章从符码视角梳理艺术与生活中的各种审美形态,内容较新,而且具有跨学科或跨越美学的倾向。学习本章和展开研究,建议抓住审美符码的建构力量和解构潜能。本章远远没有穷尽审美符码形态,那些没有具体论述的审美符码形态,如音乐、建筑、服装、园林,都可以从符码的建构力量和解构潜能去理解。

深 度 阅 读

关于符码概念,可阅读《符号学文学论文集》(赵毅衡编选,百花文艺出版社2004年版)及《20世纪传播学经典文本》(张国良主编,复旦大学出版社2003年版)。从符号角度研究审美形态的力作,当推美国哲学家朗格的《情感与形式》(中国社会科学出版社1986年版)。而在后现代文化语境和理论视野中审视审美形态,英国文化理论家史帝文·康纳的《后现代主义文化》(商务印书馆2002年版)可谓全面而精细。费瑟斯通的《消费文化与后现代主义》(南京大学出版社2000年版)和韦尔施的《重构美学》(上海译文出版社2002年版)有助于了解审美符码在当前发展的基本态势。

第五章　审美文本

美总是存在于人与人、人与物、人与自我之间的沟通过程中,并且以文本这种特定形式存在。离开了审美文本,审美也就缺乏沟通的中间环节,美就无法具体存在。因此,分析美的奥秘,重要的是把它置于审美文本中,并重点探讨审美文本的各种价值形态。

一、审美文本及其特征

文本(text,也译本文、篇章或原文),在语言学中原是指构成某种语言中实际话语的一系列词①。审美文本是审美中的文本的简称,它是审美沟通中可以激发审美体验的符号表意系统②。一首诗、一幅画、一件雕塑等,都可称为审美文本。

不再沿用过去的审美概念,而是提出审美文本概念,这正体现了按当代美学视野去重新认识审美特性的新思路。审美不是已由作者或其他因素确定的既成结果,而是一种有待于审美沟通过程中的读者去欣赏和阐释、从而赋予特定意义的未定物,因而称为审美文本。与以往的"作品"观认定存在着表达作者原意的确定的意义系统不同,美学中的文本首先是一种符号修辞,这种符号修辞有自己的独立自主的生命,并在审美沟通过程中面向读者开放自身的意义空间。以莎士比亚的《哈姆雷特》为例。以前把它当作"戏剧作品",就是要致力于理解作者赋予作品的确定意义;而现在把它视为戏剧文本,则意味着它的审美意义只能由每个读者在审美欣赏中自己去赋予。所以人们会说,一千个读者就有一千个哈姆雷特。就批评家的角度而言,阶级论者认为《哈姆雷特》是关于阶级斗争的;心理分析学派认为是关于恋母情结的矛盾冲突;而解构主义则认为是关于文本的自我解构等③。这些不同的意义都是在审美沟通中因读者的具体阅读行为而不断变化。可见,《哈姆雷特》这一审美文本并不是一个确定不变的意义空间,不同时代的人们会根据自己所处的历史文化语境而不断地对它进行重新阐释。

---

① 〔美〕哈特曼等:《语言与语言学词典》,黄长著等译,上海,上海辞书出版社1981年版,第356页。
② 本章将放弃以前教材关于美的本质的讨论,转而突显"审美文本"的重要性。它意在强调审美作为文本,其意义总处于未确定的动态的沟通过程中。
③ 〔美〕乔纳森·卡勒:《文学理论》,李平译,沈阳,辽宁教育出版社和牛津大学出版社1998年版,第68页。

正由于审美具有文本那种不确定、开放和动态特点,所以被称为审美文本。即是说,审美总是作为动态的文本形态出现。一个审美文本,比如一幅画、一首诗,在由作者写成到进入观众欣赏或读者阅读之前,它的意义还是不完全确定的,期待着观众通过欣赏而加以具体化。也就是说,审美文本的意义是由不同的观众欣赏去加以具体化的。由于读者所处的文化语境不同,这种具体化就可能经常变得千差万别。

所以,审美文本意味着,审美是发信人与收信人之间、在变动的特定语境中、利用媒介和符码展开审美体验的一种文本生成与开放过程。审美文本意义的开放性正与语境的无限性有关。按卡勒的观点去理解,审美文本的"意义由语境限定,但语境没有限定"①,它等待读者去阐释。而读者总是无法事先确定语境中哪些因素与意义有关,也不能预先决定什么样的语境扩展可能会改变已确定的审美文本的意义②。把审美看作一种审美文本,就是要强调被以前的美学所遗忘的审美文本与文化语境之间的动态的互赖关系。而这种互赖关系又是受制于更根本的社会历史发展③。

审美文本虽然呈现为动态的过程,但这一过程是以相对确定的符号系统为基础的。读者对审美文本意义的具体化和确定行为也必须以审美文本所呈现的符号形象等为依据,它是一切文本意义和阅读行为的基础。所以,在上面关于审美文本论述的基础上,有必要进一步考察审美文本的特征及其层面等。

审美文本有诸多特征,大致可概括为符号性、功利与无功利间性、感兴性、语境关联性。

1. 符号性

这是指审美文本具有基本的符号表意特性,是一种感性的物质化形态。这种符号特性是审美文本的其它一切特性得以产生的基础。文学的符号是语言;音乐的符号是音符;绘画的符号是线条和色彩;雕塑的符号则来自物质材料。杜牧的《江南春》:

> 千里莺啼绿映红,水村山郭酒旗风。
>
> 南朝四百八十寺,多少楼台烟雨中。

这首诗的存在,首先是由标题3个字加正文28个字构成一个感性的物质化组合形态。进一步看,这些汉字根据特定的诗歌符码组合为一首由4个句子构成的

---

① 〔美〕乔纳森·卡勒:《文学理论》,李平译,沈阳,辽宁教育出版社和牛津大学出版社1998年版,第71页。

② 同上。

③ 王一川:《修辞论美学》,长春,东北师范大学出版社1997年版,第82—84页。

绝句诗。读者今天能领会杜牧的心境首先得通过这些字句。正是这组汉字在我们的眼前和脑海构成一幅漂浮着的氤氲空间,那是江南山水春景。处处姹紫嫣红,酒旗猎猎迎风招展,湖光山色、楼台寺庙在无边的烟雨中时隐时现。它们似乎永存于此,人世的沧海桑田成了浮荡在它们周边的烟雨。而烟雨中的亭台楼阁则仿佛既没到来也没离去,只是静静地在江南春雨中冷观尘世风云变幻。然而,我们对这种诗歌意境的体验只能通过这组汉字生成。所以,语言符号正是诗歌存在的基本方式。如果离开了语言符号这种最基本的物质媒介,诗歌及其意境美都不复存在。

这些汉字正是诗歌意义和意境的生长地。那种氤氲缤纷的江南春形象都是通过这些汉字勾画出的。这就像春天里放风筝,汉字就是手里的轴线,而诗歌的意境就是飘飞在蓝天中的各种风筝。之所以能有这种效果,其基础全在于游步在草地上的我们和我们手中的线轴。我们手中的轴线正是这美景的生长点。有这些轴线,风筝才可能飘浮在一个大致的空间中,形成灵动轻扬的春光图。再者,这些词句韵调和谐、琅琅上口、选词朴实生动,不但本身构成了诗歌美丽意境的一部分,而且还建立起一个可以相互沟通的美的世界。正是诗歌的这种符号性,才使得相距百世的人们可以在书本中的方寸间碰个正着,恍惚看见古人长衫的身影在高歌低吟。审美文本的符号性可以使人与人之间协调和沟通,让人们心心相印、肝胆相照,形成人与人之间无压抑的自由交往。

2. 功利与无功利间性

审美文本的功利与无功利间性,是美的基本特征之一,它是指审美文本与人的实际利益考虑之间相互即离的状态。相互即离,既可以是若即若离,也可以是时即时离,还可以是先离后即或先即后离等。这里的所谓"间性",是从德国当代思想家哈贝马斯(Jurgen Habermas,1929—)的主体间性(intersubjectivity)一词变通而来。与哈贝马斯注重主体与主体之间的相互关联和相互作用相近,我们这里强调功利和无功利在审美中形成特殊的相互关联和相互作用关系。功利与无功利间性,意在突破康德以来经典美学有关审美无功利性与弗洛伊德以来当代美学有关审美功利性之间的对峙格局,强调审美文本是功利性与无功利性"之间"的相互联系与相互滑动的动态存在。这和前文谈到的审美文本的不确定性、开放性特征相一致。正是从审美文本的开放性特征出发,可以认为,审美文本常常是一种尚未确定的、在功利与无功利之间回旋的动态形式。

人们会对大街上突然涌现的某个美艳女郎放慢脚步,或驻足观望,既惊叹又向往。这和我们看到广告中的美食或名车的反应一样:既充满欣喜地感叹它无可挑剔的精美,又暗自生起占有的欲念,就好像电影《西西里的美丽传说》中的小男孩雷纳多看见了美艳绝色的玛莲娜一样。雷纳多所生长的村庄是西西里岛的一个小村落。花开时节给宁静的村庄带来了撩人的玛莲娜。玛莲娜婀娜的脚步在小镇石路上时来时去,和音乐一起驱动着雷纳多的情欲。他既想占有玛莲娜,却又不得不克制。对于玛莲娜的身体,雷纳多总是有克制不住的生理反应。那是上天在他的成长路上投下的一枚炸弹:原本按部就班的成长突然变得充满期待和奇遇。他开始跟踪、偷窥,去教堂为玛莲娜祈祷,砸烂诽谤她的商人的门窗。雷纳多极力维护他那女神般的梦中情人,却始终没和她有任何交谈或接触。他对玛莲娜的爱慕和占有欲望,由于他的未成年而不得不压抑着。他只是每天坐在玛莲娜的门前,纯真而专注地等待她的出现。雷纳多对玛莲娜美貌的渴求最终以嫖妓(妓女长得很像玛莲娜)的方式得以转嫁。在玛莲娜还是"玛莲娜夫人"时,她是不可接近和占有的,因为有社会道德伦理。这种伦理秩序规定"玛莲娜夫人"是属于个人的,而妓女却不是。当"玛莲娜夫人"变成了"妓女"时,保护这种美的屋墙就轰然坍塌了。

雷纳多对玛莲娜的爱欲是明显地混杂着功利和无功利间性的。玛莲娜于他,既有真挚而纯粹的精神寄予(作为引领他成长的女神),同时也激发起无尽的性幻想(作为使他成长为男人的女人),但却总是若即若离。雷纳多多次身不由己地向她走去,却又不得不压抑自己而与她擦肩而过。玛莲娜身上似乎总有一种不可接近的气息,因其美艳而吸引他,又因美艳而拒斥他。作为女神,玛莲娜纯真而高贵;作为女人,玛莲娜是可以凭身体摩擦到的。这正体现了审美文本(特别是当代)的一个突出特征:在审美直觉中,它既可能包含弗洛伊德所认定的那种功利性[①],也可能拥有康德所主张的无功利性[②]。对欣赏者而言,在他的审美直觉中,这两种因素应当同时存在,无法截然区分。这种审美直觉是流动的,无法预先定性。它是功利与无功利之间的对立关系在具体语境中的一种暂时超脱状态。可以把审美看作这种超脱状态中的一种直觉体验。它随具体语境而具体化。因此,审美显然不能被简单说成是功利的或无功利的,而是属于一种同时回荡着功利与无功利双重因素的直觉状态,因而具有功利与无功利间性。

3. 感兴性

审美文本的感兴性是指审美文本具有一种通过活的兴象来使人兴发感动的特性[③]。当我们面对审美文本时,无论是深秋幽谷中漫天飘零的枯叶、春水碧波中泛漾着的青天白云,还是路边行人面孔上流溢出的敏感温柔的光彩、乐曲里飘逸的重彩浓情,它们就是"活的兴象",总处在运动、变化、生动和鲜活状态中。那巍

---

① 〔奥〕弗洛伊德:《弗洛伊德美学论文选》,张唤民、陈伟奇译,北京,知识出版社1987年版,第37页。
② 〔德〕康德:《判断力批判》上册,宗白华译,北京,商务印书馆1995年版,第74页。
③ 兴象概念参见王一川:《文学理论》,成都,四川人民出版社2003年版,第78—107页。

然屹立的山峰也在季节轮回中变幻着动人景致。郭熙《林泉高致集·山水训》指出:"春山淡治而如笑,夏山苍翠而如滴,秋山明净而如妆,冬山惨淡而如睡。"自然界的姿态万千的美唤起人的不同美感。无论是江南春色中烟雨飘摇的楼台亭阁,还是大风中的浩瀚星空和山冈,无论是见证文治武功的巍峨宫殿,还是山谷中迎风摇曳的野百合,它们都可以激活并激荡着人的情感。

文学中的许多兴象还体现了人类的精神活力,如自由、平等、爱、民主、公正、正义等。这些普遍价值观念总以"活的兴象"出现。如在"无意苦争春,一任群芳妒,零落成泥碾作尘,只有香如故"(陆游《卜算子·咏梅》)中,梅花成为视功名利禄如浮云的诗人人格的写照。活的兴象总是浸润着人类普遍价值观念和特殊个人气质的直观形式。由此,它使得审美文本对人总具有强烈的感兴力。审美文本的这种感兴性意味着精神性快感。这种快感不同于生物本能的满足,而是一种精神的愉悦和升华,属于精神的解放和自由。中国古代哲学家和艺术家称此为"畅神",即精神的畅快。

不过,当代一些审美文本在这一特点上有所变化,使得精神性感兴向日常生活的感官性感兴延伸。广告、现代建筑、电影(如《让子弹飞》)等,它们的特点都不在于强调对人的纯粹情感的感兴,而是一种视听觉上的刺激性感兴。它们往往以色彩、音乐和构图等方面的炫示而给人的视觉造成"奇观"的效果。像电影《英雄》中飞雪和如月打斗的场景,它对促进剧情和深化人物的情感并无必要作用。那些金黄纷飞的无边树叶、飞雪和如月血红的衣襟,以及在如泣般的歌声中,两人在树尖像洛神般的飞行都是力图突显电影语言在视觉和听觉上的奇观效果,使观众在心理上产生惊异,在感官上获得感兴。这一过程实际上是放逐了以前审美文本中对深度感兴的追求。即便是整部影片也呈现出这种特点。画面、音响和色彩的奇观效果遮蔽着剧情的苍白和人物的单薄。这是当代很多审美文本的突出特点。

4. 语境关联性

语境关联性是指审美文本总处于一定的语境关联域中,并只在这种语境关联域中才能得到相对确定的理解[①]。这是指审美文本的具体化依赖于特定的审美语境的关联作用(见本书第六章)。这种语境关联,既包括审美文本内部上下文的前后语境关联,也包括与审美文本形成更复杂缠绕的各种社会性语境的关联,例如语言环境、读者与作者背景、更广泛的社会生活世界等。如果缺乏这种语境背景,我们就不可能把握文本所要传达的意义。

对鲁迅作品的意义,人们总是从各自所处的语境关联域出发去领会的,而这

---

① 〔英〕特里·伊格尔顿:《当代西方文学理论》,王逢振译,北京,中国社会科学出版社1988年版,第109页。

种关联域的不同,会导致他们无法形成完全相同的结论。从阶级论出发,成仿吾和冯乃超认为鲁迅的作品由于宣扬人道主义、讲"趣味",反映了社会变革时期中落伍者的悲哀,属于小资产阶级或封建余孽范畴。李长之则从文学价值的评判出发,否认鲁迅是思想家,而突出了他作为文学家的地位,因为他没有系统的概念和思想体系,而主要是创造了一些感染力极强的文学形象①。在这两种不同的分析角度中,没有谁能绝对地断定鲁迅及其作品讲的是什么。它是一个开放的、未确定的文本。这些不同的分析结论都来自读者基于自身所处的语境关联域而做出的特定体验和判断。

可见,对审美文本意义的理解总是受制于一定的语境。审美文本意义的确定依赖于语言规则、读者和作者的背景,以及任何其他能想象得出的相关的东西。不过,这个语境却是没有限定的。因为没有什么可以预先决定哪些因素是相关的,哪些是不相关的②。能确定什么是相关因素的,只有读者自己。而读者又总是千差万别的。这就意味着审美文本是开放的,它的意义是未确定的,总是等待不同读者的不同阐释。

从横向上分析,可以概括出审美文本的如上四个特征。从纵向上说,审美文本还可细分为多个层面。

二、审美文本的层面

审美文本总是由具体的媒介构成,运用具体的符码、塑造特定的意义,最终产生特定的效果。由此,审美文本对审美体验的激发呈现为一个层次分明的过程。而观赏者一方,则从审美文本的初次接触而获得感兴,最终达到体验的极致。审美文本层面是指审美文本的以感兴为核心的多层次构造,包括兴媒层、兴辞层、兴象层与兴味层等层面③。

具体看,审美文本所据以传播的各种媒介(参见本书第二章),往往关联着不同的感兴的方式,规定着文本所激发的感染类型,这就有了审美文本的兴媒层;在

---

① 王富仁:《中国鲁迅研究的历史与现状》,杭州,浙江人民出版社1999年版,第27、51、212页。

② 〔美〕卡勒:《文学理论》,李平译,沈阳,辽宁教育出版社和牛津大学出版社1998年版,第66页。

③ 关于审美文本层面,西方艺术理论有大致四种见解:形式一元论(柏拉图等)、内容形式二元对立论(黑格尔等)、形式本体论(俄国形式主义、英美新批评、法国结构主义)、多元层次结构论(英加登等)。其中,英加登的作品层次划分最能代表多元层次结构论。他认为文学作品由声音、意义单元、图式化结构、再现客体四层面组成。中国古今美学也有自己的三层次理论:三国时王弼提出"言、象、意"三层面;宗白华在1943年把艺术意境划分为"直观感知层、活跃生命层、最高灵境层"三层面;李泽厚在1986年把艺术作品分为感知层、情欲层和意味层。

媒介作用的基础上,符号形式构成了文本的符码组织层面,以激发特定的感兴体验为目的,这就有了兴辞层;以上两个层面的作用导致富有特征和独特魅力的形象系统的生成,属于文本的核心,这就有兴象层;进而这三层都指向更深而又引人回味的生存体验,这就是兴味层。

1. 兴媒层

要接触审美文本,需首先从感知媒介开始。从读者接受看,兴媒层是审美文本的最外在层次,是指审美文本的可触发感兴的物质媒介层次。常见的审美媒介类型主要有物品、身体、口头、文字、印刷、电子、网络等。媒介嵌入并构成审美文本的层面,不仅在于它是文本的内在组成部分,更是因为它渗入了文本的符号与兴象层面,直接关乎修辞效果及文本意义[①]。

《谢公屐》剧照

不同的媒介形式可以指向不同的文本意义系统,激发不同的感兴。孙颖的舞蹈《谢公屐》立意于南朝山水诗人谢灵运登山的鞋子,这和李白笔下"谢公宿处今尚在,渌水荡漾清猿啼。脚著谢公屐,身登青云梯……"(李白《梦游天姥吟留别》)的鞋子相比,既存在共同的体验,又具有自己独特的内涵。舞蹈存在于身体媒介中,可以直接感染观众,从而产生巨大的感兴力量。"谢灵运"的清姿傲骨通过演员与观众面对面地表演,得以"一次性"呈现。此时演员的身体表演是不可复制的。同一角色而不同的演员,可以形成独一无二的不同的灵韵;同样,同一个演员而同一个角色,但在不同的时刻和地点,也会有不同的灵韵生成[②]。舞蹈演员身体的灵韵,正是其身体的直接感染的呈现。

显然,观众在观看《谢公屐》这段舞蹈的时候,首先会感受到身体的灵韵,会"直接"投入舞蹈身体的动律中,被"谢灵运"的自由跳脱情态所感染,从而产生只有舞蹈媒介才会产生的一种感兴体验。

事实上,不同的媒介造成了不同的情境,规定和影响着文本的意义和特质。"艺术家首先是领悟每种材料的要素——颜色、声音、结构——的特质,然后使这

---

① 王一川:《文学理论》,成都,四川人民出版社2003年版,第203页。
② 〔德〕本雅明:《机械复制时代的艺术作品》,载朱立元、李钧主编《二十世纪西方文论选》,北京,高等教育出版社2002年版,第649—664页。

些材料和谐地结合起来以构成一种合成的调子(composite tonality)。这就是艺术作品成形的媒介,艺术家用这种媒介向领悟展示作品内容"①。显然,文本的兴媒层表明,媒介是一种被"领悟"了的心灵化的物质,已经不同于一般的物质材料,它能够"展示文本内容"的特质、特征,从而影响和决定文本的修辞效果。

2. 兴辞层

媒介总是作为承载符号的工具而发挥作用,这些符号有语言符号、自然符号、人工符号、表情姿态符号等。一个审美文本总是通过特定符号的编码作用,来形成感染人的力量(审美符码见本书第四章)。任何审美文本总要通过调整自身的符号组织去诉求特定的审美感染,这就形成了文本的兴辞层。兴辞层是指富有感兴的符号系统层次。这里的"兴"是指受到审美符号感染而激发的体验;"辞"是指为了达到特定的体验而进行的符号调整。兴来自于辞,辞则要生成兴。在《谢公屐》舞蹈中,编创者有意采用了现代音乐作为伴奏,设计了一系列"走"、"踏"、"跕"、"抢"、"跑"、"蹲"等动作,给观众一种散漫、自由、洒脱、癫狂的感受。伴随低音鼓的打击,"谢灵运"或起或伏、或来或去,仿佛漫无目的,却又自在飞花、无所羁绊。在作品的前半段,音乐舒缓,演员动作灵动琐碎;后半段则大起大落,舒展昂扬。这造就了强烈的感兴体验:由个人的任性使情感达到人生境界的开阔明朗,整部作品给人带来豁达清远的感悟。

显然,《谢公屐》以一系列身体动作突出了"屐"的存在。现代音乐快速、鲜明的节奏感,则强化了这双鞋子所踏出的脚步感,并激发人们感受这种脚步形式的快乐与自由。可以说,作品以"鞋子"来编创动作,不仅仅有新意,也形成了极其独特的感兴,并激发观众想象这双鞋子里面的文化内涵。

3. 兴象层

探讨兴象层就进入审美文本的核心层次②。兴象层是指文本中由兴媒层和兴辞层创造的能唤起感兴的艺术形象系统层次。与它相关的术语还有象征、隐喻、寓言等,与它相对的术语是"概念"。

兴象层何以构成审美文本的核心?一方面,在兴媒层和兴辞层面接收者所生成的兴感,往往会进一步引发、鼓动他们的想象,构造对于审美文本所呈现的世界的图景;另一方面,艺术文本中的形象又会引导并激发更加强烈的审美体验,形成接受者的强烈的情感冲动。在《谢公屐》中,"谢灵运"这个形象是以复数形式出现的。孙颖没有采用独舞,而是采用集体舞形式,旨在突出这个形象的"象征性"。这样,"谢公屐"这双鞋就被"抽象化"了,与知识分子的人格情态与生命境界联系

---

① 〔美〕V·C·奥尔德里奇:《艺术哲学》,程孟辉译,北京,中国社会科学出版社1986年版,第56页。
② 参见王一川:《文学理论》,成都,四川人民出版社2003年版,第241页。

到了一起①。于是,这双鞋子变成了一个具有浓郁的象征意味的文化兴象。作为一个器物,它不是为了"呈现"自身,而恰恰是为了"超越"自身。这双鞋激发了观众新的想象:不是四平八稳的方步,而是自由洒脱的碎步;不是亦步亦趋的跟步,而是兴来独往的闲步;不是走体制、规范规定的道路,而是走"我与我周旋久宁做我"的个性之路。

显然,"兴象"包含了两个方面的意思:"象"乃是感兴之象,是兴媒、兴辞激发感兴的结果;"兴"则是以物起兴,是在对物象进行深层感悟和理解的基础上发生动荡、飞越的审美体验。

4. 兴味层

审美文本的兴媒层、兴辞层和兴象层都要指向审美文本的纵深层面——兴味层②。兴味层实际上是一种虚拟的文本层次,是指审美文本给予读者的感兴余味在其阅读结束后还持续存在的现象。富有感兴的文本往往能够给读者提供这种持久而深长的感兴余味即兴味。陈廷焯《白雨斋词话》卷六指出:"若兴则难言之矣。托喻不深,树义不厚,不足以言兴。深矣厚矣,而喻可指。义可强附,以不足以言兴。所谓兴者,意在笔先,神余言外,极虚极活,极沈极郁,若远若近,可喻不可喻,反复缠绵,都归忠厚"。这段话准确地揭示了兴味层的"神余言外"、"反复缠绵"等特点。

在这里,兴味既包含体验的感性把握又有理性的认知,更在形态上呈现为一种不可言说的深长的感兴意味。它既不可解会又意义丰满。在《谢公屐》中,兴味层就呈现为这样一种合乎理性又皈依感性的形式。首先,《谢公屐》通过特定的修辞形式,激发了观众对鞋子的文化意蕴的审美感悟。演员们时而含胸拔背,做睥睨天下的样子;一会儿又来回颠步,做猥琐放浪的样子。正是在这里,我们领悟到一种刚健不息的精神气质:疏狂和放浪,这种文人的风骨气度,不正是不同于流俗恶世的知识分子的操守和品格的象征吗? 其次,《谢公屐》中的兴味既是独特的也是共同的;既可以激发历来对谢公屐这双鞋子的文化想象,又可以共感当下人们的生活体验,引发更加长久的把玩和回味。这个文本的美学魅力取自两种资源:一是历史上真实人物谢灵运的形象,二是历史上人们对谢灵运,尤其是对谢公屐这个形象的想象和演绎。在这里,从谢灵运到魏晋风骨,从李白到中国现代知识分子,这个作品回荡着众多中国文人的形象及其灵韵。这种由一形象唤起众多形象的审美文本,可以产生一种"秘响旁通"的感兴体验。这部不足十分钟的舞蹈作

---

① 孙颖、周志强:《孙颖舞蹈:静静的美学革命》,《北京舞蹈学院学报》2005 年第 4 期。

② 兴味层面大致相当于中国文论中的神、隐、意、情、韵、味、精、真意、重意、深意、内蕴、蕴藉、余音、余兴、韵外之致、味外之旨、弦外之音等,"最高灵境层"(宗白华),"意味层"(李泽厚),以及相当于西方文论中的"形而上"层(英加登)、"真理"(海德格尔)、"意味"(贝尔)等。

品,可以激发观众涵泳中国文化中众多的艺术形象,生成含蕴不尽的审美意味,从而打开更加广阔深远的美学空间。

当然,在审美文本中,以上四个层面是紧密结合在一起的,它们形成内在统一的完整体。以金庸的《天龙八部》为例,小说通过报刊连载媒介(兴媒层),调动多种语言资源和手段而形成了"多语混成"的汉语组织(兴辞层),表现了各种艺术兴象(兴象层),如体现鲜明的古典崇尚倾向的器物兴象(琴、棋、书、画、兵、武)等,如怀着"权位之贪、情欲痴怨、仇恨嗔怒"的慕容氏父子、四大恶人等人物兴象,带着身份认同危机、孤苦寂寞而又充满正义感和崇高气质的萧峰等英雄侠客兴象,最终通过以上层面透露出深层意蕴(兴味层)。小说通过萧峰、虚竹、段誉三个异国兄弟的结义,两大仇敌慕容博、萧远山的双双出家修行,以及萧峰以死换来辽宋和平和天下百姓安宁等,消解了古典"中国性"中的古今、中西、官民、正邪等多重二元对立模式以及相应的"中国中心"幻觉和"中优外劣"心态,呼唤新的多元共生、和而不同的"中华性"的生成,象征性地表现了处于"文化虚根时段"中的现代中国人的生存体验①。

三、审美文本的价值形态

人们对感发自己的审美文本的意义加以综合判断与评价,就有了审美文本的价值形态。审美文本的价值形态是指特定审美文本呈现的带有一定普遍性的意义系统及其评价状况。不同时期的审美文本往往有不同的意义系统及其评价状况,这使得审美文本的价值形态在不同历史时期可能呈现出不同。李白可以感叹"地崩山摧壮士死,然后天梯石栈相勾连;上有六龙回日之高标,下有冲波逆折之回川"(李白《蜀道难》),表达了一种"壮美"体验。这种壮美价值依旧可以感染今天的人们,令我们产生激动不已的意兴。但是,我们只能在现代历史条件中才会体验到毛泽东《水调歌头·游泳》的那种壮美:"风樯动,龟蛇静,起宏图。一桥飞架南北,天堑变通途。更立西江石壁,截断巫山云雨,高峡出平湖。神女应无恙,当惊世界殊。"这里的壮美由于被赋予了现代人征服和改造大自然的乐观主义气魄,因而与李白的带有敬畏与神秘感的感叹有了巨大的差异。简要说来,审美文本价值形态可分为传统价值形态与现代价值形态。一方面,传统的审美文本价值形态至今依旧产生魅力;另一方面,现代的审美价值形态毕竟发生了剧烈的变化,获得了自身的合理性,与传统审美价值形态形成鲜明的区别。

事实上,传统美学所认可的优美与壮美、悲剧与喜剧、阳刚与阴柔、典雅与自

---

① 王一川:《文化虚根时段的想象性认同——金庸的现代性意义》,《天津社会科学》2001年第5期。

然等,包含着特定的历史文化价值,也存在现代审美阐释的价值;现代审美文本的价值形态则更多呈现碎片式、开放式状态,与传统审美文本的强调统一、明细的追求有着深刻区别。在审美文本视野下,当今显得突出的现代审美价值形态既有传统美学的优美与壮美、悲剧与喜剧、崇高与滑稽等范畴,也有新起的反审美、反艺术、全球审美化、无意识的商品化、超级真实等。

（一）审美文本的古典价值形态

审美文本的古典价值形态,是指那些在中西方历史中已获得相对固定的经典地位的审美价值形态,集中体现为一系列古典美学范畴。它们在当今世界不会烟消云散,而是余兴悠长,成为一种可以被不断激活的经典审美资源。中西方文化模式和基本精神之差异。决定了审美价值形态的分野。

1. 优美与壮美

优美和壮美,是中西文化中共有的审美价值形态。德国戏剧家和美学家席勒(Friedrich Schiller,1759—1805)说它们是两种神性,优美(他叫"秀美")是妩媚女神,而壮美(他称之为尊严)是道德的象征①。相对而言,优美在空间形态上娇小,在时间中运动舒慢,力量显得柔弱,质态显得妩媚;而壮美则在空间形态上巨大,在时间中运动迅猛,力量显得强大,质态显得粗犷。

优美与壮美,可以分离而存在于不同的审美文本中,也可以同时出现于同一审美文本中。诗人笔下的洞庭湖,同时既是优美又是壮美的对象:"阴风怒号,浊浪排空",这是壮美;而"春和景明,波澜不惊"(范仲淹《岳阳楼记》),这是优美。优美和壮美都偏重于和谐的审美价值,其中包括形象结构的和谐,形象与意蕴的和谐,形式与感觉的和谐,以及对象结构与主体目的的和谐。

2. 悲剧与喜剧

悲剧与喜剧,是在西方历史中表现突出的审美价值形态。鲁迅对此留下了著名的论述:"悲剧将人生的有价值的东西毁灭给人看,喜剧将那无价值的撕破给人看。"②这一论述之中几个关键词有力地点出了悲剧与喜剧的核心要素:人生之有价值与无价值、毁灭与撕破、给人看。

悲剧有广义和狭义之分。狭义的悲剧源于古希腊的一种戏剧形式;广义的悲剧通过呈现人类生活中各种冲突、刻画个体崇高品质的毁灭来激起悲情,使人认识生命的价值,进而战胜或化解现实的苦难。典型的悲剧发生在古希腊文化语境下,如索福克勒斯的《俄狄浦斯王》。它通过俄狄浦斯的悲剧,描写了个人的坚强

---

① 参见〔德〕席勒:《秀美与尊严》,张玉能译,北京,文化艺术出版社1996年版,第107、153页。

② 鲁迅:《再论雷峰塔的倒掉》,《鲁迅全集》第1卷,北京,人民文学出版社1981年版,第297页。

意志和英雄行为与命运的冲突,表现了善良的英雄在与命运的力量悬殊的斗争中不可避免的毁灭。根据亚里士多德的定义,悲剧描写的是严肃的事件,目的在于引起怜悯和恐惧,并导致这些情感的净化①。悲剧主要描写英雄轰轰烈烈的行动,描写他们英勇的抗争,并以尸体叠加尸体的毁灭方式来谢幕,风格雄伟崇高、深邃惨烈。

《安提戈涅》

关于悲剧的性质,西方古典美学提出了"命运说"、"冲突说"和"超越悲剧说"。希腊人具有强烈的命运意识,认为悲剧通过英雄或普通人的悲惨遭遇来显示命运,从而让人更深刻地领悟生命的意义。黑格尔认为,悲剧并存着两种同样正义又同样片面的精神,它们之间的冲突导致了人物的死亡,但最后胜利的是"永恒的正义"。而马克思认为,悲剧不是理念的冲突,而是历史的冲突。叔本华认为,人生在世苦不堪言,最好的解脱是忘我和去欲,而要达到忘我和去欲的办法可以是审美,也可以是佛教的"涅槃",宗旨是要超越人间悲剧。悲剧在西方文化历史的不同时期呈现出不同的形态。在希腊时代,主要是命运悲剧,其中人与命运的冲突展现了城邦伦理的冲突。在文艺复兴时代,主要是性格悲剧,悲剧的原因在于主人公的性格缺点,如哈姆雷特的无能导致了全面的毁灭。在西方近代,主要是社会悲剧,悲剧中充满了正义与邪恶的较量,如《呼啸山庄》中,社会的非正义塑造了变态的复仇人物希刺克利夫,他在仇恨之中走向深渊。

中国有没有悲剧?1904年,王国维发表《红楼梦评论》,将叔本华的悲剧哲学携入中国古典文化语境,论说"《红楼梦》一书,彻头彻尾的悲剧"。1943年,宗白

---

① 〔古希腊〕亚里士多德:《诗学》,第6章,北京,人民文学出版社1962年版。

华发表《艺术与中国社会》,申论中国艺术"拒绝和闪躲"了"悲剧精神",说中国文化缺少"人性由剧烈的内心矛盾才能发掘出的深度"①。

喜剧也有狭义和广义之分。狭义的喜剧是指一种戏剧艺术形式,广义的喜剧是指一种气氛,被称之为"喜"、"喜剧性",有时还混同于滑稽、嘲讽、幽默等。作为美学范畴的喜剧,是从作为艺术形式的喜剧发展而来。喜剧是指通过呈现荒谬背理的人物及其行动,使人认清其存在的无根据,并通过笑而直接否定其合理性。希腊"喜剧之父"阿里斯托芬(Aristophanes,BC448—BC380)创作了《蛙》、《云》等喜剧作品,以诙谐滑稽的风格描写人物,批评时局,讽刺社会不良现象。亚里士多德认为,喜剧的审美性质就在于对人物的无害的嘲笑,产生无害的轻松快感。康德认为,喜剧引人发笑,因为在可笑的行为中一定包含着荒谬背理的东西。黑格尔认为,喜剧中人物的一切追求都是没有实质的空虚,感性形式逾越了理性内容。总之,喜剧之产生"喜感"或可笑的感觉,是由于人的某些行为荒谬空虚,外在形式与本质内容之间有强烈的反差。

巴赫金(M. Bakhtin,1895—1975)通过对中世纪民间狂欢文化的研究,提出喜剧是源自民间节庆狂欢的"一种伟大的世界感",而发展为民间诙谐文化体系,其核心是"全民性的"、"狂欢性"的笑。这种"笑"是对眉头紧锁冷漠无情的文化的反叛、颠覆。它既是否定又是肯定,既是埋葬又是新生②。

3. 阳刚与阴柔

阳刚与阴柔是中国古典美学中的一对重要范畴,体现了中华民族生活方式和生存体验的独特个性。古代中国是一个农耕社会,人们在长期的生产劳动中发现自然和人类社会许多现象是矛盾的统一,人们把自然运动和变化的原因归结为阴阳二气的消长,又以此去比附人类社会的秩序。《易传》总结了这种朴素世界观,提出了"一阴一阳之谓道"这一普遍原则,用来描述整个宇宙的运动变化图景。阴阳作为美学范畴可以描述音乐,品藻人物,用于艺术分类,描述诗歌意境和文体特征。《乐记》用阴阳来阐述音乐美的本质,说只有刚柔相济才有动听的音乐。曹丕用"清浊"之气在文章中的体现来区分诗的阳刚与阴柔之美。清代的姚鼐对阳刚之美和阴柔之美的特征、它们的相互关系做出了经典的描述:

> 其得于阳与刚之美者,则其文如霆,如电,如长风之出谷,如崇山峻崖,如决大川,如奔骐骥;其光也,如杲日,如火,如金镠铁;其于人也,如冯高视远,如君而朝万众,如鼓万勇士而战之。其得于阴与柔之美者,则其文如升初日,如清风,如云,如霞,如烟,如幽林曲涧,如沦,如漾,如珠玉之辉,如鸿鹄之鸣

---

① 宗白华:《艺术与中国社会》,《宗白华全集》第2卷,合肥,安徽教育出版社1997年版,第413—414页。
② 巴赫金:《拉伯雷研究》,李兆林等译,河北,河北教育出版社1998年版,第14页。

而入寥廓;其于人也,漻乎其如叹,邈乎其如有思,暖乎其如喜,愀乎其如悲。

这一段著名文字高度概括了阳刚之美和阴柔之美的特征,涵盖了优美与崇高的审美特征。但有两点内涵必须特别予以强调:一是把作品的美学风格与人的个性联系起来,二是突出了事物之间的对立统一和事物内部的对立统一。这两点是西方美学中的优美与崇高所没有特别强调的,正显示了中国古典美学的传统特色。"朝辞白帝彩云间,千里江陵一日还。两岸猿声啼不住,轻舟已过万重山"(李白)。这首诗就鲜明地体现了阳刚和阴柔之美的统一。它所描绘的空间是阔大的,运动速度是疾速的,描述中充满了力量,还有令人恐惧的猿鸣。但它也有彩云、轻舟这些显示柔美和暗示悠然潇洒的形象。两种美感在诗中水乳交融,可谓刚柔相济、阴阳互补。

阳刚和阴柔,是中国古典美学的一对重要的审美范畴。阳刚是偏重于动态和力感的美,阴柔是偏重于静态和柔感的美。在中国古典的审美意境中,常常是动中含静,静中寓动,柔中带刚,刚中含柔。

4. 典雅与自然

典雅与自然,是中国古典美学的一对重要范畴。典雅意味着合乎典则的雅致,而自然则意味着天然或本色,二者构成了古典审美价值谱系的两种极致。典雅,又称"古雅"、"幽雅"或"雅丽",往往被用来描述合乎规范而又不机械刻板、超越俗气而又优雅华美的审美对象。

晚唐司空图《二十四诗品》列"典雅"为二十四品之一,确立了它作为诗学范畴的地位,从而高度肯定了其审美价值。"玉壶买春,赏雨茆屋,坐中佳士,左右修竹。白云初晴,幽鸟相逐,眠琴绿荫,上有飞瀑。落花无言,人淡如菊。书之岁华,其曰可读。"从这种以诗论诗的话语中,可以引申出典雅作为审美价值范畴的含义。第一,朴素的艺术形式。"白云"、"幽鸟"、"绿荫"、"飞瀑",以这么一些自然景观论说诗歌境界,极言艺术形式之朴素。这样的艺术既合乎法度,又毫无刻板之气,既超凡脱俗,又平易近人。第二,气韵生动的艺术意境。"典雅",是谓有典有雅,"白云"、"幽鸟"、"落花"、"飞瀑",其之所以具有美的魅力,是因为它们都充满了生命力量,是活的兴象,表现了生命的内在韵律。第三,超俗的审美趣味。无论是作为创造者的审美趣味还是作为欣赏者的审美趣味,"典雅"都表现了审美主体超凡脱俗的精神境界。

"典雅"是中国古典美学中儒道两家一致追求的审美理想。不过,儒家说"典雅"更多地强调端庄凝重的法度、雍容华贵的色彩和庄严隆重的文明气势,道家说"典雅"更多地强调超凡脱俗的趣味、自然朴素的境界和生机灵动的气韵。儒家的"典雅"源自礼乐,道家的"典雅"崇尚"自然",这就必须具体讨论"自然"这一古典价值了。

"自然"，又称"天然"，"天成"，被用来描述社会和艺术中具有原始真实性、情感真诚性与艺术天然性的审美对象。"自然"在中国古代文化中具有三种主要意义。第一是原始真实性。《老子》说"道法自然"，庄子《天道》篇也说"朴素而天下莫能与之争美"的是"天然"，这"自然"与"天然"就是指生命、宇宙和精神的本源，指称那种在没有人为意志介入之前的原始真实性。第二是情感真诚性。人们超越外在规范和人为约束，真诚地表达自己的真实情感和欲望，以自然的行为显示真实的血性和真实的情怀。魏晋时代，像阮籍、嵇康等风流名士就决裂"名教"的约束，追求"自然"的生活，以"自然"为理想的人格范本。第三是艺术的天然性。中国古典美学把艺术的天然性视为理想的审美境界。无论是诗，还是画，都追求表现自然和社会中活跃的生命，淡化人为雕琢的痕迹，避免过分地流露主观意志。"清水出芙蓉"是中国南北朝时期审美意识发生了重大转型过程中确立的审美价值。

出水芙蓉图

　　在中国古典文化中，意境就显示了中国美学对自然美的景仰、中国诗学对诗歌的自然旨趣的要求。晚唐司空图在《二十四诗品·自然》中写道："俯仰即是，不取诸邻。俱道适往，著手回春。如逢花开，如瞻岁新。真予不夺，强得易贫。幽人空山，过雨采苹。薄言情语，悠悠天钧。"宋人叶梦得在《石林诗话》中说："初日芙蕖，非人力所能为，而精彩华妙之意，自然见于造化之妙。"显而易见，意境的美学特征就在于它蕴涵着高度的自然感和深度的真实性。由此可见，对美的自然意味的追求、对自然的崇尚，是中国古典文化中源远流长的审美理想、一种追求自然平淡—绚烂之极归于平淡—的审美理想。

（二）审美文本的现代价值形态

审美文本的现代价值形态，是指那些在 20 世纪以来的中西方历史中已经和正在获得一定的地位而又与古典价值构成消解或悖逆关系的审美价值形态，如反审美、反艺术、全球审美化、无意识的商品化、超级真实等。它们作为现代生活实践所建构的新兴价值典范，往往通过冲击或消解古代价值形态而取得自身的地位，成为主导新的审美与艺术活动的新的审美资源。

1. 反审美与反艺术

反审美与反艺术，是对同样或相近的事情的不同侧面的表述：反审美（anti-aesthetic）侧重于揭示与传统审美相抵触的内涵，反艺术（anti-art）侧重于表述与传统艺术相悖逆的内涵。它们都不是说要否定审美或艺术，而是指对传统审美方式和艺术表达展开自觉的消解行动。

反审美，是指对于传统审美方式的有意反抗或消解形态。它反对传统审美的确定化形式，力图以个人的方式重新表达对美的体验和认识，往往因其与传统审美的巨大反差而造成强烈的体验。1917 年，杜尚（Marcel Duchamp，1887—1968）在达·芬奇的名作《蒙娜丽莎》（印刷品）上用铅笔画上山羊胡子，并在下面写上"L. H. O. O. Q"（读作 Elle a chaud au cul，意为"她的屁股热烘烘"）。到了 1965 年，也就是杜尚死前 3 年，他又"完成"了自己另一部经典之作《剃掉了胡子的蒙娜丽莎》。杜尚对《蒙娜丽莎》的重绘，表明了对传统绘画的蔑视。

带胡子的蒙娜丽莎

这种蔑视表达了一种新的审美传统：一种追求新生命体验的冲动和破坏陈规旧习的欲望。从传统审美价值来看，达·芬奇的《蒙娜丽莎》一直被认为是优美的典范。达·芬奇为了让蒙娜丽莎始终处于愉快的心境，以保持那份特别而又迷人的微笑，还曾经雇乐队一边演奏优美的乐曲，请人在一旁朗诵古典的诗歌。这种精雕细琢正是使优美成为高贵精神象征的保证。但在杜尚那里，对优美的破坏导致了不美或反审美的新价值形态，带给人们放纵和任性的瞬时快感。

反艺术，作为反审美的具体实践形式，指的是利用传统的非艺术物品进行艺术实践的行为及其价值形态。艺术家利用日常生活中的任意物品或商品，通过调整、装配、涂改、修正、拼贴等方式进行艺术实践，产生了这种反艺术。1917 年 2 月，杜尚把一小便器署上"R. Mutt"（美国某卫生用品的标记），送往纽约独立美术家协会作为艺术品展出，取名为《泉》。作为审美文本的《泉》却丝毫没有传统审美价值形态赋予审美的那些意义,如再现生活、视觉愉悦、精心营造、情感深度、精神升华等。就作为便器而言,杜尚的审美文本便器与其他便器没有两样,都是可供人们排泄使用的日用品。唯一不同的是,一个作为审美文本在博物馆展出;而其他的则作用实用物品分布在家家户户。他将生活中的普通之物便器这种现成品拿来当作审美文本,借此取消传统艺术与生活的界限,消解了审美所自诩的高雅趣味和美。在这个非审美的便器面前,已有的那些艺术概念没法对其进行界定和解释。我们不能认为杜尚的行为是一种"模仿"和"再现"行为。便器就摆在那里,它本身就是成千上万个便器中的一个,而且它也没有模仿再现其他便器的能力。同样,我们也无法用"表现"和"反映"之类的概念去解释杜尚的行为。

反艺术显然是对传统艺术及艺术美等级进行混杂或拼贴装的结果,消除了高雅艺术的光辉色彩,不再将艺术看作超越日常生活的美的形式。在反艺术的文本中,已不存在传统艺术观念所坚持的主体意识、高贵情感、鲜明个性等,正如福柯所说,作为主体的人已经终结了①。与此相应的是,反艺术不再强调传统的所谓独创性所形成的艺术个性或风格。在安迪·沃霍尔(Andy Warhol,1928—1987)的《玛丽莲·梦露》中,机器生产式的复制最为明显。面对这样绘制出的作品,人们既无法辨认出其到底出自谁手(画家本人还是其助手),也无法分辨出哪一张是原本。它不存在原本。而沃霍尔使用这种机械复制,则是为了减少作品的个人风格和突出表现的非个人性。这种不带个人风格的机器复制特征显示着,作品中的形象是未经艺术家心理的任何作用而直接呈现在画面上的。反艺术的审美文本改变了艺术品、艺术创作行为和艺术家本身的含义。现在,对艺术品的传统美学定义,即作为艺术家个人独特思想与情感表现的结晶,已被大众日常生活中体验到的复制品所取代。艺术品也不再是愉悦感官的美的对象,而已经成为服从供应与需求关系的一种商品。艺术创作也不再是艺术家个人的创作技艺的实现过程,而是集体生产线式机器操作与复制流程。同样,艺术家也不再是天才的个人,而是文化工业中的生产者之一。

从审美到反审美、从艺术到反艺术,可以见出审美文本价值形态从古典形态到现代形态的历史性转变,尽管这种转变常常并没有表现为绝对的一个取代另一个的情况,而是呈现出混杂生长、相互共存的局面。不妨比较一下叶佳修写于1979年的《踏着夕阳归去》和1998年流行的李宗盛作品《最近比较烦》:

> 远远的见你在夕阳那端/打着一朵细花阳伞/晚风将你的长发飘散/半掩

---

① 〔法〕福柯:《词与物》,莫伟民译,上海,上海三联书店2001年版,第501页。

去酡红的面庞/我仿佛是一叶疲惫的归帆/摇摇晃晃划向你高张的臂弯……

　　最近比较烦比较烦比较烦/女儿说六加六结果等于十三/我问老段说怎么办/他说基本上这个很难……人生总有远的近的麻烦/太太每天嫌我回家太晚/女友妈妈嫌我长得寒酸/虽然我已每天苦干实干……

不难看出,前一首歌适合一种吟诵式的阅读,酡红的面庞、疲惫的归帆、高张的臂弯等词汇,是我们在生活中常用的,但却充满诗意的想象——整首歌投射出一个浪漫、忧伤的男性自我形象。我们甚至可以想象这个男性的样子:他有诗人的忧郁,受过良好的教育,隐约中有一种知识分子的情怀。而后一首歌则似乎是"说"出来的,甚至可以说是一种"牢骚"语言,说话的人也显得有点儿啰唆,烦心的事情也很琐碎。那个浪漫而忧郁的"男性诗人"退场了,一个陷入到平庸的日常生活中的男性形象出场了。对比两首歌词的语言,书面语的使用明显呈现出传统审美价值的趣味倾向,体现了传统艺术的艺术性;而口语的使用则贴近世俗价值的观念认同,仿佛几个朋友交谈的现场记录,呈现了某种反艺术的艺术性。

反审美与反艺术体现出了现代审美文本价值形态的新的生存状况,具有一定的审美合理性。第一,反审美与反艺术本身就是现代审美与艺术实践出现新取向的一种合理结果。从传统的独创性作品《蒙娜丽莎》到今天可以大量复制而没有原作的《玛丽莲·梦露》,正体现了现代艺术创作工具与语境等因素的新变化。当杜尚把便器从日常居所的卫生间放进作为高雅艺术殿堂的美术馆时,就已经改变了便器的空间位置。这时的空间已是有意味的文化空间,也就是文化语境变了(参见本书第六章)。正是这种创作工具和文化语境的变化,使得非审美的日常便器可以变成审美文本。再也无需追问艺术品自身的根据和本质是什么了,而是要追问在何时、何地艺术才成其为艺术。这就是说,关于艺术品的根据的答案再也不必从一个文本自身的形态特征中去寻找,而应到作品赖以生产、交换、流变、消费的文化语境中去寻找。

第二,它们的出现反映了现代艺术与生活正日益趋同、界限模糊的文化现实。一方面,艺术越来越嵌入生活,成为生活的实用装饰;另一方面,生活也越来越贴近艺术,成为艺术的直接资源。由于如此,反艺术文本的艺术资源一般都取自当代社会日常生活中经常使用的消费品(如便池、衣帽架、可口可乐等),流行的大众文化(如电影明星、连环画、广告、画报等),在历史上有巨大影响并至今仍流传的文化(如世界名家的名作,世界名人的画像、照片及某些历史文物等)。这也就意味着,人类的文化传统、既定的价值标准在这里都可以被重新估价和审视。

第三,它们在一定程度上具有挣脱传统审美与艺术束缚而寻求审美解放的效果。这意味着把原来笼罩在审美与艺术活动身上的神圣光环与权力色彩消解掉,丧失其崇高感和神圣性。取而代之,以这种新美学去张扬当代人的独特个性。

但是,需要指出的是,对反审美和反艺术的上述审美合理性不宜过度渲染。因为,我们从它们对传统审美和艺术的戏拟、碎片拼贴、重组或拆卸等过程中,不难见出一种人类经典价值颓败、当代生活中心价值体系匮乏的带有虚无主义属性的末日嬉戏景观,对此需要随时保持高度的警觉与严肃的批判立场。

2. 全球审美化

如今,审美在全球伸展到这样的程度,以致全球各民族生活中的几乎一切事物都可以被制造成或理解成审美的事物了。"全球审美化"(global aestheticization)是由德国当代美学家韦尔施在《重构美学》中提出来的。他指出:"我们生活在一个前所未闻的被美化的真实世界里,装饰与时尚随处可见。它们从个人的外表延伸到城市和公共场所,从经济延伸到生态学。"①全球审美化是指一种全球趋同的把审美或非审美的各种事物都制造或理解成审美之物的状况②。这应当是当今全球经济、媒介技术和消费文化等的发展所导致的结果。无论审美的还是非审美的,全球一致的美化、装饰或时尚已变得几乎无所不在。

全球审美化的真正要义,不仅在于显示审美从神圣到世俗、从精神到肉体、从高雅到通俗的转变,而且更在于让过去非审美的东西也变得审美化了。比如建筑、经济、社会学、自然科学等领域的审美化,以及传统观念中所认定与审美对立的社会现实的审美化。一个建筑师讲过这样一个事情:他们准备装修样板间,一个曾在国外举办过多次画展的画家得知这一消息后,就向他推荐自己的画。但这位建筑师坚决反对在他设计的空间内挂上任何形式的绘画作品。他的理由是,现代建筑的空间设计已考虑全盘的视觉效果而无须绘画装点。挂上画不仅多余,而且会使空间变得俗气,降低格调。显然,在今天时尚的都市居住空间里,当绘画作品面对已经按审美时尚设计过并充满现代气息的艺术化空间时,却反而成了累赘。原本孤芳自赏的高雅审美转眼间被设计师轻松地兑化进各类技术、材料、手段和资源的设计语境中。审美成了在时尚与流行中姹紫嫣红却浮华空洞的感官体验。设计师在这里已经取代了艺术家的角色,他把人的感官体验滴水不漏地编织进了商家们会心的赚钱企图中。

即便是以前被认为最机械、最理性的现代自然科学领域,也认识到了审美因素的重要性。据韦尔施说,在著名科学家玻尔、狄拉克、爱因斯坦及海森堡的许多重要著作中,都开始使用美学的语言来进行论证。一位著名数学家甚至说,要想成为一名优秀的数学家,重要的是要具备审美的而不是逻辑的潜质。更令人惊叹的是,破译 DNA 结构的著名科学家沃森说,他的成功完全要归功于他一开始就认

① 〔德〕韦尔施:《重构美学》,陆扬、张岩冰译,上海,上海译文出版社 2002 年版,第 109 页。
② 同上。

定,遗传基因结构的答案必定具有某种最优雅的形式。而正是出于这个审美的假设,他才设法在适当的时间内,在无数可能的理论性中,找到了这个最佳的解决办法。当前的科学哲学也认为,科学革命甚至同美学法则的变化有因果联系①。可以说,全球审美化的触角已经伸向当今所有的学术领域,不管是美学的还是非美学的。

全球审美化还意味着审美化构成了社会现实的基础。由于媒介技术的发展,今天的社会现实已主要由媒介特别是电视媒介来传递和塑造。而电视所传递的现实是可随意选择的和可改变的。人们在看电视时,并不妨碍同时做别的事,如打电话、做饭、打扫卫生、聊天。电视中所传递的现实似乎成了一种非现实,人们可以随意将之穿插进自己的生活中。如果人们对电视中的内容不满意,还可以变换频道。几十个电视频道的随意变换如同玩万花筒,每动一下,世界就变了。电视传递出的现实成了娱乐节目。它的图像不再是现实的纪实性见证,更像是一种审美文本,事先被安排好的、人为设计的产品。人们可以随意将它穿插进自己在某一刻的具体语境中(做家务、游戏、读报等)。由于媒介技术的介入,现实成了一种虚拟。它不再是不以人的意志为转移的客观存在物,它像审美文本一样,是可操作、可塑造的和悬而未决的。

可见,全球审美化不但是一种表面的装饰和时尚,而且还是一种改变社会现实的深层变化过程。看起来,全球审美化似乎具有不容置疑的合理性,因为它体现了传统美学的"审美普遍化"理想在当今的一种实现,意味着"古老的美学之梦在当今的审美化过程中被重新唤醒。"但实际上,"今天的结果与最初的预计截然不同,它至少是令人失望的。"②按照韦尔施的论述,这种令人失望的原因有三点:第一,"使每样东西都变美的做法破坏了美的本质"。第二,"全球化的审美化的策略成了它自己的牺牲品,并以麻木不仁告终",普遍化的审美已变成审美恐惧或冷漠。第三,"代之而起的是对非美学的需要,这是一种对中断、破碎的渴求,对冲破装饰的渴求。"③确实,当媒介技术的发展导致全球审美化时,这种审美化就不再具有它应有的意义蕴涵、传统性、思想性了。它也不能让我们体验到人的活生生的整体形象及其生存价值。如果我们不加分析地竞相拥抱这种全球审美化,必然会付出巨大的代价。

3. 无意识的商品化

这是杰姆逊提出的概念。无意识的商品化是指商品工业体系对人的无意识

---

① 〔德〕韦尔施:《重构美学》,陆扬、张岩冰译,上海,上海译文出版社2002年版,第38页。
② 同上书,第111页。
③ 同上书,第112页。

领域的控制状况。它甚至表明商品体系已控制我们的审美体验。伴随着全球审美化，审美已从高雅矜持的孤独精英手中滑落，像高山的冰雪碎裂为平原的水波，浸透到平民们的指甲、睫毛、嘴唇、腰身。美已经从作为精神的体验和思索对象走到了对身体基本欲求的满足。杰姆逊在《后现代主义与文化理论》中指出：当代资本主义已经"进入"人的"无意识"："美是一个纯粹的、没有任何商品形式的领域。而这一切在后现代主义中都结束了。在后现代主义中，由于广告、由于形象文化，无意识以及美学领域完全渗透了资本和资本的逻辑。商品化的形式在文化、艺术、无意识领域是无处不在的。"[1]无意识的商品化，意味着过去一向与商品绝缘的最深层而真纯的人类心理领域已被资本逻辑所支配。

　　以公众在广告导引下购买"康师傅冰红茶"饮料为例。买饮料为的是解渴，但为什么许多人会无意识地选择"康师傅冰红茶"呢？面对众多饮料时，人们内心的无意识为什么就会选择"感觉"上更酷、更时尚、更流行、名气更大的某些饮料呢？关键是，解渴的需要却并不必然指向消费"康师傅冰红茶"的需要。对商品（比如饮料）的无意识选择，其实只部分地与生理需要有关，真正重要的是，我们的无意识选择是把"康师傅冰红茶"当作了一种审美文化标签、一种想象性生活的象征。很难想象都市年轻人在口渴时会不假思索就选择回家喝开水，而不是买饮料。因为这些饮料本身已成了身份、阶层、名望的时尚标签。对饮料的需要不是直接来自于身体的欲求，而是因为广告所造成的饮料的信息性[2]。由于广告，"康师傅冰红茶"就不仅仅能解渴，它还代表着年轻、前卫、酷的生活方式。享用它，同时也是在享用着这种信息，接受它所代表的时尚生活方式。正如费瑟斯通所说，无意识中所选择的消费行为的关键是指向了饮料等商品所传送的抽象观念，而很少是事物本身[3]。在这个意义上，人们是从现实世界走向了鲍德里亚所说的"符号世界"[4]。我们的无意识是被商业生产经营所控制着，也就是说，我们的这种无意识消费方式其实是商业广告的审美操控的结果。以前我们可能认为，尽管人的心理的意识部分已被现代商业资本的运作所控制，但无意识领域毕竟还是自然的和没受污染的纯真地带。然而，在当代社会，连人们的无意识也被商品化了。以审美趣味为指向的商业营销，不但控制着人的身体外表，而且还深达人的无意识最深处。

　　如今，要突破这种无所不在的审美化，就需要那些非审美的文本。"那是一种

①　〔美〕杰姆逊：《后现代主义与文化理论》，唐小兵译，西安，陕西师范大学出版社1986年版，第147页。
②　〔法〕鲍德里亚：《消费社会》，刘成富、全志钢译，南京，南京大学出版社2000年版，第132页。
③　〔英〕费瑟斯通：《消费文化与后现代主义》，刘精明译，南京，译林出版社2000年版，第123—127页。
④　〔法〕鲍德里亚：《消费社会》，刘成富、全志钢译，南京，南京大学出版社2000年版，第144页。

对中断、破碎的渴求,对冲破装饰的渴求。"①非审美的艺术家对传统审美的反叛,就意味着要坚决中止使人麻木的全球审美化进程,而这一点在当前已变得越来越困难。

4. 超级真实(hyperreality)

这是来自鲍德里亚的概念,是指以符号形象间的自指性取代传统真假对立、依据人工模型和范本而非现实物来生产,并以可复制性为特征的美学现象。鲍德里亚认为,超现实消除了现实的东西和想象的东西之间的对立,总是一种被复制了的东西,产生于一种没有现实原本和实在的模型②。

迪斯尼乐园的美国模型,比现实社会中的美国更加真实。它是美国生活方式的微缩版。在这里,美国的所有价值观都被美化,而美国社会现实中的尖锐矛盾也同时被置换和遮掩。而当我们把迪斯尼乐园的形象当作是美国后,迪斯尼周围的城市和美国的其他地方反而成了迪斯尼的超级真实的模拟物。也就是说,具体的现实物反而是按照模型形象来生活,似乎成了生活模仿艺术。传统美学一般认为,艺术形象是对真实原型的理想形态的模仿。它不是原型且低于原型,得由原型来纠正,对照原型来改进。而在超级真实中,模型形象先于现实出现在所有领域。现实反而开始模拟人工模型和范本。那些时尚杂志所描绘的理想的生活方式,电视中所宣传的标准服饰等,被认为是一种真正的真实,而现实生活中的实际生活方式,实际服饰却被认为是一种模仿。所谓的真实和模拟不断的相互变换,分不清什么是真实。没有了所谓的真实,一切都变成了超级真实。

如此一来,在超级真实的符号形象活动中,现实"原本"不见了。在几十万辆同样型号的汽车中,根本就不存在原本和摹本的区别。由模型复制出来的"类像"(simulacrum)与模型可以完全一样,没有本质差异,复制完全可以代替模型。复制还可以自我再复制。这时,就不存在真实物体与符号形象、真与假之间的对立关系。一个符号形象的意义只取决于它与其他符号的区别。而随着符号的不断增多,该符号在与增多了的符号的区分中意义还会不断变化。因此,符号的衍生意味着符号间会不断冲撞、重新区分、再行定义、相互替换。这就呈现出符号形象普遍的相对性、替换性和模拟性。先前的真实、本原、理性、历史等全烟消云散了。在符号的替换、模拟、拟象中,不确定性、漂浮性、偶然性突显出来。这种符号世界就是使真实消失了的超级真实世界。在这里,模型代替真实,形象包装代表真实,符号形象被误认为真实,符号改写真实。(参见本书第三章第四节)

例如在政治竞选中,政治家依靠媒体顾问、公共关系专家和民意测验数据去

---

① 〔德〕韦尔施:《重构美学》,陆扬、张岩冰译,上海,上海译文出版社 2002 年版,第 112 页。
② 转引自周宪:《20 世纪西方美学》,南京,南京大学出版社 1999 年版,第 204 页。

不断调整和包装自己的形象。他们以得体的举止在媒体上亮相，以设计好的手段在电视里辩论，以精心包装后的形象出现在电视广告里。他们本来是什么样的人已不重要了，而他们呈现了什么样的形象才非常重要。政治竞选活动已经变成了形象的竞争和符号的斗争。政治家本来的真实已经隐匿了，包装后的形象变成了他们的真实，形象的真实代替了本来的真实，成了后现代的超级真实。这种超级真实的符号形象还会被认为是真实。当雷蒙德·布尔扮演律师培里·曼森成功后，很多人写信向他进行法律咨询。当他扮演侦探艾伦·塞德成功后，很多人写信向他求助。在媒体中，那些被认为是要传达真实的符号形象还可以改写真实。许多电视新闻和纪实节目越来越多地采用了娱乐的形式，用戏剧和传奇的方式来编织故事。他们想让人们看真实时，也有看艺术时相同的戏剧效果，结果却让人们把对真实的感受与非真实的艺术感受等同了起来。新闻的真实在媒介符号中变成了虚构的艺术。

由此，鲍德里亚还提出了"跨美学"（transaesthetics，也译超级美学）概念。它与韦尔施提出的全球审美化有交叉之处。凯尔纳和贝斯特在《后现代理论》一书中说，跨美学主要指"美学已经渗透到了经济、政治、文化以及日常生活当中，因而丧失了其自主性和特殊性。艺术形式已经扩散到了一切商品和客体之中，以至于从现在起，所有的东西都成了一种美学符号。所有的美学符号共存于一个互不相干的情境中，审美判断已不再可能。"①比如前面所提到的安迪·沃霍尔的《玛丽莲·梦露》。这种物品的大量复制使人无法再问什么是艺术。艺术品不再是昂贵物，因为复制使得艺术品和日用品价格相当。可见，在超级真实中，美与真的关系被大大改变。

本 章 摘 要

审美文本是审美沟通中可以激发审美体验的符号表意系统，具有符号性、功利与无功利间性、感兴性和语境关联性。审美文本层面是指审美文本的以感兴为核心的多层次构造，包括兴媒层、兴辞层、兴象层与兴味层。兴媒层是审美文本的最外在层次，是指审美文本的可以唤起感兴的物质媒介层次；兴辞层是指富有感兴的符号系统层次；兴象层是指文本中由兴媒层和兴辞层创造的能唤起感兴的艺术形象系统层次；兴味层是指审美文本给予读者的感兴余味在其阅读结束后还持续存在的现象。

审美文本的价值形态是指特定审美文本呈现的带有一定普遍性的意义系统

---

① 〔美〕凯尔纳、贝斯特:《后现代理论》,张志斌译,北京,中央编译出版社1999年版,第175页。

及其评价状况。审美文本有传统价值形态与现代价值形态之分。审美文本的古典价值形态是指那些在中西方历史中已获得相对固定的经典地位的价值形态,如优美与壮美、悲剧与喜剧、阳刚与阴柔、典雅与自然等。审美文本的现代价值形态,是指在 20 世纪以来的中西方历史中已经和正在获得一定主导地位并与古典价值构成消解或悖逆关系的价值形态,如反审美与反艺术、泛悲剧、全球审美化、无意识的商品化、超级真实等。

研 究 建 议

充分理解"文本"的特殊含义并在此基础上掌握其特点。古典审美价值范畴基本上是成对地出现的,要在比较中把握它们的含义。古典审美价值并非陈年旧物,相反事实上在现代世界还在衍生,脉脉流兴,余韵悠长,是可以激活的生命资源。这里列举的几种现代价值形态之间有着紧密的关联,如反审美与反艺术、泛悲剧、审美与生活互渗、全球审美化等,需要联系起来考察。

深 度 阅 读

要想了解文化研究理论,可读鲍德尔温等的《文化研究导论》(高等教育出版社 2005 年版)。要了解中国古典诗学和美学的价值范畴,最好读司空图以诗论诗的《二十四诗品》。英国学者李斯托威尔的《近代美学史评述》(上海译文出版社 1980 年版)最后一章,对西方古典美学范畴做了提纲挈领的梳理,不少见解远没有过时。

第六章 审美语境

审美语境不是审美沟通的简单的外部环境,而实际上就内在于审美沟通过程中。因为,审美沟通恰恰就发生在现实的特定语境关联域。

一、语境与审美语境

语境(context),原是指特定语言的上下文或场合。它具体分为两类语境:一是直接而具体的情景语境,即语言性语境;一是间接而深厚的文化语境,即跨语言性语境。语言性语境是指交际过程中某一话语结构表达某种特定意义时所依赖的各种表现为言辞的上下文,它既包括书面语中的上下文,也包括口语中的前言后语;跨语言性语境是指交流过程中某一话语结构表达某种特定意义时所依赖的各种主客观因素,包括时间、地点、场合、话题、交际者本身状况所涉及的对象,及各种与话语结构同时出现的非语言符号(如姿势、手势)等。人类在传达信息或交流意见时,必须有一定的"场合"或"语境";否则,缺乏上下文关联的信息会出现歧义,引起沟通的混乱。语境的存在是对特定时段的沟通行为进行的规范或制约。如果脱离具体的语境,信息就会流于空泛和产生歧义。

语境具有什么作用呢? 按雅各布逊所列的图示(见本书第一章),沟通过程的六个要素中的每一个都具有独特的功能。单就语境要素来说,可以看到语境在沟通中充当的是"指称的"作用。因为人在根本上是一种社会性存在物,语境直接影响着人的文化创造活动,最终深刻地规定或影响着审美沟通过程中的各种关系。

在审美沟通过程中,审美文本总有其据以解读的审美语境。审美语境是指审美沟通中的语境,是发信人与收信人之间据以实现文本沟通的特定情境。离开具体语境的审美沟通行为是不存在的。如果说,一部艺术品如小说、摄影、乐曲、雕塑、舞蹈、诗文或电视剧等都是生产者或发信人制作出来的"小文本"的话,那么审美语境则是活跃于其间的隐形、无时不在而又具有支配性的"巨型文本"。个体性小文本与社会性大文本相互呼应,前者是后者的存在表现,后者是前者的存在前提。或者说,审美语境为观众或收信人确切地理解文本中的话语提供了路线清晰、方位明确的话语地形图,使他们不至于在色彩斑斓的话语迷宫中迷失方向。为什么呢? 艺术话语与时代语境之间存在着明显的互赖性——互相依赖的关系。一方面,艺术话语的创造来自于时代语境的巨大压力,读者或观众对这种艺术话语的理解必然依赖于对时代语境的重建;另一方面,艺术话语创造出来后就可能对文化语境产生一定的感染效果,参与文化压力的释放、价值体系的重建、冲突或危机的解决,所以读者或观众对这种话语功能的理解必然依赖于对时代整体语境的阐述。反过来说,要理解一个时代的文化,就不能离开对艺术话语的理解。这样,文本与语境之间就构成了一种相互阐释的关系。

二、审美语境的特点和作用

审美语境作为审美沟通的基本要素之一而存在,是历史的和具体的,但同时,又是人为建构的,确切点说是人们为了阐释方便而建构起来的,因而具有一定的不确定性。由此看,审美语境具有以下特点:

第一,历史具体性。这是指审美语境是历史的和具体的。它不能是人们凭空虚构的,必须有历史事实依据,实有其人,实有其事。同时,它还不能过于抽象,而必须具体可感,有时甚至能让人仿佛可以亲手触摸到。

第二,符号建构性。这是指审美语境出于人为的话语建构,包含着人们的特定理解。它虽然来自历史事实,但并非历史事实本身,而毕竟是人们出于自身的特定生存需要,根据自己的特定理解,对历史事实加以重新建构的结果。这结果从而就具有显而易见的人为的和符号的特点,在一定程度上渗透着人们的主体意向如理智、情感、想象、幻想等。

第三,开放性。这是指审美语境具有未定点,可以被重新理解和组织,从而呈现新的意义。由于它是人为的和符号建构的,因而有着未定点和空白点,诱使人们重新加以把握。

审美语境在审美沟通中起着积极的作用,这主要包括:

第一,规定审美文本指向。审美沟通行为总是不能脱离特定的语境而存在的,这种语境是不以个人的意志为转移的。审美语境由于具有历史具体性,因而可以给予发信人与收信人之间的审美沟通以历史规定性,从而制约着审美文本的指向。

不妨以著名导演张艺谋及其电影活动为例。张艺谋自 1988 年以电影《红高粱》问鼎柏林电影节金熊奖以来,二十多年间一直活跃于国际影坛并屡获大奖,2008 年他更因为成功导演了北京奥林匹克运动会开幕式而为全球所关注,演绎了一出中国人"走向世界"的"张艺谋神话"。但我们应该如何评价张艺谋电影并如何看待这种特殊的现象呢? 这就需要综合考虑当代"自我"、传统"父亲"和西方"他者"三方面共同构成的时代语境。这个语境不是张艺谋可以左右的,而是他个人不得不遭遇的历史规定性,是历史风云在此时段施加于个人活动的结果。我们通过观看《黄土地》、《红高粱》、《菊豆》、《大红灯笼高高挂》、《秋菊打官司》、《活着》等电影，可以发现张艺谋的影片中弥漫着浓郁的异国情调。这种让西方惊异的"东方"或"中国"，到底是真正的民族性建构还是只是民族性幻觉？沿着这个问题进行探索，可以看到历史与文化的语境对一个中国电影人的深刻影响。张艺谋出道的20世纪80年代，正是向传统文化"寻根"的热潮与向西方他者"求异"的努力交织在一起的特定时期，"振兴中华"成为响彻一时的口号。面对已经衰落的传统"父亲"和作为崇拜偶像的西方"他者"，张艺谋将如何安置自我的位置呢？他的《黄土地》最初是西方大师给予了某个"说法"，这种在国人看来更高一级的肯定无疑为在徘徊中寻求出路的电影人指明了一条通道，东方情调成为他取悦西方的方式。张艺谋

中国电影的一面旗帜
——导演张艺谋

的影片简直是中国的民俗或人造的民俗的大展览①：颠轿、野合、酒誓；杨家染坊、嫂侄偷情、拦棺哭殡；陈家大院、大红灯笼、点灯与封灯的家规、京剧脸谱；陕北农舍、乡镇风俗、农妇打官司的经历；皮影戏、封建阔家大少的衰败、文革逸事等等，张艺谋的哪一部得奖的影片不是对东方奇风异俗的展示，并满足了西方人的窥视欲？从整个大语境来说，在世界话语格局中，中西方的对话成为一种大趋势，西方也由对中国实行殖民主义的暴力强制转变成对第三世界国家施行魅力感染。这种文化战略的转变，最终促成了张艺谋神话。当西方以艺术之名慷慨地颁发奖项时，当中西联手高奏电影凯歌时，这世界大同的欢乐情境却掩盖不了一个显而易见的事实：设立奖项与发奖的主动权都属于西方；无论是采取强制的方式还是运用感染的手段，西方暗中控制着这一切。通过对中外语境的分析，观众在观赏影片的时候就会对张艺谋的文本策略了然于心。进入21世纪，张艺谋面对风生水起的大众文化潮流，先后拍出《英雄》、《十面埋伏》、《满城尽带黄金甲》、《三枪拍案惊奇》等电影，制造出一轮又一轮的视觉奇观，演绎出一场又一场的票房神话。从"民俗大观"到商业片转型，热心冷眼观看后的观众，最终可以自己得出结论：张艺谋神话如同另一部扑朔迷离的文化电影，而它所据以理解的语境正是当下的社会情境。这样，我们就看到，张艺谋的电影神话正是历史语境作用于电影的结

---

① 有论者指出，张艺谋电影中的所谓民俗许多都查无史据，如《大红灯笼高高挂》中捶脚、点灯与封灯的家规。

果——历史的文本化。

第二,使审美文本意义发生变化。审美语境不是一成不变的,而是总是处在动态的变迁过程中。审美语境发生变迁,会让审美沟通的参与人发生微妙而又重要的变化,从而导致审美文本的意义发生变化。

仅以对铁凝的短篇小说《哦,香雪》(1982)的阅读语境在最近30年间发生巨大变迁的事实为例。20世纪80年代初期,饱经十年"文革"的政治斗争,人们在血雨腥风之后必然如饥似渴地期待品味纯净、圣洁的美。那时,审美被普遍性地认为超越于政治、商业、伦理和日常生活等普通的文化进程之外,是审阅与创造美和艺术的活动,是一种不含功利因素的纯粹之美,具有自己独特的逻辑和风貌。人们往往在艺术话语中,展开对于纯情、纯美的真正人性化生活的想象。《哦,香雪》让25岁的女作家铁凝领受了成功的莫大喜悦,因为人们从这个少女与火车的简单故事中看到了山村姑娘和火车乘客间的纯美的人情关系,从香雪对一个自动铅笔盒的渴望中看到了文化知识的力量。可以说,20世纪80年代初期兴起的全国性的"美学热"正是这种纯审美幻想和冲动的产物。那时,艺术话语特别是文学话语过多地承载着抚慰伤痕、反思历史、纯化心灵、启蒙精英的重任。

仅仅10年后,90年代的语境变化甚大,已经有物是人非之感。一方面,市场经济取代计划经济成为新经济形式,商业化热潮不断地撩拨着人的物质欲望;另一方面,受此影响的纯美学不断撒播到广泛而普遍的文化进程中,审美更趋向于生活化、实用化、通俗化和商品化。同样是铁凝的成名作《哦,香雪》,我们在90年代语境中再阅读的时候,就可能读出作家和那个时代的"症候":将以凤娇为代表的物质和以香雪为代表的精神进行截然的二元对立,并显然倾向于抑物质褒精神。作家巧妙地置换了自己内心深处对民众进行启蒙的审美冲动。今天语境中的读者可能依然会为香雪的清纯、执著而感动,但他们同样理解凤娇等乡村姑娘对物质文明的渴望;现在的读者可能会敬慕作家的启蒙意识和启蒙姿态,但他们更多地看到了作家因小说中"对手"的匮乏而造成的对现实复杂性的估计不足,所以90年代的读者可能更多地看到了现实的阻滞、前行的困境。

第三,赋予审美文本以开放性。审美语境不是恒定不变的而是可变的,这就决定了它具有开放的特点,而这种开放性正可以影响到审美文本的开放性。语境实际上就是文本与文本之间的特定关联域,其实质还是如文本一样有着不确定性和开放性。对于同一历史语境,不同的个人可能会有着不同的感知,这正表明了语境的开放性。

在审美沟通行为发生的过程中,审美语境能够提供特定的审美动机、模式和目的,使得个体在特定审美文本中感受到这种或那种意义,同时推迟或遮蔽其他意义。可是,一旦时过境迁,人们回头重新打量那同一时代语境时,其感知却可能发生明显的甚至是巨大的变化，这时，以往被忽视或遮蔽的语境面貌可能会豁然浮现，从而迫使人们借助这种新的语境感知而从同一文本中发现以往不曾发现的新意义。同一个读者甚至可能推翻原先的阅读而发现新的意义来。新意义对旧意义的颠覆，并不意味着旧意义失去了合理性，也不意味着新意义成为唯一的正宗，而只是形成新旧共存的局面。语境的变迁，使语境本身具有开放性，从而也才使文本的解读呈现出同样的开放性。这样，审美文本的意义就因语境的开放性而变得多姿多彩。

比如说，张承志的中篇小说《北方的河》在1984年发表时引起轰动，特别是他对"研究生"形象的塑造，使那时语境中的读者几乎不约而同地看到了作家突破旧模式而全力塑造新知识分子形象的努力。中国现代文学中的旧知识分子都背负着沉重的小资产阶级的"原罪"意识，从20年代的沈之菲（《流亡》）到50年代的林道静《青春之歌》，都需要神圣帮手的援助才能完成成长过程的转型再生。而到20世纪后期的秦书田（《芙蓉镇》）、章永璘（《男人的一半是女人》）、张思远（《蝴蝶》）等人物，这种转型再生的焦虑虽受到了置疑，但也并未完全衰竭。只有在寻找"北方的河"的研究生身上，人们才看到了奋力追求个人自由人生的新一代知识分子形象。作家对"研究生"的塑造，与当时弥漫全国的以精英旨趣为主的审美语境密切相关。但到90年代，随着对80年代的重新反思，我们对那个时代语境就有了一种以前不曾有过的新的反思眼光，这可以帮助我们建构起一种新的有关80年代的反思性语境，这种语境可以向以前的语境提出质疑。由于如此，借助新的反思性语境，我们得以在"研究生"这一形象身上看到许多过去不曾觉察的悖论。例如，他一方面忘情地说"这黄河是我父亲"，并在无意识中将"寻河"的行动等同于"寻父"的行动；另一方面，他又满怀愤怒地骂父亲"这个狗杂种"，说"我从小没有父亲，那个人把我妈甩啦"，并明言自己多年的愿望就是报仇，所以他的寻父行动中隐含着弑父的冲动。这显然是一对难以调和的矛盾，而渡河行为就将这种悖论纠结在一起。"研究生"渡河，在显层上是与黄河父亲认同，而在隐层上是征服凤敌父亲。再加上，"研究生"整日流连于写诗与做白日梦，而缺乏对现实的合理规划，并一味嘲笑徐华北等人的实际生存行为，所以我们只能看到一厢情愿的、充满浪漫主义色彩的"诗"与"梦"对现实行动的遮蔽和延迟①。

第四，导致审美文本呈现衍生意义。由于个体带入的具体语境可以无所不在地介入他的审美过程，那么审美文本中的感兴必然发生某种转化、演变或变形，也就是出现衍生的感兴，这就使得审美语境具有了衍生性特点。衍兴，是在个体审美中衍生的感兴。个体的生存境遇、特定的文化语境、社会阶层身份、民族文化传

---

① 王一川：《现代英雄神话的回光返照》，见《杂语沟通》，武汉，湖北教育出版社2000年版，第55—59页。

统、世界境遇等都会影响衍兴的走向。

　　一个有趣的现象是,针对同一个文本,不同的读者完全可能读出不同的意味。我们如何解答这种现象呢? 其实,原因还在于审美语境的不同衍生出的审美的多样性。接受美学的代表人物沃尔夫冈·伊塞尔(Wolfgang Iser)提出了"隐含的读者"(implied reader)的概念,他认为文本中已经为可能的读者的介入预设了位置,期待着实际读者去"填空",从而使文本的意义呈现出一种因读者的介入而造成的多义性。所谓"一千个读者,就有一千个哈姆雷特;一千个读者,就有一千个王熙凤"就是这个意思,语境的影响会渗透进读者对文本的阅读和理解之中,这样语境的不同就带来审美结果的不同了。

凡·高自画像之一

　　下面,我们以著名画家凡·高的《自画像》为例,看看审美语境对绘画文本的意义衍生的影响。在1885年到1889年的4年间,凡·高以惊人的耐力画了四十多张自画像。完成这些作品并不是件容易的事,艺术史上还没有哪位艺术家能像他这样在观众面前将自己暴露无遗。这些作品让我们深深地了解一个活生生的人所具有的痛苦、恐惧、自我怀疑、精神折磨以及生活中偶尔的快乐。凡·高曾说希望一个世纪之后自己画的肖像在那时人的眼里会如同一个个幽灵,那么在今天看来他的愿望实现了。但由于观看者的鉴赏水平、自身处境、当时整体的社会文化语境等相关因素存在巨大的差异,不同人眼中的凡·高大不相同:有些人从《自画像》中看到的只是凡·高那越来越丑陋的长相;有些人却从中知晓了画家物质和精神上的双重困窘;有些人读出了画家那凌乱的心绪;有些人甚至看到了笼罩在画家周围的那令人窒息的空气,还有些人可能看到了画家眼底那无法掩饰的绝望……联系各自不同的语境,出现这些不同的审美文本衍生义当然不足为奇了!

三、审美语境的类型

　　审美语境可以有文化语境、政治语境、经济语境、生态语境等多种类型。

　　1. 文化语境

　　文化语境是发信人与收信人之间据以实现文本沟通的社会符号性情境。由于文化是指人类的符号表意系统,因而文化语境主要是指影响审美沟通的种种符号表意系统①。正如我们对某一句话的理解不可脱离具体存在的语境一样，一个社会基本的符号表意系统等文化"大文本"必然对艺术"小文本"产生影响。中国"五四"新文化的启蒙主题，20世纪80年代对"文革"十年的反思和改革主题，90年代激荡翻涌的大众文化潮，都与时代文化语境紧密相连。反过来，透过文本的缝隙，我们也可洞悉那巧借文化舞台亮相的历史本相。当文化成为围绕话语、影响话语同时又受话语影响的符号性环境时，它就是文化语境了。具体来说，文化语境包含如下主要构成因素②：

（1）基本价值体系。这是左右特定时代人们话语行为的种种相互冲突的情感、理智、信仰和规范的系统。它无疑联系着时代的中心价值问题，与当代社会学中的"卡里斯马"（charisma）直接相关。卡里斯马是指某种具有原创性、神圣性和感召力的特殊人物、符号等，它是文化的中心价值体系赖以维系和巩固的巨大的革命性力量。文化实际上就是依赖基本价值体系的支撑，每个时代都不可或缺卡里斯马式典型。但基本价值体系内部并非铁板一块，而是充满了不同价值体系的冲突，当这种矛盾达到不可调和的顶端，就会形成强大的文化压力，敦促艺术话语以想象的形式去解决。

（2）文化压力。这是指由基本价值体系的冲突或失范而形成的迫使人们在符号系统中寻求化解的力量。面对愈演愈烈的价值冲突，文化压力也水涨船高，只有通过艺术话语的创造和转化，才能使之获得审美置换。

（3）审美惯例。这是指来自过去的有关艺术创造和接受的审美规范系统，包括审美理想、艺术法则、叙述方式、抒情程式等。对艺术家来说，审美惯例既是起步的基础，又是创新的障碍，只有不断地对审美惯例学习、打破、更新、超越，才能更好地实现自我的审美置换。齐白石先生之所以能够成功地将中国写意画发展到一个前无古人的高峰，就是因为他在审美惯例的基础上实现了艺术创新。而一旦别人对此进行大规模模仿，这些创新又变成了新的审美惯例而制约了独创性，所以要想超越前人还得另辟蹊径。正是在这样一个学习与超越的过程中，审美惯例得到动态的更新发展。

（4）文化资源。这是指用以加工、制作、虚构以便创造艺术话语的有关素材，包括亲身经历、间接体验、阅读的本文、掌故逸闻等。盛唐诗人王昌龄、岑参、高适、李颀、王之涣等人都曾经到过边塞，对塞外军旅生活有切身体验，所以他们的边塞诗真实感人，有着血与痛的肌肤之感，而绝无隔靴搔痒之嫌。由此可见，亲身体验成为他们进行艺术话语表述的重要原料。女诗人舒婷游览神女峰时想起那

---

① 王一川：《通向本文之路》，成都，四川人民出版社1997年版，第223页。
② 同上书，第223—224页。

个千古传说,写下了富有女性主义思想的动人诗句:"美丽的梦留下美丽的忧伤/人间天上,代代相传/但是,心/真能变成石头吗/为了眺望天上来鸿/而错过无数人间月明沿着江峰/金光菊和女贞子的洪流/正煽动着新的背叛/与其在悬崖上展览千年/不如在爱人肩头痛哭一晚。"(《神女峰》)

雾中神女峰

就 20 世纪中国来说,最核心的文化语境是什么呢?我们认为,随着西方列强打开国门,中国人不得不面对古典价值体系崩溃的事实,所以,迫于强大的文化压力、参照西方"他者"而建设中国新文化的"现代性工程",可以视为百年间最具核心地位的文化语境。当然,具体到不同的历史时期,具体的文化语境又各自不同,它们都可以被看做是核心语境在不同历史中的回响。

2. 政治语境

政治语境,是指据以实现文本沟通的社会权力运行关系及其交换状况。这样理解的政治语境是与意识形态紧密相连的。在伊格尔顿看来,"那种很大程度上给我们的实际陈述提供信息和基础的潜在价值结构,正是所谓'意识形态'的一部分。我用'意识形态'约略地意味着我们在其中言说和信仰的方式与我们所身处于其中的社会权力结构和权力关系相联系的那些方面。……我所说的'意识形态'并非简单地指称人们所持守的那些深扎的、经常是无意识的信念;我更特别地指的是与社会权力的维持和再生产具有某种关系的那些感受、评价、感知和信仰模式。"①在这里,政治语境可以被宽泛地理解成意识形态语境,而不是过去所狭隘

---

① Terry Eagleton, *Literary Theory : An Introduction*, Oxford : Basil Blackwell, 1983, pp. 14-15.

新编美学教程

规定的特定政府、党派或团体的方针、政策、策略或宣传。意识形态是指特定话语与人们身处于其中的社会权力结构之间的关联域,涉及人的感知、情感、评价、信仰等模式,并且关注它们与社会权力结构之间的复杂而微妙的冲突、妥协、渗透或共生的过程。

下面来看一看大家再熟悉不过的广告。一则则短小、美妙的广告,不仅传达着商品的信息,而且不易觉察地表达着意识形态的属性,或者说它们是在意识形态话语的支配下创作出来的。广告主必须支付传播媒介的运作费用,即利用财富换取发言权,这无疑是经济实力兑换的权力对于公共领域的支配。所以,霍克海默和阿多尔诺在《启蒙辩证法》中干脆简洁地断言:广告本身纯粹是社会权力的展示①。广告中隐含着意识形态的作用:维护与强化个体与自己的生活条件之间的想象性的、虚假的关系。观众被结构为一个消费主体,广告把个体与他的"生存的真实条件"间的关系再现为一种想象的关系,使主体产生"虚假意识"而同时又不能认识到这一点。广告把个体建构成一个能自由地选择与购买产品的主体,一个想买什么就买什么的主体。对于大多数人来说,这当然是自欺欺人的谎言。但它强有力地诱使、呼唤观看者与商品认同,从而成为一个消费主体。广告不仅刺激人们选择某一物体,而且力图在其他语言学层面上制造种种使观看者与该产品合而为一、彼此依附的效果。观看者被引诱,而把自己置换进广告中,从而使该观看者与产品意义合二为一。

3. 经济语境

经济语境是指据以实现文本沟通的社会金融关系及其情境。长久以来,我们在审美活动的精神性和商品性之间划了一条泾渭分明的界限,以为两者间仿佛楚河汉界互不侵犯。但随着近年来社会生活过程中审美与商业的关系的进一步暴露和相关学术研究的持续深入,人们愈来愈清醒地认识到审美沟通活动时刻遭受经济语境的影响。可以说,审美沟通同时是经济语境的产物。

读者最熟悉的文学阅读行为真的是纯审美行为吗?仔细思量,就会发现我们想象中的阳春白雪实际上掺杂了各种各样的非审美因素,尤其是在当今的语境下,更是受到了经济语境的很大影响。其一,讲求经济效益的出版企业为了吸引读者视线,会不断地在媒体做宣传,如召开新书发布会、举办名人签名售书活动等;而媒体为了提高发行量,也不断地进行新书推荐、专家点评、报道新书动态等。其二,图书分销机构为了增进销售量,促销手段不断花样翻新,如制造畅销书排行榜以吸引读者关注热门图书。其三,图书的封面设计、被宣传凸现的某种意义,都可能作为某种经人为操作的"形象"引导读者对文化商品形象趋向认同。其四,读

---

① 〔德〕霍克海默、阿多尔诺:《启蒙辩证法》,洪佩郁、蔺月峰译,重庆,重庆出版社1990年版,第154页。

者在不同时段对某些人或事的关注、思考或认同都不相同,这些欲望越是强烈越可能影响他的购买意向和阅读行为。由上述四个因素的分析,可以看到审美行为还要受到文化消费因素的影响,经济语境成为决定日常文化审美的"他者"力量。

为什么长期以来人们断然否定审美活动的商品性呢?对早期社会分工而言,文化和审美活动的精神性需求与物质性需求之间始终存在着某种矛盾,但总体上说审美的商品属性只作为一种隐性属性而存在。这主要是因为统治者在审美活动之外,不仅占有绝大多数审美活动所必需的物质材料,而且也占有绝大多数审美活动的成果供自己享受。例如,我国汉代乐府的乐师、唐代的梨园弟子、宋代翰林国画院的画家都依赖于宫廷,那些直接与商品活动打交道的流浪艺人反被歧视为下九流。正如马克思所分析的那样:"劳动为富人生产了珍品却为劳动者生产了赤贫。劳动创造了宫殿,却为劳动者创造了贫民窟。劳动创造了美,却使劳动者成为畸形。"①这样,原本人所共享的审美活动就成了社会等级的象征,上层社会通过拒绝审美的商品属性和功利性,而使审美活动并不与商品发生更多的关联,相反,却是与宗教和道德发生错综复杂的纠缠。在中国的计划经济时代,国家的管理机制采取自上而下的大包大揽方式,文化生产的商品性受经济语境的制约而没有完全显露出来。到了当前的市场经济社会中,经济语境的巨变降低了人的依赖性,人们只有将审美活动的成果转化成商品流通,才能换取进行审美再生产所必需的物质材料,这样,审美活动的商品属性就必然会直接显露出来。

如今,审美活动作为商品可直接进行交换,可以说社会现象已经普遍地商品化了,也就是说商品也已经是"审美的"了。审美的也就是经济的,而经济的也就是审美的。经济语境的变迁导致文化与非文化、审美与非审美活动之间的交融,高雅文化与大众文化之间界限的消解,就构成了当代文化与审美活动的特定景观②。杰姆逊关于这一变化有着深刻的论述:

在19世纪,文化还被理解为只是听高雅的音乐,欣赏绘画或是看歌剧,文化仍然是逃避现实的一种方法。而到了后现代主义阶段,文化已经完全大众化了,高雅文化与通俗文化,纯文学与通俗文学的距离正在消失。商业化进入文化,意味着艺术作品正成为商品,甚至理论也成了商品;当然这并不是说那些理论家们用自己的理论来发财,而是说商品化的逻辑已经影响到人们的思维③。

经济语境中的"商品化"逻辑对个人的影响是那样根本,以致已经渗透进个人的"思维"中了。如果没有中国社会的经济语境转变,就不可能有现在奔涌而来的

① 〔德〕马克思:《1844年经济学——哲学手稿》,刘丕坤译,北京,人民出版社1979年版,第46页。
② 有关论述见本书第五章审美文本。
③ 〔美〕杰姆逊:《后现代主义与文化理论》,唐小兵译,西安,陕西师范大学出版社1987年版,第147—148页。

新编美学教程

大众文化潮；如果不联系经济语境的变迁，我们就不可能分析大众文化的出现原因、特征及它对当代审美文化的影响。

4. 生态语境

生态语境是指据以实现文本沟通的人类与生物生存和发展的一切外界条件的总和。20世纪以来人类经历了两次环境革命：第一次发生在60年代末70年代初，人们开始从对环境质量与经济增长的关系转向关注人类的生存环境；第二次发生在80年代末90年代初，人们提出了可持续发展问题。中国在现代性的建设中，亦逐渐认识到生态环境的重要性。在2009年9月召开的十七届四中全会上把生态文明提升到了一个新的高度，倡导重建人和自然的有机统一，促进二者的和谐发展、科学发展。环境运动带来了整个文化的自然观、价值观念的变革，实现了代表工业与技术文明的机械美学到以人与自然和谐发展为核心的生态美学的转型。

传统存在论美学受传统的二元论与机械论哲学思想影响，只承认人具有独立的审美价值，而否定自然界具有独立的审美价值，自然界的美是由人的主体决定的。于是，在传统美学中出现了"移情"、"外射"、"偷换"等等理论观点，而传统存在论美学也只承认主体的自由选择的审美能力。但生态存在论美学观却打破了这样的理论樊篱，坚持认为自然界万事万物统统具有自身的内在价值，包括自身内在的审美价值，即自然界本身也有"美感"。在这一点上，生态存在论美学观是对传统存在论美学的一个重要突破。

以建筑来说，随着中国现代化的进程，许多城市都在大兴土木。在原有机械美学的影响下，无限制的发展观与非此即彼的线性逻辑使得城市建筑采用的是一种实用功利化技术模式，片面追求经济效益和建筑形式美，造成了资源的破坏、城市环境的恶化和人情文化的淡漠等问题。随着生态美学向建筑领域的渗透，可持续的发展观与整体性思维提倡全方位、多视点地注重环境，把建筑看作社会生产、生活和历史发展的载体，重视其在经济、文化和生态层面的价值，注重城市建筑与周围生态环境相吻合。这样才能使建筑审美在对建筑本身及周边环境的研究以及关注审美主体生活体验的同时，更多地考虑人、建筑、自然环境和社会环境所组成的人工生态系统的可持续发展。

四、语境交融

上面对审美语境的主要类型作了论述，但在实际的审美沟通过程中，各种类型的审美语境往往是在交融中共同起作用的，这就需要适当考察语境交融问题。

1. 语境交融

古典语境向现代语境的转化,是审美语境变迁的总趋势。语境开放的结果,是导致当代美学呈现异常复杂的语境交融现象。语境交融是指审美沟通中的各种语境之间相互交叉、融会并共同起作用的状况,主要有文化语境、政治语境和经济语境之间的交融。

美国当代学者阿帕杜莱(Arjun Appadurai)在《全球文化经济中的断裂与差异》(1990)一文中认为,"全球文化经济"已经和正在出现一种"断裂和差异"(disjuncture and difference)状况。他特别利用五种"景观"(scapes,或译图景)模式来描绘全球的文化流动,显示了把握当代世界的复杂图景的努力。这五种景观分别是人种景观(ethnoscapes)、媒体景观(mediascapes)、科技景观(technoscapes)、金融景观(finanscapes)和意识形态景观(ideoscapes)。他认为,每个景观都受其自身的限制因素和刺激因素的制约,同时每一个景观的变化都对其他的景观构成一个限制因素和运动参数①。这提示我们,在一个复杂的全球化语境中,社会政治、经济、文化诸种力量之间存在着永无休止的流动,上述各种语境异常复杂地交织在一起,共同起作用。

语境交融带来一个直接结果,就是语境与语境之间又构成更加复杂的"互文性"。"互文性"(intertextuality)又称为"互文本性"或"文本间性",最早由法国文学理论家朱利娅·克里斯蒂娃(Julia Kristeva)提出,她用这个概念表示"文本与其他文本的关系"。她认为,文本不受时空的限制,与过去的文学文本、其他作家的文学文本、作家自己的文学文本密切联系在一起,由于情节、人物、场景的互相作用而产生非常精致的折射。由于如此,艺术与现实、现代与古典、人间与神话等会形成艺术空间的交叉和平行,形成一种即此即彼、非此即彼的艺术景观②。语境的"互文性"当然不是有意而为,而是语境与语境在现实中交融而形成的新的语境风采,我们借助这个概念更多地表示现今社会的语境非单一性。

阿帕杜莱在论述五种景观时,特别指出这五者之间存在着"复杂的关联性",即复联性,这提醒我们不要静止地、孤立地看待任何一种景观,而是要综合地、整体地进行考察。几乎每年除夕大餐——中央电视台春节联欢晚会都会通过歌曲联唱这样的节目热热闹闹地把晚会推向高潮。从文化语境来说,这样做的目的无疑是弘扬主旋律,宣传兼收并蓄、民族团结,体现一种生机勃勃的大国气象。从经济语境来说,晚会的不同筹资方式是现行体制中不同所有制并存的结果,它在形

---

① Arjun Appadurai, "Disjuncture and difference in the global cultural economy", *Theory*, *Culture & Society*, 7: 296. 中译见汪晖、陈燕谷编《文化与公共性》,陈燕谷译,北京三联书店1998年版。

② 参见〔法〕萨莫瓦约:《互文性研究》,邵炜译,天津,天津人民出版社2003年版。

式上的兼容是为了吸引不同层次、不同爱好的观众,以提高收视率,达到预期的社会效益和经济效益。从政治语境来说,晚会的什锦糖果式的构形是多方社会力量竞争和妥协的结果,代表高雅文化的美声、主导文化的京剧、民间文化的民歌、大众文化的通俗歌曲都共存于一个文化空间且势均力敌,最后编导只能择其要地各选一小段"拼贴"成型。一台文艺晚会是社会文化的缩影,在其间文化语境、政治语境、经济语境交融在一起,并互相作用于对方,共同折射着中国当今的文化现实。

面对语境交融现实及其打造的多元化审美景观,我们能够做什么? 需要引入一个重要的思维观念和评价方式,就是——回到语境。回到语境,意味着返回并重建那使审美沟通得以发生的原初的具体的文化与历史情境中,以便恢复我们对审美文本的真切体验。否则,对原有审美文本的理解就可能失之偏差,甚至误之千里。

2. 语境交融中的审美景观

处于语境交融中的中国文化呈现出异常复杂的状况,这需要我们始终保持警醒的态度。20 世纪 80 年代初期,盒式磁带、日本的三洋牌录音机和邓丽君的歌曲共同挤入中国社会并引起轩然大波。当人们在争论邓丽君的"气声"唱法到底是不是"靡靡之音"时,几乎没有人预见到一种新型的抒情形式正在电子技术的辅助下悄然完成,"音乐工业"——这两个相距遥远的概念奇异地结合在了一起。这之后的 30 年,文化生产以可观的效率迅速使流行歌曲占领并几乎取代昔日抒情诗的表意空间。凭借现代科技的协助,MTV、FLASH、电影特技、广告等制造着前所未有的商品形象,高雅的纯审美被生活化、实用化、通俗化、商品化所取代。文化与工业的联姻,体现了以文化和审美获取最大利润的这一全新特征。

种种情况表明,中国的审美与艺术活动自进入 20 世纪 90 年代以来,已经确确实实地遭遇到语境交融境遇,其代表性审美景观无疑就是多元因子的拼贴。例如,一个个具有"拼贴"风格的主题公园(如深圳的"锦绣中华"、北京的世界公园、昆明的民族园等)迅速拔地而起,遍布中国。仅以中国内地出现的第一个具有"拼贴"风格的公园——深圳的"锦绣中华"为例。它刚出现时无疑引起了游客的审美震惊,因为全中国的名山秀水、奇观佳景竟然都被人工挪置在一个公园之中,花很少的钱就有游遍全中国各地的感觉。随后而起的效仿之作不但有东施效颦之嫌,而且人工堆砌的世界景观都被任意微缩在一个园子之中,热带与寒带共存,埃及的金字塔与加拿大的尼亚加拉大瀑布比邻而居,艾菲尔铁塔与凯旋门被生硬地拉在一起。这样的"创作"彻底摒弃了现代派精英主义对艺术纯真之追求,通过断章引用、简单重复、表层模仿,将不同时代和不同文化传统的风格、品位、价值等拼贴在一起。几千年的历史浓缩于此刻的某一空间。重大历史事件的本质和现象被

"世界之窗"主题公园中的法国景观

化解并归入"类像"（simulacrum）之中。这些多元的拼贴式类像的出现，既是全球化语境对中国现代语境构成冲击、形成"断裂和差异"的结果，同时更是中国语境内部各种语境交融、作用的共同结果。

以影视文化为例，当人们从影视样式中获得越来越多的精神慰藉和文化娱乐时，对视觉享受以及由此产生的心理满足的欲望也就日益膨胀，这就使得印刷文化时代的以文字语言为中心的文化消费观开始消解。影视世界所营造的虚拟社会、梦幻效果，也让人看到一种现实生活中不能实现的美的理想及形象在富有创造性的活动中得以实现的可能性。以影视为代表的通俗化走向和以假乱真的影像，既加速当代文化产业的迅速发展，又使当代审美文化的商品属性变得不可或缺。正如杰姆逊所言："后现代主义的文化已经是无所不包了，文化和工业及商品已经紧紧地结合在一起，如电影工业，以及大批生产的录音带、录像带等等。"①文化大众人数倍增，享乐主义盛行，文化日趋无聊和粗鄙，这些都成为新的文化现象。当身着比基尼的女子时装表演队、拖着长辫子的前清遗老、解放军战士押着国民党军人、红卫兵手里的大字报等原本互不关联的画面交错在一起合成一组影像时；当一个自厌的现代人猛击镜子里的自我，又用手杖在墙上勾出一个夸张的巨大人形时，一切曾被认同的意义都撕裂成了碎片，而亵渎、轻佻和喧闹倒成了时代的流行病。岳飞的《满江红》被挪用于广告，"怒发冲冠"成了发胶的广告词，"抬望眼"成了太阳镜的广告，严肃的主题、崇高的精神在商品社会中被大众消费、金钱的诱惑所冲垮。语境交融中凸现的正是这样一系列令人眼花缭乱、无法抵御和茫然失措的多元化审美景观。

本 章 摘 要

审美语境是指发信人与收信人之间据以实现文本沟通的特定情境。审美语境具有历史具体性、符号建构性、开放性。审美语境在审美沟通中起着积极的作用，这主要包括：规定审美文本指向、使得审美文本的意义发生变化、赋予审美文

---

① 〔美〕杰姆逊：《后现代主义与文化理论》，唐小兵译，北京，北京大学出版社1997年版，第162页。

本以开放性、导致审美文本呈现衍生意义。审美语境有文化语境、政治语境、经济语境、生态语境等多种类型。在审美沟通过程中，各种类型的审美语境往往是在交融中共同起作用的，形成语境交融。中国的审美与艺术活动自进入 20 世纪 90 年代以来已经遭遇语境交融境遇，其代表性审美景观就是多元因子的拼贴。面对语境交融现实及其多元化审美景观，需要回到语境。回到语境意味着返回并重建那使审美沟通得以发生的原初的具体的文化与历史情境中，以便恢复我们对审美文本的真切体验。

研 究 建 议

本章试图先从"语境"的概念入手，进而知道什么是审美语境。掌握了语境有哪些主要类型，就可以对错综复杂的语境进行归类分析。知道了审美语境的特点，就可以知道审美语境在审美的过程中起什么重要作用。在学习的过程中，可以具体以最近 10 年中国的文化现实为例，说明语境发生了怎样的变迁和交融。

深 度 阅 读

本书第一章提及罗曼·雅各布逊的言语沟通六要素中就有语境。这一研究具有重要的开拓性意义。后现代语境是当代理论的一个热点话题：詹明信（或译詹姆逊）的《晚期资本主义文化逻辑》（北京三联书店 1997 年版）、《文化转向》（中国社会科学出版社 2000 年版），贝斯特和凯尔纳的《后现代转向》（南京大学出版社 2002 年版）都值得一读。美国当代学者阿帕杜莱在《全球文化经济中的断裂与差异》（1990）一文中实际上对语境交融问题做了阐发（见汪晖、陈燕谷编《文化与公共性》，北京三联书店 1998 年版）。

第七章 审美鉴赏

在审美沟通过程中，收信人对文本的审美鉴赏代表审美沟通的一种完成形态；但这并不是说审美鉴赏就简单地意味着审美沟通过程的最后终结；相反，它始终处于一种开放状态中，同时还预示新的审美沟通的开始。尽管艺术家本人也需要大量的审美鉴赏，但这里还是主要探讨收信人或观众的审美鉴赏问题。

一、审美鉴赏及其作用

人们对审美鉴赏及其作用的认识有一个过程。英国学者特里·伊格尔顿在论述 20 世纪文学理论状况时指出："当代文学理论可以大致划分为三个阶段，关注作者（浪漫主义和 19 世纪），关注文本（新批评），而在最近这些年来则转向关注读者。"他认识到，读者曾是文学中被忽略的因素，但现在已经转向关注读者了。文学文本并不是为书架创造的，它最终要通过读者的阅读实践去书写自己的价值，因此"读者与作者同等重要。"①这一见解对整个审美鉴赏领域都同样适用。在审美沟通中，审美鉴赏的作用不可低估：艺术产品并不是为画廊、博物馆、拍卖行创作的，它的价值只有通过鉴赏者的鉴赏实践才能真正得到阐释。那么何为审美鉴赏呢？审美鉴赏是指收信人对审美文本进行鉴别和赏析从而与发信人实现审美沟通的过程。收信人作为一个积极而能动的主体，在使审美文本意义具体化的同时，积极参与到对审美文本意义的建构之中。

审美鉴赏在审美沟通的过程中起着重要的作用，主要表现在如下方面：

第一，审美鉴赏使隐含在审美文本中的价值具体化。审美文本向鉴赏者即收信人传递去它的艺术符号信息，并在其中寄寓着艺术家即发信人的或显或隐的意图，但这些信息和意图尚不具体，往往还有着"空白点"或朦胧处。鉴赏者不能仅仅被动地复述这些信息和意图，而是应发挥主体的能动性和创造力，填充文本中的"空白"，明确甚至创造其中的意义，实现对审美文本的再塑造。也因此，审美文本只有通过审美鉴赏活动才算获得一个相对完成的形态，而这个相对完成的形态又可以为新的鉴赏期待的生成提供又一个契机。

进一步看，审美鉴赏的具体化过程包括两方面：一方面是凸现审美文本中一

① Tery Eagleton, *Literary Theory*, *An Introduction*, Oxford：Basil Blackwell, 1985, p.74.

些隐含的价值;另一方面是遮蔽其中的一些意义。这种凸现和遮蔽在鉴赏活动中常常是同时发生的。现代美学家宗白华曾特别援引郭沫若对先秦青铜器"莲鹤方壶"的阐释。郭沫若的阐释如下:

莲鹤方壶

> 此壶全身均浓重奇诡之传统花纹,予人以无名之压迫,几可窒息。乃于壶盖之周骈列莲瓣二层,以植物为图案,器在秦汉以前者,已为余所仅见之一例。而于莲瓣之中央复立一清新俊逸之白鹤,翔其双翅,单其一足,微隙其喙作欲鸣之状,余谓此乃时代精神之一象征也。此鹤初突破上古时代之鸿蒙,正踌躇满志,睥睨一切,践踏传统于其脚下,而欲作更高更远之飞翔。此正春秋初年由殷周半神话时代脱出时,一切社会情形及精神文化之一如实表现。(《殷周青铜器铭文研究》)①

在郭沫若的阐发下,一个周身寓意矛盾的青铜方壶充满了灵性和希望,旧时代的精神依然缠绕其身,而新的时代精神已经呼之欲出。那并列的莲瓣、单脚独立的仙鹤与铜壶身上繁密奇诡的花纹和盘龙,形成了剧烈的反差;后者的压抑和神秘与前者的清新与自然,在精神气质上是如此不协调,却又以这样一种方式凝固为一个整体。而正是这种不协调暗示了新的艺术形式、美学观念、文化价值即将诞生的辉光。也因此,宗白华先生惊叹道,在这个铜壶身上,那张翅欲飞的仙鹤"象征着一个新的精神,一个自由解放的时代!"②郭沫若和宗白华两位先生为我们提供了一个带有经典意义的审美鉴赏范例。他们不仅把这个铜壶所隐含的矛盾鲜明地突现了出来,还进而揭示了这一矛盾所产生的精神气质和时代氛围;而这个铜壶用以服务于统治者长治久安等方面的价值意义则被遮蔽掉,遗忘于他们的文字之外。正是由于他们的慧眼独具,这个铜壶身上的独特兴味得以被揭示。而这种揭示使我们不仅能领略两位学者的丰富学识和文化底蕴,而且更能体味审美鉴赏的价值。他们的阐发表明,鉴赏者凭借其卓越的审美体验和鉴赏力,有可能从一件为常人所忽略的艺术品中发现特殊的审美价值。而审美鉴赏的能动性和创造性由此可见一斑。正如德国"接受美学"代表人

①　宗白华:《中国美学史重要问题的初步探索》,《美学散步》,上海,上海人民出版社1981年版,第30页。
②　同上。

物耀斯所说,审美鉴赏使我们"得以进行'再次观察',并通过这种发现来给我们的现实以满足的快乐;它把我们带进其他的想象世界,由此适时地突破了时间的藩篱;它预期未来的经验,由此揭示出可能的行动范围;它使人们能够认识过去的或者被压抑的事情,由此使人们既能保持奇妙的旁观者的角色距离,又能与他们应该或希望成为的人物作游戏式认同;它使我们得以享受生活中可能无法获得或者难以享有的乐趣;它为幼稚的模仿以及在自由选择的竞赛中所采用的各种情境和角色提供了具有典型性的参照系。"①

第二,在鉴赏活动中,鉴赏者的期待本身可以产生一种选择作用。鉴赏者即收信人并不是白纸一张,等待着艺术家即发信人随意涂抹。相反,鉴赏者总有自己的"前理解"存在于心理结构中。在耀斯那里,"前理解"被描述为读者的"期待视野"(horizons of expectations)。"期待视野"是指鉴赏者在以往的生活经历、文化教育、阅读与审美活动中,逐渐形成的文化水准与个体趣味,并因此形成了鉴赏者接受审美产品的前提条件与心理期待。它大致包括两方面内涵:其一是鉴赏者既有的审美经验及在此基础上形成的对文本风格、样式、主题、语言等诸多因素的心理预期;其二是在既有生活经验基础上形成的更为广阔的个体经验。鉴赏者的"期待视野"一旦与文本相吻合,就会活跃起来,对文本意义体现出有意识或无意识的积极选择,使得相吻合的文本受到重视或青睐,不尽吻合的文本则被忽略。例如近年来大陆电影的"贺岁档",人们都会无意识地选择喜剧类型的电影观看,而与此类型不相符合的电影则可能会被忽略。这实际上就是一种期待视野对审美产品的主观选择。所以2010年年末上映的陈凯歌电影《赵氏孤儿》,在票房上难以与姜文的《让子弹飞》和冯小刚的《非常勿扰》Ⅱ相抗衡,显然并不是电影的艺术水准问题在起主要作用,在一定程度上它与受众的期待视野有关。人们期待在年末节日到来之际能够欣赏一些轻松的、惬意的影片去观看,而《赵氏孤儿》相对沉重的情节、悲剧色彩较为浓重的风格,在一定程度上与受众的期待视野不相吻合,从而造成了不少受众在无意识中对这部影片的失望。

与此同时,一些审美产品的生产者也会有意识地培养欣赏者的审美心理期待,以适应受众的审美心理需求;但这也会在一定程度上对审美产品的创新形成压力,而有可能将审美产品类型化、定型化。这里面最典型的例子莫过于电影演员葛优的经历了。葛优因为在相当长的时间内总是出演冯小刚贺岁喜剧电影的男一号,而在受众心中形成了难以磨灭的喜剧演员的印象。实际上,葛优是一位适应多样化角色的演员。20世纪90年代初期,葛优曾成功出演张艺谋导演的电

① 〔德〕耀斯:《审美经验与文学解释学》,顾建光、顾静宇、张乐天等译,上海,上海译文出版社1997年版,第12页。

影《活着》中的男一号福贵,并因此荣膺法国戛纳电影节最佳男主角称号,福贵就是一位具有浓烈悲剧色彩的市井小人物。但是在相关文化集团的刻意塑造下,由于长期出演单一类型的喜剧角色,葛优已经蜕变为一位高度类型化的演员,并在受众心理留下了极为强烈的喜剧印象,以至于当葛优再度出演悲剧型角色时,受众对他演出的动作和对话都会产生喜剧感,并产生了在悲剧情节中由于葛优的出现,影院里反而出现笑场的尴尬场面。这种错位的"喜"感的出现,就是受众审美期待在无意识中对演员的表演所做出的反应。这一点不仅电影导演意识到了,连演员自己也十分清楚。葛优让人遗憾的地方就在此。长期的贺岁片演出的确让他赢得了市场和票房,但这种演出也让他失去了多样化塑造角色的能力,而被受众类型化、定型化了。这对于一个演员而言绝不是一个好消息。

第三,鉴赏活动会影响审美文本生产的形式和特征。审美文本的生产者会根据具体的接受语境,有意识地塑造审美文本的价值、功用,以促使审美文本符合鉴赏者的趣味和期待。根据德国学者本雅明的描述,19世纪初期的巴黎日常文学兴盛,而刊登日常文学的主要媒介则是报刊。由于法国复辟时期禁止报纸零售,而全年报纸的定金又达到了80法郎。这就迫使那些出不起80法郎的大众挤进咖啡馆,多人共看一份报纸。在这种公众需求的刺激下,报纸的年定金一举降低到40法郎,同时为了弥补经济上的压力,广告和连载小说开始流行,而原来在报刊上简短、直截了当的新闻条目则由详尽的新闻报道所替代。显然,广告的出现是出于经济上的压力,而连载小说叙述样式的规定则是为了激发起民众对于阅读的渴望;与此同时,那些新闻条目必须充满了市井闲话、桃色新闻还有各种公众感兴趣的事情①。可以说,正是在受众接受心理的刺激下,各种富有悬念色彩的文学产品风行于世。同时为了满足这种市场需求,一些名望颇高的作家如大仲马开始以自己的名字去组织一群生活窘迫的作家从事悬念小说创作。

第四,鉴赏活动会影响或塑造审美产品的价值和意义取向,甚至成为对产品保持压力的一种手段。这其中最典型的莫过于小说家杨沫对于《青春之歌》中主人公林道静成长经历的改写——增加了林道静到农村体验生活的一章,还有领导北大学生运动的一章。这一改动正是基于读者的反馈意见进行的,时间是在1960年作品重版之时,而增加的目的是为了能更加正确地反映知识分子在中国革命进程中的成长经历。尽管这一改动在20世纪80年代后遭到了学术界的指责,但有研究者更为精当地指出,这种改动的确更清晰地反映了林道静思想巨变的经历,

①〔德〕本雅明:《发达资本主义时代的抒情诗人》,张旭东、魏文生译,北京,三联书店1989年版,第44—48页。

即由一个具有自发意识的革命者转变为在具体的革命思想武装下的自觉自愿的革命者。而在农村的生活经历无疑为这一转变提供了必需的前提①。应该说,这种根据读者意见改动小说的内容、结构,甚至价值判断的事情,在我国 20 世纪 50 年代的小说写作实践中是十分普遍的,它当然是特定历史文化背景的产物。但鉴赏活动对于审美产品所产生的压力也可由此见出一斑。

二、审美鉴赏的心理特征与存在形态

面对不同时代产生的不同类型的审美文本,个体在鉴赏时的心理机制不可能完全一样。因此,有必要根据审美文本生成的时代,对审美鉴赏的心理特征与存在形态作大体区分。

1. 审美鉴赏的心理特征

可以按照通常艺术史分期及人们的艺术接受心理惯例,将艺术作品大致区分为古典主义艺术、现代主义艺术和后现代主义艺术;相应地,存在着审美鉴赏心理的三种类型。

(1) 古典主义艺术的鉴赏心理,主要表现为虚静与领悟。古典主义艺术要求鉴赏者只有以虚静心态进入鉴赏过程,才能达到最终的领悟。这首先要求鉴赏者尽力排遣掉个人的功利意图和偏见。近人况周颐这样论及读词的心绪变化过程:

> 人静帘垂。镫昏香直。窗外芙蓉残叶飒飒作秋声,与砌虫相和答。据梧冥坐,湛怀息机。每一念起,辄设理想排遣之。乃至万缘俱寂,吾心忽莹然朗如满月,肌骨清凉,不知斯世何世也。斯时若有无端哀怨怅触于万不得已;即而察之,一切境象全失,唯有小窗虚幌、笔牀砚匣,一一在吾目前。此词境也。②

这里的论述较为贴切地诠释了古典主义艺术鉴赏的基本心理特征。这个心理活动大致可以划分为以下几个阶段:首先是外在环境的自在状况,帘垂人静,飒飒秋风与门槛间的虫鸣相应和。其次是读词人静坐冥想,虚怀待机,而心中的思绪万千却不断排遣之、抗拒之。再次是达到读词的高潮境界:"乃至万缘俱寂,吾心忽莹然开朗如满月,肌骨清凉,不知斯世何世也。"随即进入庄子所谓"坐忘"的精神境界,而这也就是古典主义艺术体验的高峰状态。最后,这一高峰体验逐渐消失,"唯有小窗虚幌,笔牀砚匣,一一在吾目前。"在此过程中,读词人需澄思渺

---

① 李杨:《50—70 年代中国文学经典再解读》,济南,山东教育出版社 2003 年版,第 104—107 页。

② 况周颐:《蕙风词话》,北京,人民文学出版社 1960 年版,第 9 页。

新编美学教程

虑,对词反复涵泳索玩,直至情与物相浃俱化,如此才能感受到词的真境界与真味道。

由于古典主义艺术在符号表达上追求一种静穆或伟大的形式,这也使得优美感和崇高感成为古典主义艺术鉴赏中最主要的体验方式。

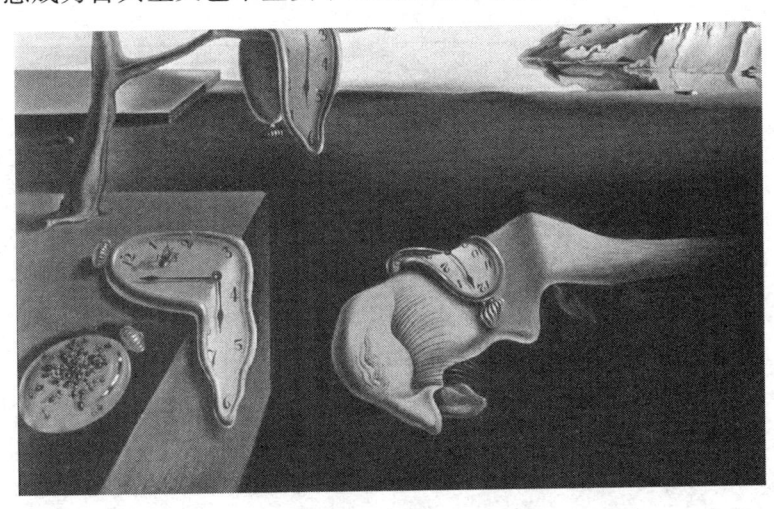

达利《永恒的记忆》

如古典主义美学代表人物康德就坚决认为,审美鉴赏的主要目的就是要在一种与任何事物都无利害关系的快感中,感受美的极致。"一座顶峰积雪、高耸入云的崇山景象,对于一场狂风暴雨的描写或者是弥尔敦对地狱国土的叙述,都激发人们的欢愉,但又充满着畏惧;相反地,一片鲜花怒放的原野景色,一座溪水蜿蜒、布满着牧群的山谷,对伊里修姆的描写或者是荷马对维纳斯的腰束的描绘,也给人一种愉悦的感受,但那却是欢乐的和微笑的。"①前者就是康德所说的崇高感,而后者则是优美感。尽管它们带给鉴赏者的体验完全不同,但在康德看来,它们都是人类最精致的情感,同时也是超越现实功利的、普遍有效的、自由的。

古典主义美学同时相信,在艺术产品的背后,总是存在一个绝对的价值观念,而艺术不过是这种价值观念的感性显现。这个绝对价值,在柏拉图那里,被描述为"理式",在托马斯·阿奎纳的宗教美学观念中是"上帝",而在黑格尔的哲学体系中则被形容为"绝对精神"……也因此,艺术最终不过是某种哲学观念的附属,而审美鉴赏的最终目的就是超越感性的艺术世界而进入到理性的哲学沉思中,体验那种神圣价值的辉煌灿烂。

---

① 〔德〕康德:《论优美感和崇高感》,何兆武译,北京,商务印书馆 2001 年版,第 2—3 页。

古典主义在考察艺术鉴赏心理的生成时陷入一种矛盾:一方面认为这种心理的生成依赖于鉴赏者个人的心理活动;另一方面又认定鉴赏者的个人主观欲望与认识偏见的参与会妨碍鉴赏的普遍有效性。这一特征被威廉斯认为是十分荒唐的[1],如何解决这种根本性矛盾,古典主义审美鉴赏似乎并没有拿出一个十分有效的理论说明。

（2）现代主义艺术的鉴赏心理,主要表现为焦虑、震惊与荒谬感。与古典主义艺术要求虚静与领悟不同,现代主义力图唤起鉴赏者的焦虑、震惊与荒谬感。尽管关于现代主义艺术的诞生时间还存在各种争议,但现代主义艺术与法国诗人波德莱尔之间有着千丝万缕的关系,却为很多研究者所认同。如美国学者杰姆逊就认为,现代主义艺术开始于1857年法国人波德莱尔《恶之花》的出版,它的另一个重要的标志是福楼拜的小说[2]。在杰姆逊看来,现代主义艺术是资本主义发展到帝国主义阶段的艺术形式,它以一种想象的方式解决了在现实世界中无法克服的各种矛盾,而这种想象在现实世界中构筑了一个乌托邦。

现代主义艺术直接反叛的对象是古典主义艺术——在现代主义不断催生发展的年代,那个标志着古典主义艺术的符号是现实主义,而摧毁现实主义通过符

蒙克《呼喊》

号再现世界真实性的幻觉也就成为现代主义自觉自愿的任务。比如在符号的空间形式上拆解由三角透视所形成的严整的艺术空间结构,试图在二维的空间形式中重新塑造人们对于世界的感知方式,这就是毕加索的绘画带给我们的体验。再比如,在小说世界中通过个体的回忆重新构筑人们对于叙述的认识,并在这世界中发现一个完全独立的、心理体验的自我,这是法国作家普鲁斯特在《追忆逝水年华》中告诉我们的。现代主义艺术似乎是一种"费解"的艺术,"它故作晦涩,采用陌生的形式,自觉地开展实验,并存心使观众不安——也就是使他们震惊,慌乱,甚至要像引导人皈依宗教那样改造他们。"[3]这种高度陌生化的艺术形式带给鉴赏者一些特殊

① 〔英〕雷蒙·威廉斯（即雷蒙德·威廉斯）:《关键词》,刘建基译,北京,三联书店2005年版,第3页。
② 〔美〕杰姆逊:《后现代主义与文化理论》,唐小兵译,北京,北京大学出版社1997年版,第4页。
③ 〔美〕丹尼尔·贝尔:《资本主义文化矛盾》,赵一凡、蒲隆、任晓晋译,北京,三联书店1989年版,第93页。

的体验。

首先，现代主义艺术带给鉴赏者一种无所适从的焦虑感。例如挪威画家蒙克的名画《呼喊》，画面中心是一个经过夸张变形的人物，站在桥中央发出尖利的叫喊。我们无法弄清楚这种叫喊发出的原因所在，也不清楚他叫喊的对象是什么，而人物本身也被巨大而夸张的色彩漩涡所包围。一切都处于一种莫名的状态中，而恰恰是这种感受带给我们一种莫名的焦虑。同时，绘画中的"桥"具有独特的象征意义，因为"一座桥往往标记出这不是任何地方，桥本身不是一个地方，它只是连接两个不同的地方。"①这种丧失了具体的空间感受，并使个体处于永恒的焦虑中的精神状态，使《呼喊》成为个体在现代世界中生存状况的形象传达，并成为现代主义艺术的代表性作品。我们还可以在卡夫卡的小说中，在达利的绘画、梅特林克的戏剧中，体验到这种焦虑。这种在劫难逃的焦虑也成为贯穿全部现代主义艺术体验的一条"黑线"②。

其次，现代主义艺术给鉴赏者带来的另一种精神刺激是震惊。震惊（shock）是德国学者本雅明用来剖析现代人生存状态的一个术语，它来源于传统艺术结构、生存方式与意义统一性的破坏。本雅明认为资本主义"是一个大规模工业化的不适于人居住的令人眼花缭乱的时代。"③连续不断的车流、来往的人群、繁忙的节奏，都使人无时无刻不处于一种高度紧张中；这是失去传统、进入现代世界的人的心态，它是"震惊"体验的诞生之源。害怕、厌恶和恐怖是震惊体验给人类存在带来的第一种感受，它发生于作为资本主义生产极端化发展标志的城市中，并与乡村田园的安逸生活形成了鲜明的对照。而现代都市中个体所感受到的孤立状态，是震惊带来的另一个效果。与这种孤立相伴随的是一种野蛮——野蛮不仅仅来自于人的内在状态，还来自于外在的束缚，即所谓的纪律、所谓的文明："在典型的极权国家里，警察和强盗是携手合作的。"④因此，这种文明带有强烈的暴力色彩，并使人时时处于一种被威胁的状态中。

再有，现代主义艺术给鉴赏者带来的还有一种存在的荒谬感。如同法国著名存在主义作家加缪在《西西弗斯的神话》中描写的，诸神惩罚西西弗斯不停地把一块石头推到山顶，而石头又因为自身的重量滚下山去。这一惩罚中所暗示的是一种无望而无效的努力，同时受罚者又不得不将自己毕生的经历投入到这一惩罚之

---

① 〔美〕杰姆逊：《后现代主义与文化理论》，唐小兵译，北京，北京大学出版社1997年版，第192页。

② 〔美〕丹尼尔·贝尔：《资本主义文化矛盾》，赵一凡、蒲隆、任晓晋译，北京，三联书店1989年版，第97页。

③ 〔德〕本雅明：《发达资本主义时代的抒情诗人》，张旭东、魏文生译，北京，三联书店，1989年版，第127页。

④ 同上书，第145页。

中。这就是"荒谬"。在加缪看来,"荒谬从根本上讲是一种离异",即事物内在的矛盾性永远在拆解事物自身逻辑的严整和缜密;同时,这种矛盾又是联系个体和世界之间的唯一纽带,并成为个体生命的内在构成①。对于"荒谬"的思考使得现代主义艺术世界中出现了一批精湛的艺术产品,从陀思妥耶夫斯基的小说到尤内斯库、萨特、贝克特的戏剧,都成为个体存在荒谬感展示的舞台。

(3)后现代主义艺术的鉴赏心理,主要表现为晕眩、破碎感和丑的感受。对于鉴赏者而言,后现代主义艺术已经失去了现代主义艺术有过的那种令人焦虑、震惊或荒谬的体验,而是被推入无所适从的晕眩、破碎或丑的感受中。根据杰姆逊的阐述,后现代主义艺术符号具有如下特征:戏仿(parody)、拼凑(pastiche)、情感的消失、个体的精神分裂状态。杰姆逊将此归结为艺术符号表意链的断裂。在古典主义艺术中,主体-文本-接受构成了一个完整而完美的艺术生产与再生产的链条;现在不仅这根链条发生了断裂,链条的每一个组织结构也发生了断裂:

> 这种意符之间的关系一旦分解了,表意的锁链一旦折断了,呈现在我们眼前的就只能是一堆支离破碎、形式独特而互不相关的意符;这种情形一旦出现,所谓精神分裂的感觉便由此而生。②

后现代主义艺术的诞生来自于中心世界的价值、意义、归宿的彻底毁灭,由此带来的是现实与符号,符号与符号之间的界限消失。因此,面对后现代主义艺术符号,鉴赏的心理特征又是不同以往。

首先,后现代艺术不会让鉴赏者感受到符号的深度,而是丧失了中心性的晕眩与迷惑。杰姆逊认为传统的都市结构存在着一个中心点,其他建筑围绕这个神圣中心展开,并形成一种类似于绘画中的三角透视的严整结构。但后现代城市则没有这种中心点,甚至无法确立自己的方向③。后现代建筑和它的城市设计"传达出了一种追寻幻想世界、把我们带到超越现实而进入纯粹想象的虚幻'高度'的感受"④,它们编码成为现代人生存的迷宫,使我们在丧失空间感的同时,丧失时间感、时代感。而这也是后现代符号鉴赏的一般特征。

其次,后现代艺术努力追求的一个效果就是取消艺术与现实之间的距离,通过放大现实世界的细节重塑被现实麻木了的个体感受。但是这种塑造并不是以对个体肯定的形式进行的,而是以否定的形式;个体在这个世界中看到的是被彻

---

① 〔法〕加缪:《西西弗斯的神话》,杜小真译,北京,三联书店 1987 年版,第 37 页。
② 〔美〕詹明信(杰姆逊):《后现代主义,或晚期资本主义的文化逻辑》,见〔美〕詹明信(杰姆逊):《晚期资本主义的文化逻辑》,张旭东编,陈清侨等译,北京,三联书店 1997 年版,第 471 页。
③ 〔美〕杰姆逊:《后现代主义与文化理论》,唐小兵译,北京,北京大学出版社 1997 年版,第 199 页。
④ 〔美〕戴维·哈维:《后现代的状况》,阎嘉译,北京,商务印书馆 2003 年版,第 130—131 页。

底撕裂了的精神碎片,这正是后现代艺术接受的第二个特征:碎片感受。如美国通俗艺术家沃霍尔的艺术产品,它们与其说是一种创造,不如说是一种机械复制,无数同质化的照片被粘贴在一处,照片中的人物在保持同样姿态的同时,被装饰以不同的色彩。我们无法在这个色彩斑斓的复制世界中指认自我,而只是感受到自我破碎以后的无聊与无助。

由此产生的第三个特征是,后现代艺术不会使我们产生美的体验,而是产生丑的感受。韦尔施认为,今天的审美已进入日常生活的各个领域,导致了审美过度化,其灾难性后果在于"我们将不再看见任何最初的或最后的基础"①。现实世界的审美化所导致的是人们对美的冷漠、麻木,甚至是厌恶和恶心,而丧失了深度感的美已经蜕变为简单无聊的"漂亮"。这也是艺术在表达世界时最终要以追求"丑"为目的的原因。这种"丑"给鉴赏者带来的不是一种精神愉悦,而是一种排斥、厌恶甚至是恶心。鉴赏者不是在以自己的情感去"体验"艺术产品,而是以自己的意识在"理解"艺术产品。因此,情感,在后现代艺术世界中遭遇了前所未有的危机;而个体情感则在日常生活所提供的虚拟审美空间中得到宣泄。

2. 审美鉴赏的形态

审美鉴赏在现实世界中的实现方式是什么样的——鉴赏者以什么样的身份从事审美鉴赏活动,它的特点和效果是什么样的?这是本节所探讨的问题。

(1) 多元化的审美鉴赏形态。法国学者蒂博代曾将文学批评划分为三种:"有教养者的批评,专业工作者的批评和艺术家的批评"②。这一区分为我们探讨鉴赏者形态提供了某种启示。今天的审美鉴赏也具有如下三种形态:个体化的审美鉴赏、专家型的审美鉴赏及服务于市场的审美鉴赏。

首先是个体化的审美鉴赏。个体化的审美鉴赏是指鉴赏活动纯粹出于个体的价值趣味。审美鉴赏作为一种人类活动本来就是人人都可以参与的,从这样一个角度来看,蒂博代虽然承认了一种自发的文学批评的存在权利,但仍然将这一权利划归为那些"有教养者"就显得有些不合理了。个体化的鉴赏活动在语言表达上具有如下行为特征:随意、即时感悟、片段化、情绪性。这意味着这种鉴赏行为可以没有理论储备,往往触景生情、有感而发。也因此这种感受基本上是停留在个体直接感悟的层面上而不会进一步深入下去,带有很强的个体情绪色彩。但它是系统的、理论化的审美鉴赏活动得以开始的前提。

第二是专家型审美鉴赏。专家型的审美鉴赏主要是由从事文学、艺术、美学理论与实践研究的学者完成的,并在语言表现形态上与个体化审美鉴赏存在着鲜

① 〔德〕韦尔施:《重构美学》,陆扬、张岩冰译,上海,上海译文出版社2002年版,第14页。
② 〔法〕蒂博代:《六说文学批评》,赵坚译,北京,三联书店2002年版,第46页。

明的差异。它更强调理性思考的逻辑性、方法的恰当与独到、理论思维得以展开的前提的合理性。由于目的是为了从大量的审美实践中总结出具有某种普遍性的，或者说是富有时代特点的理论观念，专家型审美鉴赏往往还要排斥个体情感对鉴赏活动的影响，以保证理论总结的客观化色彩。

但必须要注意的是，如同美国学者戴安娜·克兰所提示的，存在于体制中的艺术家为了能够持续获得相关的赞助，有可能改变自己的作品，同时还要遵从各种繁缛的标准。而这就有可能使艺术品蜕变为某种公共关系的广告形式①。与艺术家一样，专家型的审美鉴赏往往也存在于一定的学术体制之中。由于不同的学术研究机构背后的经济资助存在着差异，同时不同的赞助机构可能会设置相应的赞助标准，这就有可能影响专家对艺术产品鉴赏时的态度，专家审美判断的自由度也可能会受到这一资助的影响。为了能够持续获得赞助，专家也必须使自己的研究符合赞助机构设置的标准，同时使自己的判断达到相应的规定，而这也是专家鉴赏的客观性受到人们质疑的重要原因。因此，与其去追问专家型审美鉴赏的客观性价值，不如去反思这一鉴赏中所存在的各种利益关系，还有各种潜在的力量对鉴赏所施加的影响。

最后是服务于市场的审美鉴赏。现代社会中，艺术家丧失了他们传统的保护人、教堂和法庭："他们发现自己在可能形成的一个艺术市场中要依赖于公众——多种多样的、没有面孔的、像今天一样被广告和新奇所支配的公众。胸怀大志的艺术家们不再在一个行会体制中充当学徒，而是要了解新设立的国家学院和国家博物馆的收藏品能够接受的标准是什么。"②在今天，艺术与商品市场之间的关系越来越紧密，一件艺术品如果被公众和市场拒绝的话，也就等同于宣判了它的死刑。可以说为了服务特定艺术品在市场中的影响力，出现了为这些产品写广告词的人，而这就是那些服务于市场的审美鉴赏存在于世的原因。

（2）不同审美鉴赏形态之间的关系。这三种审美鉴赏活动之间并非界限明晰，而是存在着复杂的关系。

无论哪种审美鉴赏形态，都包含着积极的创造性因素。"阅读总是属于施为行为，而不是对信息的被动接受。……阅读是一种积极的干预。"③确实，审美鉴赏作为一种"积极的干预"不会只停留于文本接受层面，而会积极进入到现实效果层面，即对受众的现实生活施加某种影响，尽管这种影响可能会由于所面对的对象不同而产生差异。如专家型鉴赏更多地面对理论学术界，而对于普通民众的反应

---

① 〔美〕戴安娜·克兰:《文化生产:媒体与都市艺术》,赵国新译,南京,译林出版社2001年版,第148页。
② 〔美〕埃伦·迪萨纳亚克:《审美的人》,户晓辉译,北京,商务印书馆2004年版,第273页。
③ 〔美〕希利斯·米勒:《解读叙事》,申丹译,北京,北京大学出版社2002年版,第9页。

不甚关心。面对市场所进行的审美鉴赏,则需要对市场产生积极的或消极的影响;同时,从维护审美产品的价格、产品持有人利益的角度来看,对受众影响面当然是越大越好。而个人的审美评判则由于只关乎个人的兴趣爱好,无关乎他人,影响力自然就更加难以限定。这样,我们可以看到,由于不同的鉴赏之间存在着较大的受众差异,这使它们之间的权利关系比较明晰。

但不同的审美鉴赏形态之间还存在着一种正常的竞争关系。当个人鉴赏活动跨越私人空间而进入到公共空间时,或者本属于公共空间中的专家鉴赏与服务于市场的鉴赏之间发生某种错位时,不同类型鉴赏之间的竞争关系就会出现。著名作家刘心武面对公众讲解《红楼梦》的事情,就是一种个人鉴赏活动进入到公共空间中的行为,而他与众多"红学"研究者之间的争论,也可以被视为是个人话语和专家话语之间的争议。个人见解一旦进入到公共空间中,这种见解就会由小范围的影响转变为一种更大范围的社会影响;而鉴赏的私人性质就会被大幅度削弱,而它的公共性也会随着传媒对事件的放大以及受众对事件接受的增加而被放大。

从上面的实例中还可以看到,个人鉴赏实际上也是专家鉴赏和服务于市场的鉴赏的基础。当个人鉴赏的表述形式以理论化或市场化形式被传达出来后,就会向后者发生转变。同时也应看到,专家鉴赏与服务于市场的鉴赏之间存在着复杂而微妙的关系:专家也往往是报纸、杂志、网络等公众媒介专栏的撰稿人,而这往往会使专家的身份变得更加复杂。"专栏的巨大市场给撰稿人提供了巨额的报酬,并帮助这些作家赢得了名声。"①多年以前本雅明得出来的结论在今天依然有效,而专家在此时所得出的关于产品鉴赏的结论也就值得公众警惕了。

3. 鉴赏者的作用

鉴赏者在审美鉴赏过程中的作用如何?借鉴霍尔的"编码/译码"理论(详后),可以将鉴赏者大致区分为如下几种类型:被动式、主动式、游牧主体式。相应地,不同类型的鉴赏者在鉴赏过程中往往起着不同的作用。

(1)被动式鉴赏者。这是指鉴赏者被想象为一个被动的接受者,鉴赏者几乎没有什么创造性,他存在的唯一价值就是忠实地领悟审美对象中所蕴涵的创造者的意图。这个鉴赏者往往具有如下特征:他具有相当的文化教养;能够以一种超功利的心态面对艺术作品并做出符合作者希望的审美判断;在与作者的关系中,他唯作者马首是瞻,并且永远处于比作者要低一级的位置上;最重要的是,他似乎是超历史、超社会的,是一个真正的无名的个体。许多传统的美学理论在对待鉴赏者的态度上都具有这个特征。黑格尔就曾明确表示,出色的艺术作品:

---

① 〔德〕本雅明:《发达资本主义时代的抒情诗人》,张旭东、魏文生译,北京,三联书店1989年版,第48页。

应该揭示心灵和意志的较高远的旨趣,本身是人道的有力量的东西,内心的真正的深处;它所应尽的主要功用在于使这种内容透过现象的一切外在因素而显现出来,使这种内容的基调透过一切本来只是机械的无生气的东西中发生声响。

读者面对这类"揭示心灵和意志的较高远的旨趣",并且"本身是人道的有力量的东西"的艺术作品,当然只有仰视的份。在这样的艺术作品面前,"读者就应该不要提出错误的要求,要在作品中看到他自己的主体特点和细节。"①可见,这种被动式鉴赏者的作用在于,忠实地复现艺术家的创作意图。

(2)主动式鉴赏者。这是指鉴赏者被想象为一个主动的接受者。自觉意义上的主动的鉴赏者,是随着20世纪60年代中期德国接受美学的出现而出现的,因为就连黑格尔本人都说过人民有权得到他所希望的艺术,而艺术也应该首先服务于民众,而不是少数的专家学者②。但这并不意味着黑格尔意识到了一个主动的鉴赏者的价值意义。一个主动的鉴赏者并不是在被动地接受他所看到的一切,而是在积极建构属于他自己的艺术产品,并赋予作品一种具有个体特征的新的生命形式。著名的接受美学代表人物耀斯就认为,读者是一种能动的因素,作家及其作品能否在历史上流传并被保留下来必须依靠是否为读者所接受和激赏,"文学的历史性并不取决于对既定'文学事实'的组织整理,而是取决于读者对文学作品的不断体验。"③因此,正是由于鉴赏者的积极参与、干预活动的存在,美学史才得以被记录并书写。这样,主动式鉴赏者更关切的是在文本鉴赏中建构自我的个性。

(3)游牧主体式鉴赏者。这是指鉴赏者被想象成一个自主的游牧主体式人物。与前两者最不一样的地方就是,他似乎刻意与审美文本保持一定的距离;同时,他不是以一种学院化的、严格的方式面对审美文本,而是以一种冒犯的、随意的、游戏的方式。如约翰·费斯克所言,这种不正规的面对审美文本的方式所具有的作用在于:"它对文本抱有一种深切的不尊重:在它看来,文本不是由一个高高在上的生产者—艺术家所创造的高高在上的东西(如中产阶级文本),而是一种可以被偷袭或被盗取的文化资源。文本的价值在于它可以被使用,在于它可以提供的相关性,而非它的本质或美学价值。大众文本所提供的不仅仅是一种意义的多元性,更在于阅读方式以及消费模式的多元性。"④在约翰·费斯克看来,审美文本意味着一种严格的话语等级秩序,而艺术的复杂性也意味着一种阶级差别,它

---

① 〔德〕黑格尔:《美学》第一卷,朱光潜译,见《朱光潜全集》卷十三,合肥,安徽教育出版社1990年版,第340—341页。

② 同上书,第333页。

③ 〔德〕尧斯(即耀斯):《文学史向文学理论的挑战》,朱立元译,见蒋孔阳主编《二十世纪西方美学名著选》(下卷),上海,复旦大学出版社1988年版,第477页。

④ 〔美〕约翰·费斯克:《理解大众文化》,王晓珏、宋伟杰译,北京,中央编译出版社2001年版,第171页。

在根本上是排斥大众的。这也使大众在面对审美文本时必然采取一种带有亵渎性的态度，他往往拒绝按照艺术生产者所预设的方式对文本进行解读，而是我行我素地在审美文本话语运作的空白处，以颠覆性、实用性或者其他功利的、娱乐的形式去自主地改写审美文本的价值，从而获得一种精神愉悦。而这就使审美文本的阅读变得更加复杂多变、难以预料。

三、审美鉴赏与艺术体制、消费文化

要进一步了解审美鉴赏，需要适当考察它与艺术体制、消费文化的关系。

1. 艺术体制对审美鉴赏的塑造

艺术体制对审美鉴赏的塑造，集中体现在艺术鉴赏体制的作用上。艺术鉴赏体制是指特定文化组织机构对审美鉴赏活动进行经济和文化资助的社会形式与结构。根据美国学者戴安娜·克兰对于艺术赞助系统的描述[①]，迄今为止，资助艺术鉴赏活动的形式包括以下三种：一是由个人捐助进行的审美鉴赏活动。历史上的封建贵族、教会首脑与受益人之间形成了一种"恩主"关系，即捐助人的审美趣味、个人爱好及生活方式会对审美鉴赏产生复杂的影响。但审美鉴赏的自主程度可能会有很高的独立性，而鉴赏的价值意义就会超越这种依附关系，变为某种自由的表达。这种关系被克兰描述为恩主制（patronage）[②]，它曾经是艺术鉴赏中的基本形式之一。

审美鉴赏活动的第二种资助形式是来自政府部门或相关文化机构的资助。鉴赏结果则有可能受到相关部门的各种影响，成为国家意识形态或文化机构现实政治经济利益的传达。这种赞助形式可以视为是恩主制的替代，但它所具有的影响和控制力量要远远大于某一个体赞助人，而鉴赏者在这样一种机制内所获得的自由度也可能相对要少。但这并不意味着鉴赏者的审美判断已经彻底丧失了独立性，国家和相关文化机构政策的宽容程度也会为个体价值表达提供相应的空间。事实上，受到国家和相关文化机构赞助的艺术鉴赏并不像一些研究者想象的那么简单，个体与赞助机构之间也存在着十分复杂的关系。

审美鉴赏获得支持的第三种形式是艺术市场的运作。鉴赏者出于现实经济利益的要求对审美文本进行判断。艺术品，在市场状态下首先是一件商品；而审美判断的前提则是商业判断，即对商品所具有的投资价值进行评估。此时，文本

---

① 关于艺术赞助系统，可参见〔美〕戴安娜·克兰在《文化生产：媒体与都市艺术》中的论述。《文化生产：媒体与都市艺术》，赵国新译，南京，译林出版社2001年版，第147页。

② 同上。

的审美属性已经退居次要的位置了。

总体上，审美鉴赏总是存在于一定的生产机制中，鉴赏者也总是存在于具体的社会环境中，他是马克思所谓的"具体的人"。这意味着鉴赏主体离现实的利益要求越远，他所获得的对文本阐释的自由度就越大，反之亦然。

艺术体制对审美鉴赏有着复杂而深刻的影响，已为越来越多的研究者所认识。体制性差异可以造就不同的鉴赏趣味、方式以及价值判断。有研究者回顾1989年北京美术馆进行的人体油画展览时认为，对于裸体的人体油画，狂热的观众、热心的媒介、粗疏的文化评论与冷漠的美术评论界之间形成了激烈的反差。在20世纪80年代末的特定文化语境中，处于艺术体制之外的观众表达的是一种窥视"裸体"的欲望。新闻界则关注整个事件中的新闻效应，文化评论则于美术是彻底的外行，根本没有弄清楚其中的美学和艺术内涵。而美术评论的冷漠似乎源自于展览中艺术技法、风格根本不够"前卫"。在美术评论界看来，这个展览更具有文化意味，而美术意味并不值得关注，也因此才出现了故意冷落展览的评论现实。可以说，是美术鉴赏和生产对先锋和前卫风格的体制性要求造就了它与美术界之外喧闹境况之间的巨大反差①。

处于某种体制中的审美鉴赏更容易受到国家政策尤其是艺术政策的影响，而国家一直被认为是文学艺术最大的保护人和投资商。但是如同雷蒙德·威廉斯所认为的，"从来就没有一种连贯的公共文化政策，此外，有一些强势集团决定了从来就不会有一种连贯的政策"②。政策永远只是某种具体历史条件下的政策，而不可能是永恒的；也因此在具体政策影响下的审美鉴赏也将只属于那个生产它的时代，而所谓能够超越历史和文化的审美鉴赏，只是因为它对我们今天的审美活动依然有价值。1942年，在毛泽东《在延安文艺座谈会上的讲话》发表后，以周扬为主的解放区理论家积极参与对《讲话》的阐释活动，也是在这个过程中，赵树理的小说被发现并被塑造为解放区文学艺术的经典文本。而周扬在1946年发表的著名论文《论赵树理的创作》也被认为是赵树理小说经典化进程中的奠基之作，赵树理也得以在1949年新中国建立初期与郭沫若、茅盾、巴金、老舍、曹禺等一起被视为是语言艺术大师③。但后来随着文化政策及体制发生变化，对赵树理的评价也出现了调整。这就是体制性艺术鉴赏活动的一个典型实例：在具体文艺政策指导下，通过艺术阐释塑造新的文学经典，并以此去影响人们的接受心理、接受惯例。

---

① 尹吉男：《独自叩门》，北京，三联书店1993年版，第191—195页。

② 〔英〕雷蒙德·威廉斯：《现代主义的政治》，阎嘉译，北京，商务印书馆2002年版，第205页。

③ 洪子诚：《中国当代文学史》，北京，北京大学出版社1999年版，第98—99页。

2. 消费文化对审美鉴赏的影响

在今天,消费文化已对审美鉴赏活动产生了深刻的影响,这种深刻性已经达到了这样一种程度,即商品的逻辑原则及其运作方式在整个文化结构中占有"核心地位"①。这种"核心地位"可以从两个方面理解:其一是,就经济的文化维度而言,产品不仅是一种商品,还是一种价值意义;而这种文化价值可以决定商品能否进入市场为消费者所认同。如我们在消费一件衣服的时候,并不仅仅注意这件衣服的使用价值,还会注意这件衣服所附带的文化品位、精神气质,它能否体现出我们的身份、地位、文化修养等因素。因此,文化成为现代经济生活得以顺利进行的先决条件。其次,在文化产品的经济方面,文化产品与商品的供给、需求、资本积累、竞争及垄断等市场原则一起,运作于生活方式领域之中,即文化产品首先被视为是资本实现其增值的手段。例如,许多公司投资电影的直接目的不是为了宣传艺术,而是为了获得利润;而电影的生产、宣传与消费的原则与普通商品并没有什么根本的区别。消费文化在以下几个层面对审美鉴赏产生影响:

首先,进行审美鉴赏的前提便是商品消费活动,这使得消费文化可以从根本上消解艺术品一直被赋予的自律与精神性品格。它使我们清楚地意识到,艺术产品首先是商品。在商品逻辑的强大力量下,不同文化之间的界限被取消了,"文化已经完全大众化了,高雅文化与通俗文化,纯文学与通俗文学的距离正在消失。"②独立的艺术世界已经坍塌,我们不可能再回到古典主义文化所具有的神圣、静穆、崇高的世界中。在这样一种语境中,审美鉴赏的物质性因素被突出了出来,而它的精神性因素遭到了贬低。

其次,审美鉴赏过程本身就是精神性文化与商业投资行为的互渗过程。消费文化中的商品逻辑已影响到人们的思维形式。当人们面对一件艺术品时,首先考虑的不是它的艺术价值而是可投资价值。这就使审美鉴赏的范围远远超出单纯精神层面而进入到物质层面中,因为鉴赏不仅要对产品的艺术品质做出正确的判断,更要对产品在未来艺术市场中价值的升降做出预判。

微软

其三,消费文化促使审美判断蜕变为一种文化价值判断,即不再关注产品的

---

① 〔英〕迈克·费瑟斯通:《消费文化与后现代主义》,刘精明译,南京,译林出版社2000年版,第123页。
② 〔美〕杰姆逊:《后现代主义与文化理论》,唐小兵译,北京,北京大学出版社1997年版,第162页。

审美价值,而更注意其背后的文化意义。消费文化塑造出一个超越产品物质形态的符号世界,对人们的价值趣味、消费选择产生潜移默化的影响。法国学者鲍德里亚就将消费理解为一种符号消费——即商品附带的文化价值要高于商品本身,它可以脱离商品自身而存在,并影响人们对于商品的选择;它甚至可以取代真实产品的地位,塑造出一个超真实的世界,即鲍德里亚所谓的"类像"(simulation)世界。如美国微软公司发布的电脑桌面不仅是一种资本全球化扩张中的经济手段,更是一种文化认同的培养策略,这些免费赠送的桌面图片伴随着微软的软件产品行销到世界各个角落,成为微软软件工业帝国的能指符号。消费这些桌面在一定程度上就意味着对其文化和经济策略的认同。微软不仅在培养人们操作电脑的习惯,还在培养人们对它的价值和文化的认同,并以此去影响受众新的消费心理选择。此外,麦当劳的大 M 标志,诺基亚和苹果公司的广告都在其产品扩张进程中扮演着急先锋的角色,成为其产品软实力的外在标志。由于商品消费的前提是符号价值的消费,这就迫使审美鉴赏不再关注符号的审美特征,而要注意符号背后的价值观念及其运作形式。

3. 审美鉴赏与艺术经典

艺术经典(canon)一直是审美鉴赏中的重要问题,而关于经典的争论一直没停止过。布鲁姆坚持从审美自主性角度捍卫艺术经典的神圣性。在他看来,经典地位的获得来自于艺术产品富有原创魅力的某种陌生性,"这种特性要么不可能完全被我们同化,要么有可能成为一种既定的习性而使我们熟视无睹。"①但丁和莎士比亚无疑是这两种情况的绝佳代表,但丁的艺术世界使我们感受到一种永远无法摆脱的陌生感,并使我们对我们身处的世界产生一种陌生性。莎士比亚则不然,他的艺术则永远让我们有一种生命的归宿感,这正来自于其作品的感化和浸染能力。布鲁姆对那些试图以各种形式颠覆经典并实行某种并不存在的社会变革的行为极为恼火,并斥之为"憎恨学派"。他认为经典的另一层价值来自于它是文化传统得以传递的载体,尽管新的艺术经典不断以挑战者姿态出现在文学史中,但它们最终都将成为传统的组成,它们不是在解构传统,而是在丰富传统,这也造就了经典的延续和扩容②。

很多学者并不认同布鲁姆的观点。约翰·费斯克从宣扬和肯定大众文化的角度,将莎士比亚所获得的崇高地位归咎于一种既定的艺术体制,在这个体制之下隐含的却是阶级差别。"艺术的复杂性其实是阶级差别:难度是一扇文化的单

---

① 〔美〕哈罗德·布鲁姆:《西方正典——伟大作家的不朽作品》,江宁康译,南京,译林出版社 2005 年版,第 3 页。
② 同上书,第 6 页。

向旋转门,只接受买对了票的人,而排斥大众。"①费斯克接受了法国学者布迪厄关于文化"区隔"(distinction)的观点,相信文化的功能在于区别不同阶级和阶级群体,并将这种区隔在审美或是趣味的普遍价值中加以定位,而审美产品的"经典"性则成为这一区隔的伪装或遮掩。

在今天,有更多的学者都相信,审美经典实际上是一种文化秩序的形象传达。有研究者认为,经典"是帮助我们形成一个文化序列的那些文本。某个时期确立哪一种文学'经典',实际上是提出了思想秩序和艺术秩序确立的范本,从'范例'的角度来左右一个时期的文学走向。"②这是从经典在文化秩序(包括思想秩序和艺术秩序等)中的范本作用角度去考察的,这使得经典的确立已超越审美范畴而进入到文化政治与文化体制层面。确实,很多在今天已成为经典的艺术作品在历史上都曾颇富争议。当一件作品被社会普遍接受时,也就意味着这一作品背后所隐含的哲学思想、伦理价值、审美理想等一系列观念已被确立起来。罗中立的大型油画《父亲》以浓重的色调刻画一位饱经风霜的农民父亲形象。在该画产生的20世纪80年代初,偏激的观点甚至将它提高到反党反社会主义的高度。而争论的焦点主要涉及两方面:其一,"父亲"的形象是不是符合社会主义现实主义的创作原则? 罗中立作品中的"父亲"一改以前农民乐观向上的理想化精神气质,而是衰老、贫困甚至有些麻木的样子。他显然历经贫穷和苦难,而他脸上深深的皱纹则凝聚着对于苦难的承受和麻木。这是中国农民应有的样子吗? 其二,绘画方式的运用是否适当? 罗中立的《父亲》运用领袖像的表达手法,高达五六米的巨大画面强烈地冲击观众的视觉。能不能用表现领袖的方式去表现一个贫穷的老农?这些在今天看来不成问题的问题,恰恰反映了80年代初人们审美评判标准的巨大差异,而艺术品就是在这种差异性争论中要么被确立为"经典",要么被淘汰下去。

四、审美鉴赏与审美传统

审美传统是由一定的审美创造与审美生产观念、审美作品、审美接受观念等在历史流传中积淀而成的价值体系。它与审美鉴赏之间存在着复杂的关系,并一直为学者所争论。

1. 审美鉴赏的三重维度

要认识审美鉴赏与审美传统的关系,需要首先认识审美鉴赏的维度,这是指

---

① 〔美〕约翰·费斯克:《理解大众文化》,王晓珏、宋伟杰译,北京,中央编译出版社2001年版,第147页。
② 洪子诚:《问题与方法》,北京,三联书店2002年版,第233页。

审美鉴赏所必然牵涉的文化语境关联域。耀斯借鉴瑞士语言学家索绪尔有关语言的共时系统和历时系统的划分，提出了重新思考文学史的新角度：

> 如果在考虑审美态度的改变时,对接受历史的审视总是碰到对新作品的理解与较旧作品的意义之间的功能性联系,那么,也有可能选取发展中某一阶段的共时性断面,把同时期作品异类的多样性按等同、相反和等级的结构加以排列,从而揭示出某个历史阶段的文学中贯穿着一种关系系统。倘若再进一步选取与这一断面处于前前后后历时关系的若干横断面加以排列,以求从历时角度廓清划时代阶段文学结构的变化,我们便能由此发展出一种新文学史的表述原则。①

根据耀斯有关文学史的历时性与共时性见解,可以发现审美鉴赏有三个基本维度:历时性维度、共时性维度,以及两者相交叉而形成的历时性与共时性的交叉维度。

首先是审美鉴赏的历时性维度。它指同一艺术产品在不同时代会产生不同的理解、评价和效果。这既可以归结为不同时代鉴赏者期待视阈的变化,也可以认为是作品的潜在意义逐渐在历史的演进中被鉴赏者发现出来。同样是西方油画,其中很多法则在今天已成为基本的生活常识,但这种常识对晚清中国人而言却是前所未有的新鲜事物,并给他们带来了有学者所称的"现代性惊羡"体验。这一体验既包含生存层面也涉及文化层面;它既暗示了彼时之中国人对西方文化的惊讶和羡慕,也暗示出处于传统与现代交接点上的中国人即将面临的与传统剥离时的精神困境②。

其次是审美鉴赏的共时性维度。这是指同一部作品为同时代不同的鉴赏者鉴赏时也会产生不同的效果。如鲁迅先生所精辟指出的,同一部《红楼梦》,"单是命意,就因读者的眼光而有种种;经学家看见《易》,道学家看见淫,才子看见缠绵,革命家看见排满,流言家看见宫闱秘事……"③

第三是审美鉴赏的共时性和历时性的交叉维度。耀斯认为,"文学的历史真实在历时性与共时性的交叉点上显露出来。这样,也一定有可能使特定历史阶段的文学视界可以理解为一种共时的系统,与此共时系统相关,同时期出现的文学可以在它的非同时代性的关系中为人们历时地接受,而作品则可以作为时行的或

---

① 〔德〕尧斯(即耀斯):《文学史向文学理论的挑战》,朱立元译,见蒋孔阳主编《二十世纪西方美学名著选》(下卷),上海,复旦大学出版社 1988 年版,第 494 页。

② 王一川:《中国现代性体验的发生》,北京,北京师范大学出版社 2001 年版,第 235 页。

③ 鲁迅:《〈绛洞花主〉小引》,见《鲁迅全集》卷八,北京,人民文学出版社 1981 年版,第 145 页。

时髦的、过时的或久长的、早熟的或迟来的事物加以接受。"①显然,正是在历时性与共时性的交叉点上,文学史的真实得以被勾勒出来。这归因于历时性的作品可以获得共时性的意义,而共时性的作品也必须在历时性中寻找其存在的坐标。因此,在考察一部审美文本时,我们既要关注其接受效果在历史进程中演变的特征,也要注意在它被阅读的时代横断面上,接受的反应是什么样的。

由上可见,审美鉴赏具有一种三维度特征,这恰是它与现实文化语境之间紧密关联的关系的一种反映,这也有助于下面理解审美传统的二元特征。

2. 审美传统的二元特征

审美传统始终处于两种完全相反且对立的力量中:封闭与开放。索绪尔认为:

> 语言事实的传播,跟任何习惯,比如风尚一样,都受着同样一些规律的支配。每个人类集体中都有两种力量同时朝着相反的方向不断起作用:一方面是分立主义的精神,"乡土根性";另一方面是造成人与人之间交往的"交际"力量。②

与索绪尔所认识的语言运用受制于"乡土根性"(封闭)和"交际"(开放)两种力量相同,审美传统往往具有二元特征:一元是自我封闭性,另一元则是开放性。前者趋向于同质化力量,而后者则处于异质文化语境中。这两种力量既彼此排斥又相互融合,构成了审美传统矛盾的内在性。但是,审美传统绝不是什么外在于我们的异质力量,而是如哲学家加达默尔所言:

> 我们其实是经常地处于传统之中,而且这种处于决不是什么对象化的行为,以致传统所告诉的东西被认为是某种另外的异己的东西——它一直是我们自己的东西,一种范例和借鉴,一种对自身的重新认识,在这种自我认识里,我们以后的历史判断几乎不被看作为认识,而被认为是对传统的最单纯的吸收或融化。③

传统就这样内在于我们自身之中,渗透到我们的自我认识里。

审美传统的这种二元特征也带来了美学史与艺术史上的种种争执,尤其是在对待当代艺术的问题上。在耀斯看来,当代艺术的重要价值在于,使现代社会中如洪流般的信息,使由现代机械技术生产出来的物质世界变得可以让人能够忍

---

① 〔德〕尧斯(即耀斯):《文学史向文学理论的挑战》,朱立元译,见蒋孔阳主编《二十世纪西方美学名著选》(下卷),上海,复旦大学出版社 1988 年版,第 495 页。

② 〔瑞士〕索绪尔:《普通语言学教程》,高名凯译,北京,商务印书馆 1980 年版,第 287 页。

③ 〔德〕加达默尔:《真理与方法》上卷,洪汉鼎译,上海,上海译文出版社 1999 年版,第 361—362 页。

受;它还成为当代人情感生活的基础,甚至是人类萎缩了的审美知觉和语言的最后的拯救力量;而艺术也成为保存那种审美经验的最合适的,同时也是最后的领域。艺术的另一个功能就是在变化的现实中发现新的经验类型,并针对现实而提出不同的解决办法。对审美经验的研究可以不断"充实着这种瞥视的能量,把看和被看的渴望升华到'瞥视的诗学'的高度,从而证实了把艺术感受不断引向新的发现的过程。"①耀斯的观点其实还是承继了传统中关于艺术、审美的拯救价值的启蒙主义思想基调,但他毕竟对当代艺术持一种肯定性的意见,并使当代艺术成为审美传统在今天的延伸。

另一位美学家阿多诺则不然,他对当代艺术持一种激进的否定性意见。在他看来当代艺术与审美已经堕落为消费者欲望冲动与模仿残余的投射,它完全是商品性的,"作为商业,艺术只要能够获利,只要其优雅平和的功能可以骗人相信艺术依然生存,便会继续存在。表面上繁荣的艺术种类与艺术复制,如同传统歌剧一样,实际上早已衰亡和失去意义,但官方的文化观却无视这一事实。"②显然,在阿多诺看来,当代艺术完全成为审美传统的一种异质性破坏力量。

3. 审美传统与审美鉴赏的互动关系

对审美鉴赏来说,审美传统无疑是鉴赏得以成立的"前理解"(加达默尔),它在以下几个层次上影响着鉴赏。首先,它是鉴赏能够生成的语境,是鉴赏活动主体生存的具体文化历史空间与时间。其二,审美传统可以是一种强制性力量。如伊斯兰文化艺术对于偶像的排斥,中国文化传统中的颜色禁忌,欧洲文化传统中十字架的特定意义。但更多的情况下,审美传统可能是一种风俗、惯例或心理。其三,审美传统更主要的是通过家庭与学校的生活和教育以强制或潜移默化的方式影响着鉴赏者的心理、价值倾向、审美趣味,并进而影响鉴赏者对文本的判断。

在后现代语境中已经出现了"艺术即阐释"的宣言③,而审美鉴赏似乎就可以界定为对"阐释"所进行的阐释了。审美鉴赏既是对审美传统的一种承继,也是对传统的一种变革。从发展的角度来看,审美鉴赏所具有的变革价值更应该引起我们的注意,它的确是对审美传统的一种背离,但更是对传统的丰富。审美传统不会因为审美鉴赏的背叛而遭到彻底的毁灭,相反,它会因为新的阐释的出现而更富有活力。也是在这样一个层面上,审美鉴赏的确是审美传统的延续。

如果审美传统是一部历史的话,那么这部历史就是由艺术家、审美产品及审美接受共构的历史,它们组成了审美传统的不同维度。在共时的维度上,它们构

---

① 〔德〕耀斯:《审美经验与文学解释学》,顾建光、顾静宇、张乐天等译,上海,上海译文出版社1997年版,第95页。

② 〔德〕阿多诺:《美学理论》,王柯平译,成都,四川人民出版社1998年版,第32页。

③ 〔美〕埃伦·迪萨纳亚克:《审美的人》,户晓辉译,北京,商务印书馆2004年版,第276页。

成了审美产品从生产到鉴赏的完整的流程,并为新的鉴赏的生成提供了新的背景。在历时的维度上,每一个因子都形成了一个相对独立的发展历程;同时,每一个因子又都必须以其他的因子为其存在的前提条件,而且也只有在与其他因子的关系中,才能见出其独特之所在。或许我们还得回到耀斯的观点,只有在审美接受的共时性和历时性的相互关系中,美学史之"真"才会最终呈现出来。

本 章 摘 要

审美鉴赏是指收信人对审美文本进行鉴别和赏析从而与发信人实现审美沟通的过程。它的作用体现在四方面:使文本价值具体化、期待具有选择作用、影响对文本形式和特征的认识、影响对文本价值和意义的认识。古典主义审美鉴赏追求一种普遍有效的美学价值,虚静和领悟成为其基本心理特征。现代主义审美鉴赏主要表现为焦虑、震惊和荒谬感等心理特征。后现代审美鉴赏突出晕眩、破碎化和丑的艺术品味等特征。审美鉴赏有三种基本形态:个体化的、专家型的和服务于市场的。从美学史角度看,鉴赏者有被动型、主动型和游牧型等不同形态。艺术体制对审美鉴赏有深刻的影响。处于体制中的审美鉴赏会使鉴赏结果符合体制的评判要求;而具体的文化政策也会影响到审美判断。消费文化对于审美鉴赏的影响主要体现在三个方面:审美鉴赏的前提是商品消费活动,本身是一种商业投资行为,往往蜕变为一种文化判断。审美鉴赏的维度包括历时性维度、共时性维度及历时性与共时性的交叉维度。审美传统具有开放和封闭的二元特征,也因此产生了对当代艺术价值的不同判断。审美传统构成了审美鉴赏的前理解,而审美鉴赏既是对传统的改写与革新,也是审美传统的组成部分。审美传统最终是开放的,是由艺术家、审美产品和审美鉴赏共构的历史。

研 究 建 议

审美沟通中的审美鉴赏及其作用是第一个值得关注的问题;对于不同的艺术类型,审美鉴赏的心理特征是不一样的;还应注意审美鉴赏的形态及鉴赏者的类型。应能结合不同的审美鉴赏理论,谈一下你对审美鉴赏的看法。体制不同,则审美鉴赏的特征不同,还要注意消费文化对审美鉴赏的影响;而对审美"经典"的确定则存在着不同的争议。注意审美鉴赏的维度都有哪些。审美传统具有二元向度,要看到它与审美鉴赏之间的复杂关系。

深 度 阅 读

在对审美经验的介绍上,耀斯的《审美经验与文学解释学》(上海译文出版社1997年版)值得一读。杰姆逊的《后现代主义与文化理论》(北京大学出版社1997年版)对于理解艺术和文化尤其是后现代文化有益。最后要推荐的是克兰的《文化生产:媒体与都市艺术》(译林出版社2001年版),它对我们了解公共文化政策和生产体制对艺术生产的影响有着启示作用。

第八章 审美文化

现实的审美沟通总是与特定的审美文化相关的。它既与当代社会中正变得愈来愈普及的大众审美文化生活紧密关涉，又与历史上传承下来的审美与艺术传统、惯例或规范等相关。如果没有现实的审美文化生活与历史的审美文化传统的交汇，个体的审美沟通是无法进行的。

一、审美文化界说

审美文化，顾名思义，当然属于文化。但什么是文化，历来众说纷纭。而审美文化能否称为文化，也常常交织着争论。

1. 文化概念

文化这个词如今被大量使用，早已充满歧义。不妨从下面三句话领略它的不同含义：(1)"这个人没文化！"(2)"你是一个文化人。"(3)"东西方有不同的文化。"第一句意思很简单，文化是指一个人的学问和内在修养。第二句意思似乎比较灵活，文化说的是运用文字符号进行教学、科研和创造之类活动。第三句意思就变得十分宽泛和复杂，文化几乎能牵连到政治、道德、宗教、哲学、科学等全部精神活动及其成果，甚至可以涵盖一个民族所经历的整个历史。

文化的歧义是如此众多以致如今连极简要的梳理都变得困难。当代英国学者史密斯感叹说："文化是一个重要，但又含糊甚至混乱的概念"，它迫使人们面临"大量的阐释和符号关联"①。比较而言，德国哲学家卡西尔（Ernst Cassirer，1874—1945）的界说有着一定的合理性：他主张文化是人类创造和运用符号（symbol）的领域，主要处理人类生存的意义问题②。由此不妨得出文化的一种可供应用的界说：文化是人类的符号表意系统，包括神话、宗教、语言、艺术、历史和科学等具体形态。当人类通过自己创造的符号系统去表达人生意义时，文化就产生了。月亮虽然只是一个远在太空的一种物质存在，可对中国人而言，却是一种富有意味的符号："我寄愁心与明月，随君直到夜郎西"（李白）、"海上生明月，天涯共此时"（张九龄）、"明月几时有，把酒问青天"（苏轼）……明月总和心境、人情联

---

① 〔英〕史密斯：《文化——再造社会科学》，张美川译，长春，吉林人民出版社2005年版，第1页。
② 参见〔德〕卡西尔：《人论》，甘阳译，上海，上海译文出版社1985年版，第281、288页。

系着,成为具有特殊意味的符号。

文化的表意,是在符号的意义系统中实现的,只有在这个意义系统中才能理解一种文化赋予这个世界的特殊含义。如中国文化里常出现"流水"这个符号:"流水落花春去也,天上人间"(李煜),"不知江月照何人,但见长江送流水"(张若虚),"春色三分,二分尘土,一分流水"(苏轼)。当中国人反复用"流水"寄寓人们对岁月流逝的感叹、生命飞逝的眷恋时,这符号就具有了一种"诗性"。只有将"流水"置放在中国文化的系统中来看,它的特殊意义才会呈现出来。类似的如"梅兰竹菊"、"苍松翠柏"、"断鸿飞雁"、"落花残红"等组合形式,形成中国古典审美文化的一个个符号系统。所以,不同的审美文化有不同的艺术符号系统,也就呈现出不同的意义。所谓"月色",作为中国人眼中的审美现象,乃是汉语文化系统的产物。无论是行色匆匆还是神色恍然,这个"色"字的意思,乃是汉语美学表达的特定语义。其间的具体意象或词语,都不能仅仅依照它们的物质性来解释,而必须置放到中国审美文化的符号系统、文化传统或惯例中来理解。

2. 审美文化概念

审美文化一词①,在中国美学界集中和频繁出现,大约始自 20 世纪 90 年代初。而在这之前,人们更多地谈论的不是审美文化而只是美或审美。在 20 世纪 80 年代,当时复苏的美学主流认定,审美(含艺术和其他审美活动)是精神性的,它指向一种不同于现实世界的"第二自然",追求一种超然于日常平庸人生之上的纯粹精神体验。同时,审美活动追求康德意义上的无功利性。我们欣赏一朵花,不是因为这朵花可以吃掉充饥才喜爱它,而是因为得到一种纯精神快乐,这种快乐不会涉及人的实际生理需要。齐白石画虾,不是为了让人去吃;徐悲鸿画马,不是为了让人去骑。可以说,那时的纯审美观念注重审美与艺术所具有的与日常生活相对立的精神性内涵。进入 20 世纪 90 年代以来,上述纯审美观念逐渐地发生了变化,演化出审美文化这一新话题。那时的学者面对生活中出现的审美从高雅的精神层面向日常通俗层面泛化和渗透,而日常生活又借助审美而被装饰或美化的新趋势,不由得使用这个并非全新的术语去加以概括。使用这词语的初衷,显然是想表明,当代社会已经发展到这样一种程度,以致不仅纯艺术而且整个文化生活都渗透了审美。

由此看,审美文化是文化的一种特殊形态,主要是指当代日常生活和文化娱乐与传统审美之间相互渗透的状况,也宽泛地指历史上与审美和艺术相关联的各种符号表意行为及其成果。审美文化,常常集中表现为艺术活动及其产品形态,

---

① 在西方,较早使用审美文化(aesthetic culture)概念的人中有英国哲学家斯宾塞(Herbert Spencer, 1820—1903)。见王柯平:《西方审美文化的绵延》,《浙江学刊》1998 年第 2 期。

与神话、宗教、语言、历史和科学等并存；但在今天，这些艺术活动和产品早已遍布于日常生活中，以致日常生活成为泛化的审美活动。无论是读小说、吟诗、作画、听音乐和看戏等审美娱乐生活，还是看电视广告、商场购物、美容、美发、居室装修、穿文化衫等日常活动，都涉及审美文化，都可称为审美文化。

正是在审美文化概念风行的过程中，以往不曾被纳入庄重的文化殿堂的通俗的、商品的、消费的文化景观，现在得以合理地升入文化范畴（当然伴随着争议）。

二、审美文化的层面

特定历史时期的审美文化是一种容纳多样形态的审美文化结合体。从媒介、发生动机和作用于公众的感兴效果看，审美文化大致存在四个层面（或形态）：精英文化、大众文化、民间文化和主导文化。就文化价值而言，这四个层面不存在简单的高低之分贵贱之别，每一层面都可能出现优秀或低劣作品。

1. 精英文化

精英文化（high culture 或 elite culture，也称高雅文化）是审美文化的一种形态，是指由少数文化人创造或欣赏、蕴含其个性化趣味的审美文化。精英文化总让我们想起品行高尚、趣味高雅的"知识精英"或"文化精英"们。他们的名字令许多人耳熟能详：鲁迅、郭沫若、艾青、齐白石、但丁、莎士比亚、贝多芬、塞尚、高更等，他们的作品都携带令人崇仰的高雅的生命情怀，往往成为民族文化的代表。

精英文化往往是那种被指认为经典或具有某种经典性的审美产品。而从文化旨趣上讲，精英文化的审美产品往往指向高雅旨趣。所谓高雅旨趣，指的是精英往往在艺术作品的兴象系统中溶入他们独到的心灵蕴含，如人生价值判断、审美趣味、历史使命感、对世界和人生的新认识和新感知等，也正是这些使得精英文化在人们眼中具有无穷的高雅气息和独到的文化内蕴。概括地说，艺术兴象中的理性沉思，正构成精英文化的一个基本特点，主要表现如下：

第一，批判性意蕴。艺术兴象中的理性沉思，首先意味着精英人物通过兴象描绘而对社会、人生和现实等问题予以非同寻常的优先关注和批判。精英文化倾向于表达对世界的深刻思考、理想冲动和价值判断，体现出文人或知识分子的审美情趣。精英们往往不简单认同时尚和现实，而是对现实采取一种反思和质疑策略，因而表现出对现实不即不离的批判气质。鲁迅在《一件小事》里面就对那个挟一己之私的"自我"进行了严厉拷问："我"坐的人力车撞倒了一个女人，车夫表现了同情心，而"我"却觉得她有些装腔作势，对她很不耐烦。车夫的行为终于让"我"惭愧了，"独有这一件小事，却总是浮在我眼前，有时反更分明，叫我惭愧，催我自新,并且增长我的勇气和希望。"①对自我进行严厉解剖,对灵魂进行严峻审视,超越"小我"走向"大我",往往是精英文化必然走向的境界。可以说,以精英化价值取向对现实社会展开批判,构成精英文化审美意义的底蕴,塑造了精英文化的内在审美品性。

第二,个性化创作。艺术兴象中的理性沉思,还意味着创作主体的独特个性和高雅艺术旨趣借艺术兴象而得以彰显。从审美沟通中的审美生产方面看,精英文化生产往往由艺术家个人承担,必然在艺术兴象融入主体的个性气质和体验,因而精英文化产品往往自觉地在情节、人物、意境等方面的追求独创性高度。例如,鲁迅在《狂人日记》里这样写道:"我翻开历史一查,这历史没有年代,歪歪斜斜的每叶上都写着'仁义道德'几个字。我横竖睡不着,仔细看了半夜,才从字缝里看出字来,满本都写着两个字是'吃人'!"鲁迅借"狂人"之口喊出的这些"疯话",初看起来极不"真实"。因为,似乎任何一位稍有常识的人都不会认同中国数千年历史的特点就只是"吃人"。人们会质问说这是对中国灿烂的历史文化的"歪曲"、"丑化"或"全盘否定"。但如果联系当时的文化语境看,就可能不得不承认:这些表面看来充满偏颇甚至"别有用心"的疯言疯语,其实正是鲁迅从个人的独特视野对"五四"时期中国历史症候的冷峻"诊治"。"狂人"形象及其"吃人"表述充分体现出了鲁迅的个性化特征。

第三,形式美的独创。与精英文化的个性化创作特征密切相关的,是它对新颖或完满的艺术形式的追求。民间文化的艺术形式常常是朴实的、程式化的;大众文化侧重流行性和大众化;而精英文化不仅停留在艺术思想内容上的精深,而且往往追求形式上的创新、提升或完善。因循守旧、亦步亦趋,是精英文化的大忌。精英文化在形式上的独创性主要表现为美的形式、文体上的探索性和独创性。首先,形式美是高雅文化重要的艺术特征。比如徐志摩的《再别康桥》,全诗回环往复的音乐之美来自于整饬的节奏、优美的韵律和华美、优雅的词句,而这种美的形式,常常令我们忘记了追问诗歌的意义和诗人想要表达的感受,在不知不觉间就将读者征服了。其次,不断进行文体探索和试验是精英文化的内在品性。以新时期以来的文学为例,各种各样的文体实验层出不穷:朦胧诗、莽汉主义、寻根小说、新写实、私人化写作、跨文体写作等,文体实验大大推进了中国当代文学艺术形式的成熟。精英文化中先锋文体的探索和试验,构成了高雅文化艺术形式变化的内在动力。再次,艺术形式的审美性还体现为艺术文体的独创性。精英文化的艺术文体往往追求独特性、唯一性,在带有原创色彩的文体里面生成艺术家的审美体验。

---

① 鲁迅:《一件小事》,《鲁迅全集》第 1 卷,北京,人民文学出版社 1998 年版,第 459—460 页。

第四，兴味深长。这是说精英文化总是追求兴象有感染力、感兴有深度、有余味并能在观众中长时间延续。历史上的精英文化主要在贵族沙龙、文人宴会和官僚清客的聚会中散播。今天的精英文化往往也主要是通过正式的出版印刷、博物馆中展览、音乐厅演出来传播，因而其受众相应地也就是接受过一定教育、文化水平较高的人群。这种受众人群有着反复欣赏和品味审美文本的深长意义的能力和趣味。和民间文化的自娱自乐、大众文化的感性愉悦不同，精英文化的审美效果就在于这种兴味深长，即往往"言有尽而意无穷"，通过感兴体验去启迪思考，达成对人生的深刻洞察。甚至为了达到理性沉思的效果，可以适当牺牲大众文化所崇尚的那种娱乐性。比如，王蒙的小说《蹒跚的季节》中充满了调侃与戏谑，达到了一种幽默诙谐的娱乐效果，然而这种娱乐效果背后又沉淀着一种无尽的悲凉意味，激发读者对中国知识分子命运进行追问。这种含悲凉于诙谐之中的复杂审美效果会格外耐人寻味，令人陷于深深的思考中。

2. 大众文化

汉语中的大众文化一词，可以大致用来翻译两个英文词：mass culture 和 popular culture。但实际上，这两个不同的英文概念本身又各自具有不同的复杂含义。

Mass，最为接近的词源是法文中的 masse 与拉丁文的 massa。原初的含义是指被用来铸造的一堆材料，延伸为一堆材料。在今天，这个词的多重内涵可以分为这样几个方面：(1)没有定型的、无法区隔的东西；(2)一个浓密的集合体①。前者突出了混乱，后者突出了一致。那么到底大众文化是一种混乱的大众的文化，还是一种具有单一的诉求的文化？在 Mass Culture 这个词汇中，这两个意思都被包含着。按照这样的逻辑，大众文化同时具有这样的矛盾的品性：来自于混乱的大众，又呈现出单一性、模式化的诉求。如此，Mass 这个概念显然被赋予了一种负面色彩。在今天，这个词的多种用法可以分成这样几个内涵：(1)数量众多的；(2)易被操控的；(3)普通的、低俗的；(4)公众的。在汉语语境中，"大众"这个词主要是指人的，和群众、市民与城市中普通人物等等联系在一起。

在英文中，popular 这个词则更接近于汉语的"大众"：of people。popular，原先是一个法律与政治的词汇，本意是"属于民众的"。后来演变为"受欢迎的"、"受喜爱的"等等。显然，popular culture 这个词就包含了一种"讨好的"、"迎合的"文化的含义。在今天，这个概念更多地和普遍的、广受欢迎的、广为传播的含义联系在一起②。

---

① 〔英〕雷蒙·威廉斯：《关键词 文化与社会的词汇》，刘建基译，北京，生活·读书·新知三联书店 2005 年版，第 283—289 页。

② 同上书，第 355 页。

popular culture 这个词在汉语中有三种翻译：（1）大众文化；（2）通俗文化；（3）流行文化。显然，"大众文化"这个翻译可以突出 popular culture 的大量文化与公众文化的含义，也含有一定的普通文化的意味。而"通俗文化"这个词，不仅可以用来躲开"大众文化"这个概念容易引发的批评性或否定性联想，而且似乎更接近民间文化特有的"俗"味，就显得更加正统。"流行文化"的意思突出了广为传播和被人喜爱的意思。

相对来说，mass culture 与 popular culture 这两个词都被译成"大众文化"，但前者容易让人联想到法兰克福学派对文化工业的尖锐批判；后者则温和一些甚至具有肯定性意味，尤其被后来的文化研究学者所喜爱。

本书中的大众文化包含这样几层内涵：大众文化是以大众传播媒介传输、按市场规律运作、旨在使大量市民获得感官娱乐的日常文化形态，包括通俗诗、报刊连载小说、畅销书、流行音乐、电视剧、电影和广告等。

这个定义体现了如下几点意思：第一，大众文化并非任何社会都必然伴随的现象，而只是工业文明和商品社会以来才出现的。随着现代工业文明的进步，电台、报刊、电影、电视等新的信息传播手段发展起来，借助于这些媒介，文化具有了一种成为为制作者带来利润的商品的可能性。第二，大众文化是城市化的产物，以城市普通市民为主要受众。这里的"大众"不等于过去阶级分析视野中的"人民大众"，而主要是指作为现代传媒的受众的市民。第三，大众文化所提供的感性愉悦，不是神圣的迷狂和欣悦，而是一种在人们的日常生活环境中的日常经验和体验，往往自觉不自觉地远离精英文化的批判性意蕴，将"生产快乐"（而不是"生产意义"）作为主要的制作原则。第四，大众文化与民间文化（folk culture）都具有通俗易懂和受众大量的特点，但民间文化是古往今来就存在于民间传统中的自发的民众通俗文化，而大众文化则与现代工业化和城市化进程相伴随，并且运用大众传媒，具有商品消费特点。

在整个社会的审美文化格局中，大众文化有着自己的特征。与精英文化强调理性沉思不同，大众文化偏重于日常物质层面的和感官层面的快乐，倾向于创造娱乐大众的流行文化形式，达到捕获大量受众、获取商业利润的目的。在此基础上，大众文化展现了自己具体的审美特征：

第一，信息和受众的大量性。利用现代传媒，大众文化总是大量生产、批量复制，内涵信息巨大化，以此来吸引观众或读者。20 世纪 80 年代电视连续剧《射雕英雄传》长达 59 集，90 年代系列喜剧《我爱我家》则有 120 集，几乎涵盖了当时市民生活的各个方面。2006 年热播的古装喜剧《武林外传》有 80 集。有些大众文化往往覆盖多种艺术类型，衍生多样化的文化产品。如近年由小说《哈利·波特》引发的、在文化工业推动下的全球"哈利·波特热"：

新编美学教程

→"哈迷"网站

→电影《哈利·波特》→"哈利·波特"纪念品

罗琳女士→小说《哈利·波特》→音乐《哈利·波特》→各类比赛

→电玩《哈利·波特》→COSPLAY(角色扮演)

→"书外书":《哈氏圣经》《哈氏魔法揭秘》

"哈利·波特热"所发出的信息量是巨大的,同时也引发广大受众的接受热情。所以,吸引大量受众也是大众文化的必然后果。在大众文化的传播中,一首歌万人同唱、一个故事万人同听、一句广告词万人同说的景观是毫不新鲜的。

哈利·波特

第二,形式的流行性和模式化。大众文化要制作感性愉悦的文化产品,往往善于吸收高雅文化和民间文化的某些特点,创出原创性新模式,随即迅速地通过批量生产而流行开来。因而,时尚流行和批量复制是大众文化的必然特征。流行歌坛上,比如,在大众文化的电影或电视剧中的好人与坏人、情人与情敌、由顺境转逆境或与之相反的故事情节,都是按大致固定的类型"定做"的,形成了武打、言情、警匪、伦理、体育等众多类型片或类型剧。如上个世纪90年代以来,一系列革命历史题材电视剧热播。从较早的《和平年代》、《突出重围》到今天的《亮剑》、《红日》,一次次呈现了那个过去了的革命时代的浪漫激情。有趣的是,这种红色激情电视剧塑造人物的模式都遵循"两面性"方式:这些人物的性格也就不再是50年代的"高大全"形态,而是有缺陷的可爱的英雄。在《亮剑》中的李云龙身上,江湖好汉形象的传奇色彩、革命战士的启蒙意义与平凡人物的浪漫冲动奇特地融合在了一起。他能够"虽千万人我往矣",在战火纷飞中救出自己的"兄弟"——这是江湖汉子的豪迈与义气;还能够"明知不可为而为之",于艰难困苦之中坚守胜利的信念——这是革命战士的品德和理想;而且还能够"率性率情、一往情深",为了自己的女人冲冠一怒——这是平凡人物的心气和情致。显然,这个"李云龙",不是普通的红色英雄,而是添加了众多的文化添加剂的红色英雄。在这众多文化添加剂的搅拌下,这个人物就显示出了灿烂的光彩,成为当下观众在诸多同类题材电视剧中喜闻乐见的性格。

第三,观赏的日常性和效果的娱乐性。大众文化意味着把日常生活的叙事融入日常生活,并给公众的日常生活带来感官的快乐。公众对于街头广告、电视剧、流行音乐、时装、畅销书等大众文化的接受,是在日常生活的世俗环境中进行的,往往与日常生活过程交织在一起。坐在家中观看电视是一种典型的日常生活行为,你可以按照自己的乐趣随便更换节目,即使电视里面播放的是经典作品的介绍。而大众文化叙事也往往平中见奇,打破精英文化或其他文化的神圣性或神秘性,而主动与公众亲近,体现明显的日常性而又能出奇制胜。如"雕牌牙膏"广告讲述小女孩和"后母"组成家庭的故事:"我"拒绝了"她"的各种好意,让人唤起日常生活中有关"后母"的通常经验。可是,就在这平常过程中,奇异的转折出现了:当后母把"我"藏起来的亲生妈妈相片摆放在"我"的床头,又在早上把一盒包装精美的"雕牌牙膏"摆放到梳洗台上的时候,"我"觉得"她"并不陌生或可恶而是变得亲切了,"她"也在"我"的身后偷偷笑了。美好的"家庭叙事"征用了童真和亲情,然而其最终指向不过是一种牙膏品牌。大众文化产品总是立足于日常生活进行日常化、奇观化、温情化叙事。

"苹果"与欲望

第四,商业机制的制约作用。保持大量受众,充分占有文化市场,通过提供日常娱乐并且获取巨额利润,是大众文化生产的内在制约机制。在德国学者阿多尔诺看来,在资本主义世界中,音乐完全可以成为商品,马克思所提出的商品运行特征同样适合于文化,文化"完全掉进了商品世界之中,是为市场生产的,目标也在市场上"[1]。市场原则和利益驱动迫使大众文化千方百计地使用一切手段来吸引大众。"苹果"在推销 Iphone 手机形象时,秉承了"苹果"产品激发炫耀性消费欲望的特点,在广告中使用了黑色背景,突出了手机的质地,并彰显了其特殊的网络功能。这些,都在暗示一种拥有者的身份和地位。事实上,"苹果"一直把消费欲望偷偷变换为一种白领化生活的想象。女人的性感之舌与苹果的那个弯弯的小缺口,无形中造就了一种性别的骄傲和幻想。简言之,Iphone 象征一个想象性的社会地位,暗含着对一个巨大的消费群体的认同激发。

从整体看,使大量公众获得感官上的兴会,让他们安于现状,是大众文化的基本功能。当然,具体分析的话,大众文化作品的文本往往又具有若干彼此相反的功能:反抗精英文化文本又利用它、拆解主导文化的权威又维护它、追求自由与民

---

① 〔德〕阿多尔诺:《文化工业》,转引自〔英〕多米尼克·斯特里纳蒂:《通俗文化理论导论》,阎嘉译,北京,商务印书馆 2001 年版,第 67 页。

新编美学教程

主又加以消解、标举日常生活的正当性又使其庸俗化等。有的大众文化文本甚至以反抗高雅文化文本开始，又以自身成为新的高雅文化文本的典范而告终，例如好莱坞影片《飘》、金庸小说等。大众文化文本的社会功能和反响是复杂多样的，应具体分析，不能单凭制作者意图而断定它的优劣好坏。

3. 民间文化

民间文化（folk culture），是指由社会底层民众集体自发、自娱和传承的通俗文化。不妨主要从创作者身份和文本基调考察。从创作者的社会身份看，民间文化来自社会底层，由平民自发地创造和传承。平民在经济、政治和文化上所处的底层地位，决定他们所创造的文化的特点都与他们的生活状况密切关联。诸如劳动号子、山野情歌、张贴在自家墙上的字画、茶馆里传唱的大鼓和京戏、街头杂技、口耳相传的民间故事等，许多民间文化的审美形式是由众多劳动者出于本能喜好或者劳动需要而自发创造的，并且在其流传过程中又经过无数人的改编、重写、遗忘和增补，最终成为体现他们实际生活喜怒哀乐的活泼的文化样式。

同时，从文本的基调看，民间文化常常具有农业社会的历史背景，是在工业文明前就已产生、发展并成熟的文化形态。许多民间文化作品还遗留原始民风民俗，甚至还有古代巫术、神话、宗教色彩。过年时的祭祖、粘贴门神等活动就包含了浓厚的乡土巫术色彩。唐代诗人王维《九月九日忆山东兄弟》：

独在异乡为异客，每逢佳节倍思亲。
遥知兄弟登高处，遍插茱萸少一人。

这里提及的重阳节"登高"和"插茱萸"，就是一种民俗文化活动，具有明显原始巫术意义。这样说来，与大众文化主要基于都市生活背景不同，民间文化主要存在于以农业为基础的城镇乡村中，当然也涵盖城市中的部分文化，如天津快板、北京大鼓、相声等。

民间文化的基本审美特征在于自发传承和自娱自乐。这体现为群体兴会的自动感发、传承和享受。其具体表现如下：

第一，自发性。从民众的生活底层自发地产生和流传，是民间文化的鲜明的总体特征。民间文化作品大多任性而作，随处可作。家喻户晓的民间传说、众口传唱的民谣山歌、热情奔放的劳动号子、俯拾即是的笑话谚语，还有街头巷尾的杂耍、家家墙上的年画、飞梭织就的锦绣、姑娘传情的荷包等，这些民间文化作品大多自然天成，时常是在自我娱乐、放松消遣之时随口道来、信手拈来，大多匿名创作。因此，它不像精英文化那样要在艺术作品中表达深刻道理、启蒙无知者，也不像大众文化按照市场化原则经专业人员精心筹划和打造，不必顾虑人们是否接受、作品内容是否成熟、是否有吸引力等。

第二，传承性。民间文化总是在民众中世代口耳相传、言传身教，从而体现传承性特点。像《杨家将》、《说岳全传》、《隋唐演义》、《三国演义》、《水浒传》等评书，都在民众中流传长久，师徒口耳相传，然后不断整理和改编，逐渐成为今天刘兰芳、单田芳口中的样子。这使得民间文化作品往往保留大量的传统情趣和气息，以相对固定的形式而流传。而民歌、传说、谚语、戏曲、评书等民间文化作品，都需要实地表演、亲身展示或者付诸行动，因而在村坊市井、街头巷尾、庭院房中都可以见到其表演。宋代诗人陆游的诗写道：

> 斜阳古柳赵家庄，负鼓盲翁正作场。
> 死后是非谁管得，满村听说蔡中郎。

这诗记载了背着鼓的盲人说书的场景，而这正是民间文化口头流传方式极为真实的写照。也正因此，民间文化作品大都是语句回环，节奏鲜明，琅琅上口，便于传唱。

第三，通俗化和程式化。与自发性和传承性相应的，是民间文化通俗易懂的特点。一方面，这种通俗化不像大众文化的通俗性那样经过精心打造，而总是贴近民众生活本身，采用与自身生活紧密关联的语言和素材。因而，朴实简明、活泼可喜、喜闻乐见，是民间文化的形式特点。刘三姐歌曲、杨柳青年画、侯宝林相声、袁阔成评书，无不是人见人懂，既没有高深难料的道理，也不背离日常生活的常识常理。另一方面，民间文化往往采用程式化的形式来进行表演和传播，因而为广大民众所喜闻乐见。说评书的人讲究一回回地讲，每一次开场往往要接着上一回设置的悬念开始，又在设置新的悬念时结束。诸如"各位看官"、"且听下回分解"等套话更是常见。唱京戏的人更是要遵照一系列的程式，唱念做打，样样都要遵守规范。至于红脸关公、黑脸包公、白脸奸臣、花脸刚烈，也是一种大家公认的程式。还有像民歌里面的"起兴"、笑话中对"傻女婿"的嘲弄、民间故事中那些"九十九条河、九十九座山"等，都是这种程式化的民间文化的表现形式。

第四，实用性和娱乐性。民间文化是广大民间群众的精神食粮，其功能是实用和娱乐，或者说实用中的娱乐。民间文化往往给普通民众带来日常生活中的与劳动等实用过程相交织的娱乐。恩格斯指出："民间故事书的使命是使一个农民作完艰苦的日间劳动，在晚上拖着疲乏的身子回来的时候，得到快乐、振奋和慰藉，使他忘却自己的劳累，把他的硗瘠的田地变成馥郁的花园。"[1]比如，过年时辟

---

[1] 〔德〕恩格斯：《德国的民间故事书》，《马克思恩格斯论艺术》，北京，人民文学出版社1966年版，第401页。

邪的年画门神,祈福的剪纸、灯笼,婚庆时请来大戏,空闲时节听听评书等,都属日常劳动之余的快乐与慰藉方式。事实上,所谓自娱自乐,就是生活本身之"乐",即是与劳作、嫁娶、生死、集会、休憩等休戚相关的审美愉悦。因为许多民间文化作品就是人们实际生活的一部分,所以这种娱乐里常常又包含着实用。如,过去昆明街头的孩子们唱的《求雨歌》:

> 小小儿童哭哀哀,撒下秧苗不得栽。
> 巴望老天下大雨,乌云暴雨一起来。

显然,这虽然是儿童自娱的歌谣,但在特定情形下,也有实用性,是真实的祈雨仪式里歌谣的一个部分。

4. 主导文化

主导文化是指体现特定时代的群体整合、社会安定与和睦需要的具有教化功能并占据主流地位的文化。主导文化当然常常直接或间接传达统治群体制定的社会规范,以便教育、整合或感化社会公众,但又不等于所谓"官方文化",而往往可以传达各社会群体的共同的社会稳定需求。每个时代的统治群体都会有意识地书写或制作这种文本,并大力鼓励原来属于高雅文化的艺术家来参与这种旨在巩固统治性规范的书写工作,再借助行政手段加以传输和推广,以便更有效地利用艺术特有的审美感染力去教化公众。自汉儒董仲舒提出"罢黜百家,独尊儒术"以来,统治群体对艺术的控制就获得了明确的合法性。历代统治者及其精英集团都积极制作主导文化文本。诸葛亮的《前出师表》正是古典主导文化的一个范本。他首先陈述蜀国的"危急"情势,表达自己"追先帝之殊遇,欲报之于陛下"的忠心,提出"开张圣听"、"亲贤臣,远小人"等一系列社会整合和国家安定方略。接下来又坦诚表述自己对君王的耿耿忠心,发出"北定中原"、"兴复汉室"的铮铮誓言,从而近乎完美地表达了臣子为报主子知遇之恩而全力以赴的忠诚之心和献身精神。现代社会的主导文化由于借助现代大众传媒媒介的威力,更能实现社会动员的大量性和广泛性。

主导文化的主要特征在于教化性,也就是让公众在感兴中受到教育,化解内心郁结。由于这种文本往往代表政府与各阶层群体的共同利益,因而往往获得公众的认同。"主旋律"影片《生死抉择》可以说是当代主导文化的代表。它讲述了当今中国公众普遍关心的"反腐倡廉"故事。主人公海州市长李高成在市委副书记杨诚的协助和省委万书记的支持下,经过短暂而艰难的思索,战胜了自我,做出正确的抉择,起来斗倒了以郭中姚为首的"腐败集体",由此挖出了其后台省委副书记严阵等,从而夺取了反腐败斗争的胜利。影片出品后在各地激起共鸣,当时大小报纸有"在沪票房已超过1 200万元,创近年上海电影票房新纪录"、"在成都、重庆、郑州、苏州、无锡的票房收入均超过一般中影引进大片"、"《生死抉择》全国票房突破2 500万"等报道。《生死抉择》为什么如此轰动？编剧张平只说了一句："很简单，写了把百姓放在心坎上，不和腐败分子同流合污的好干部。"基于当代中国社会转型的采访纪实，张平指出："在整个制度没有健全时，我们党内的好干部是老百姓的最大希望，他们还能靠什么？我们这些文人坐在皮沙发上聊着天时，有什么权利指责百姓们的清官梦?!"①可以说，公众对党内各种腐败现象深恶痛绝，又对影片的揭露腐败功能充满好奇，是这部影片获得广泛关注的重要原因之一。电影影像有效地编织起一个独到而有力的反腐倡廉叙事，满足和迎合了公众关于廉政中国的文化想象和政治认同。当然，主导文化最忌讳的是简单照搬或图解教育意图，而是应把教育意图掩映在富有感染力的审美表现中，即体现真正的教化性。

三、审美文化历史因子②

从历史演变看，审美文化总处在不断变动中，烙下不同历史时段和民族文化的深刻印记。不妨把这种体现明显的历史时段和民族文化印记的审美文化状况统称为审美文化历史因子。当代社会中的我们常常会面对如下三种审美文化历史因子：古典性审美文化、现代性审美文化和外来审美文化。这三种审美文化历史因子，既可能以完整方式，也可能以碎片方式而与我们相遇。

1. 古典性审美文化

古典性审美文化，是指大约晚清前创造而至今仍发生影响的审美文化作品，是以古典的审美形式表现的不同于今人体验的审美文化。古典的审美形式，在这里是指与过去生活方式相应的审美符号及其组合方式；不同于今人体验，是指历史上人们对自身生活境遇有特定的感受和理解。从社会形态角度看，古典性审美文化是指在古代社会生活方式基础上建构的审美文化。古代社会主要处于自然经济的发展状态下，严格的权力等级被确立为社会的基本管理秩序。古典性审美文化成为建构这个有序世界的重要力量，体现中心化趋势，使人们能从中读解某种神圣的权威力量。中国古典性审美文化具有一种基本特征：空灵蕴藉。这是指中国古典审美文本善于在空灵境界中蕴含深长兴味。具体表现如下：

第一，空灵。这是古典性审美文化的特征之一，是指对空幻灵动的艺术境界

① 张平访谈：《简直腐败得令人难以置信》，http://www. smth. edu. cn/bbsgcon. php? board = Graduation&num = 677。

② 本节内容根据王一川主编：《美学与美育》(北京，中央广播电视大学出版社2001年版)第五章第二节相关内容改写，特此说明。

的追求。它往往追求以虚为本,而不是以实为本。这可以从审美境界和表现手法两方面看。

从审美境界看,空灵代表超脱于现实社会功利之上的空净和无为。王维的《终南别业》:"中岁颇好道,晚家南山陲。兴来每独往,胜事空自知。行到水穷处,坐看云起时。偶然值林叟,谈笑无还期。"初读这首诗,似乎没什么着意处:中年更喜欢"道",家也移居山边;感兴来了就独自出去走走,美景只个人独赏;走到溪水阻隔道路时,就坐下来看风云起落;如碰到那林中老人,就会谈笑忘记回家。似乎随心而作、随手而写,没啥特别用意,也就没有必然的意志或实体要去展现。全诗仅一字言"道",暗含一种空净、无为、闲逸的宇宙天道观念。清代人沈德潜评价此诗说:"行所无事,一片化机。"(《唐诗别裁集》卷九)"化机"也就是不着笔墨,不落实存,化入一片空灵。这种境界正是中国审美文化空灵之美的体现。

齐白石之虾

再从表现手法看,空灵意味着用以虚写实手法达到虚实相生效果。欣赏过齐白石所画"虾"的人,都有一个深刻印象:齐白石从来没有一笔是画"水"的。但没有人因此觉得画里面的虾是失去了水的"死虾",也没有人觉得画家没有画完而应该补画一下。类似地,德国著名的戏剧家布莱希特在俄罗斯观看梅兰芳的《贵妃醉酒》后,异常感慨和惊讶。因为梅兰芳在表演时手中并没有花朵,而只是作出手指拈花的姿态。布莱希特却分明感到可以闻到幽幽的花香。同样,《打渔杀家》里只用一面桨就表现了船的存在。这和西方戏剧理念不同。布莱希特为了表演的需要,就曾经打造一艘船,费了九牛二虎之力将它搬到舞台上。中国古典艺术则用以虚写实的方式"轻易"地实现了表现意图,体现了鲜明的空灵特征。

第二,流转有韵。这是指整体内各部分之间可以相互流动、运转而生成动人韵律。这具体地表现在整体天成和形式有韵两方面。整体天成,是指整体内各部分仿佛自然成为完整浑融的有机体。这颇近似于中国文化所欣赏的温玉之美:它是一个美的整体,但是没有可以看清的"结构关系",只有流转不已的线条和色泽;它似乎简单枯燥,没有内容,但又温润和谐,通体流畅。温玉之美的浑然一体,恰好象征了中国古典审美艺术的理想境界。宗白华指出:

> 中国画则喜欢在一竖立方形的直幅里,令人抬头先见远山,然后由远至近,逐渐返于画家或观者所流连盘桓的水边林下。《易经》上说:"无往不复,天地际也。"中国人看山水不是心往不返,目极无穷,而是"返身而诚","万物皆备于我"。王安石有两句诗云:"一水护田将绿绕,两山排闼送青来。"前一句写盘桓、流连、绸缪之情;下一句写由远至近,回返自心的空间感觉。①

也正是在这种整体天成中,可以感受到中国古典性审美文化的回环往复的形式韵律。形式韵律,是指中国古典艺术讲究一种回环往复的韵律之美。由于注重阴阳之气的协调,以气贯之的审美作品往往具有一种回环往复的音韵之美。诸如书法线条的婉转流连,文人画中一山一水的起伏呼应,诗歌词句的错落有致,建筑中的回阁曲廊等,中国古典性审美文化的韵调全在这种气息连连、通体流畅的美的形式中。

第三,蕴藉。这是指审美文化在效果上体现出兴味的多义和绵延不绝特性。审美文化的蕴藉效果首先表现为兴味含蕴不尽,即审美文本总是留给读者一种绵延不绝的回味空间,达到一种所谓"韵味无穷"的境界。所谓"韵",指的是"余音",当敲响巨钟的时候,首先是"当"的响声,此为"声",继而"嗡嗡"的余音响起,这相当于"韵";"味"指的是食物吃掉以后留给人的咀嚼不尽的感受。两个词都包含有"含蕴不尽、余意无穷"的意思。李白的《黄鹤楼送孟浩然之广陵》:

> 故人西辞黄鹤楼,烟花三月下扬州。
> 孤帆远影碧空尽,唯见长江天际流。

就诗歌的画面而言,我们仿佛看到一点孤帆渐渐消失在江面,长江水不断流向远方。而诗歌的意味不止于此。明是写景,实是写情,写那个惆怅地站在江边舍不得离开的人:长江横亘,大雁阵阵。黄鹤楼上游人如集市。诗人孤立在江边一石上,怔怔地负手而望。远方长江滚滚,什么也没有。我们也就可以感受到,这个站在江边发愣的人的心情可能是空空落落、凄凄惶惶的。可诗歌里却没一个字

---

① 宗白华:《中西画法所表现的空间意识》,《宗白华全集》第 2 卷,合肥,安徽教育出版社 1994 年版,第 148 页。

写人的具体情态。这就是唐代司空图《二十四诗品》讲的"不著一字,尽得风流",或者说是在字里行间蕴含着"言外之意"、"韵外之致"。

2. 现代性审美文化

现代性审美文化是指晚清以来至今建立在现代生活方式基础上的审美文化。从社会形态演变角度看,现代性审美文化实质上代表了现代生活方式给人类审美与艺术模式带来的巨变。现代工业打破了古代社会的经济基础,彻底改变了人们的审美媒介、审美观念和审美意识等。媒介或通讯技术的革命和运输的革命使得运动、速度、光和声音发生了新变化,最终导致了传统的时间秩序和空间秩序感觉的错乱、崩溃。大机器生产,一方面使人们不得不消除个性并参与到集体劳作之中,一方面又在生产巨额利润的同时,历史性地生产了前所未有的"欲望"。传统的自我意识因此发生了变化。随着现代社会工业化和信息化经济成为现代社会的发展基础,审美文化趋向于多元、多向的发展,某一种权力化的文化思想"大一统"的格局被打破了。在这时,原来处于中心地位的古典性文化的神圣话语遭到了拆解,多元并置、杂语喧哗成为现代社会的特征。世界各民族在不同的历史时期进行或完成了现代性文化的演变。自鸦片战争以来的中国,不得不参照西方文化而开始自身的现代性审美文化建构。

现代性审美文化在审美媒介、审美符码、审美文本等方面几乎焕然一新。这是出于借助现代审美媒介和形式去表达现代性体验的迫切要求。例如,报纸杂志、电台、电视、电脑、网络等现代传媒形式逐渐地成为人们审美鉴赏、消费和娱乐不可或缺的媒介。相应地,古代文言文被现代白话文替代,章回体小说逐渐退出现代主流视野,带有实验性质的新文体小说大量出现,传统格律诗也让位于自由体新诗。这些新的审美形式的出现给世人带来了崭新的体验。在电影《西洋镜》里,当来自西方的电影首次与中国观众见面,火车在银幕上向人们冲来的时候,人们急遽躲闪。这种由虚拟形象带给人的震惊是过去的审美形式如绘画、戏曲和雕塑等所不可能提供的。

就中国而言,不存在可与古典性审美文化一刀两断的现代性审美文化,它们两者之间其实常常可能似断实连或藕断丝连,具有微妙而又重要的联系。尽管如此,还是可以简要地说,中国现代性审美文化的审美特征在于实中含空。实中含空是指在实存崇尚中暗蕴空灵与兴味。具体可从两方面理解:

第一,在实存中蕴含局部空灵。现代性审美文化的审美形象日益具体、细致、逼真,例如,实实在在的艺术典型而非空灵意境占据了审美文化的主流。徐悲鸿的静物油画、人体素描,鲁迅写实白描的故乡图景、农民生态等,都已经成为现代性审美文化的经典。即使是所谓"新感觉"派小说、印象派绘画等,虽然不是以客体的世界作为描绘的对象,但仍旧把人的心理世界作为实体来进行反映。就主题而言,现代性文化更加关注现实的人生、存在的矛盾问题等,玄妙虚静的诗意不再是关注的焦点。冰心的问题小说、鲁迅的战斗杂文、田汉的抗战歌曲等,已经不是要激发起人们形而上的玄妙思索、空灵体验,而是要启迪人们面对现实,思考出路。从形式角度讲,审美文化的传达媒介和表达符码都发生了巨大变化,增强了这种以实体为本的趋势。如照相术的出现可以使得一个"形象"不经由过多的人工修饰就异常逼真地呈现在人们面前。摄影机更是可以完全按照人类活动的真实样子来进行记录。而且,现代媒介,如银幕、相片等等,也难以再"计白当黑"、表达那种指向无限的空灵境界了。总之,无论是媒介、符码还是文本意义,现代性审美文化都日益减少了虚空的意味,使得面对世界的实体细描成为主要倾向。

第二,明晰中有兴味。与古典性审美文化擅长于以空灵蕴藉的审美形象动人不同,现代性审美文化常常注重明晰,这是指在审美表现上寻求明确而不含糊、清晰而不朦胧。刘半农的诗《相隔一层纸》:

> 屋子里拢着炉火/老爷吩咐开窗买水果/说"天气不冷火太热/别任它烤坏了我。"/屋子外躺着一个叫花子/咬紧了牙齿对着北风喊"要死"!/可怜屋里和屋外/相隔只有一层纸。

诗人的意思明确地通过画面对比表达出来,它所要激发的也是一种对现实问题的思考和认识。"可怜屋里和屋外/相隔只有一层纸"作为"诗眼",一句可谓言尽意到,给读者预留了较少的再思空间。还应当看到,科技进步给中国文化带来了新的表现媒介。诸如摄影摄像、电影、电视等,使得现代性审美文化向"仿真式再现"发展,审美形象呈现出"视觉化倾向"。审美形象和实际生活的距离拉近了,意味更加明确了。

值得注意的是,中国文化的特色依旧留存在现代性审美文化中:在那种以实体为本的文化产品中,可以依稀寻觅局部的空灵印迹和兴味的意蕴。如当代女诗人扎西拉姆·多多所写的《见与不见》①一诗:

> 你见 或者不见我/我就在那里/不悲不喜/你念 或者不念我/情就在那里/不来不去/你爱 或者不爱我/爱就在那里/不增不减/你跟 或者不跟我/我的手就在你手里/不舍不弃/来我的怀里/或者/让我住进你的心里/默然 相爱/寂静 喜欢

全诗蕴藏了一往情深的话语和无限留恋的意味,表达了现代人对于佛家慈悲心怀的崇敬和赞颂。诗歌不求意义完足,而是通过倾诉的方式,并不描绘具体情

---

① 原题为"班扎古鲁白玛的沉默"(梵文意思是"莲花生大师")。

状,而是只写心绪,宛若私语耳边,留下无限的遐想空间,余音袅袅,蕴意不断。

事实上,鲁迅《药》结尾处的花环,张爱玲《倾城之恋》的胡琴声,金庸小说里面飘逸归隐的结局,周作人散文中言已尽而意有余的感受等,无不是由实向虚,实中含虚。可见,现代性审美文化在其实存主导中仍可能残留着深长的空灵、兴感意味。

3. 外来审美文化

外来审美文化是指来自外国民族而在中国产生影响的审美文化。"外来文化"之不同于"外国文化",正在于"外来"意味着从外国文化来到中国并在中国发生了实际的影响,甚至逐渐演变成中国文化的因子。从来源上和性质上看,外来审美文化来自中国(或中原)以外的其他民族,携带外来民族文化色彩。在中国,诸如佛教艺术、教堂建筑、交响乐、芭蕾舞、油画、好莱坞电影等,这些艺术并非中国土生土长,而是来自于世界各个民族。从审美效果上看,外来审美文化应是一种在本地文化中产生了一定影响的、具有相对独立的存在形态的审美文化。在历史长河中,纯粹的和静态的"外来"文化是不可能的,例如,随着欧洲文化在现代中国的传播的深入,那首广为传颂的裴多菲名诗("生命诚可贵,爱情价更高。若为自由故,二者皆可抛")听起来仿佛更像一首中国古诗了。再如河南洛阳的龙门石刻大佛,本来是接受佛教东传的产物,却又感染了汉族贵族的审美理想,在宝相庄严中闪现了典雅和高贵,成为被美化了的大唐帝国高居九重的帝王化身。这表明,外来审美文化是一种在交流中演变成的异族文化形态。

外来审美文化的基本特征在于奇异而逼真。其具体表现为如下方面:

第一,奇异。指外国文化进入中国文化地域后所呈现的一种迥异于中国本土文化的奇特与异样特征。异族文化是建立在其民族生活方式基础上的,往往具有自己独特的价值观念和文化意义,常常和中国民族的文化形成一定意义上的对比,从而显示出奇异性。像那首在中国流传极广的英国诗人雪莱的《西风颂》,就用热情的笔赞颂了伟大的破坏力,赞颂了荡涤一切的毁灭力:

> 在你的川流上,在骚动的高空,/纷乱的乌云,那雨和电的天使,/正像大地凋零枯败的落叶无穷……从那茫茫地平线阴暗的边缘/直到苍穹的绝顶,到处散布着/迫近的暴风雨飘摇翻腾的发卷。

最后,诗人寄望"西风"以其伟大的摧毁力量来唤醒世界:"让预言的号角奏鸣! 哦,风啊,/如果冬天来了,春天还会远吗?"[①]这首诗透露着一种激烈反叛的精神,充满了鲁迅所称道的"摩罗诗力"。这种勇于行动的"撒旦精神"恰是中国古典

---

① 〔英〕雪莱:《西风颂》,载《雪莱诗选》,江枫译,长沙,湖南人民出版社1980年版,第87—91页。

性审美文化所匮乏的。而在托尔斯泰的小说《复活》里，又存在着一种悲悯的基督情怀，主人公聂赫留朵夫经历了浪荡、仇恨和爱等人生体验后，觉得只有"宽恕"才能拯救世界："现在他才明白，他亲眼目睹的一切惨事是怎么产生的，怎样才能加以消灭。他找不到的答案，原来就是基督对彼得说的那段话：要永远饶恕一切人，要无数次地饶恕人，因为世界上没有一个无罪的人，可以惩罚或者纠正别人。"显然，这种西方宗教观念，这种"原罪"思想也是中国文化所没有的。它们也就可以在中国文化的意义体系中创生一种奇异的审美景观。

第二，徵实。与中国古典性审美文化讲求空灵和蕴藉不同，外来审美文化，尤其是外来西方文化则具有一种追问本体、以实体为本的传统。在西方人的宇宙模式里，"实体"和"虚空"截然不同和相互分离，其间没有任何联系。"虚空只是一个空间场所，实体才是唯一重要的，它占据空间，在空间里生存、活动、伸展、追

塞尚的静物绘画

求。"同时，"实体意味着已知，虚空意味着未知。实体和虚空不仅包含着物体和空间的分离，还包含已知和未知的对立。"①和中国艺术由一个有限的、实体的世界指向无限而空灵的世界截然不同，西方艺术就沿着一个实体的世界展开，虚空变成了被排斥在外的未知的世界。在具体作品中，这种徵实特征体现得比较明显。在法国画家塞尚的一幅静物绘画中，红、黄鲜艳的石榴散布在果盘和白布上面，从黑暗的角落里向外洒落。整个画面的空间被色彩和物体充满，没有一点虚空——显然，重要的是实体的表现和识别，因为世界是由一系列的实体组成。而中国明代文人徐徐渭在《榴实图》里也画了一幅石榴，长长的卷幅，两个细细的石榴枝，却是从一半处画起；所谓石榴也只有孤零零的一个，几片历历可数的叶子伸向四周。可以说，整幅画主要表现的是虚空，或者说是用虚空的方式来进行的表现。由此对比可以约略见出西方审美文化以实体为本的特征。

当然，进入20世纪以来，西方审美文化的这种实体特征已发生很大改变，实体往往被视为以往人们的一种人为假定或幻觉，它里面充满不确定、差异和裂缝等。这从无调性音乐、"新小说"、波普艺术、拉美魔幻现实主义文学等现代艺术的特征可见一斑，但需要另文论述。这至少表明，西方审美文化也是一种不断变化的过程，也常常吸纳外来文化去丰富和变革自身。

---

① 张法：《中西美学与文化精神》，北京，北京大学出版社1994年版，第16页。

第三, 逼真。这体现为外来审美文化对形式的确定性追求。在西方历史上, 形式把握一直以来至关重要。可以说, 形式在西方文化中具有根本性的意义①。所谓实体总要呈现为一定的形式; 而对形式的重视和把握, 又是为了对实体进行理解和定位。而中国审美文化则重视从整体角度把握世界, 在审美上就呈现为流转有韵的特征。简言之, 与中国古典性审美文化重在形式的模糊不同, 西方审美文化体现了重在形式逼真的偏向。

徐渭《榴实图》

　　从创作的角度讲, 表现世界的过程也就是让世界的不同形式呈现在笔下的过程。在绘画中, 色彩、线条、色块、结构等等都是必需的手段, 都必须要合乎形式的需要; 透视的原则是要为实物形式的合理呈现确立最佳的角度; 画面上不同事物都要找到不同的形式特征, 从而彻底和其他事物区分。在这里, 形式符合事物, 也就是要形似。中国绘画却讲究"写意", 要求超越形式技法, 达到"无法之法, 乃为至法"。苏东坡说, 画画时不能追求形似: "论画以形似, 见与儿童邻", 反对将事物的全部形式呈现在外形上, 讽刺追求外形逼真的观点实在幼稚可笑。

　　从接受角度讲, 一幅画的好坏必须看其是否逼真、是否合乎自然。如果出现了不合乎事物的存在形式的现象, 那就成为一件值得关注的大事。歌德见到画家吕邦斯的一幅画, 人物影子的方向和阳光的方向相反。歌德于是进行了一番解释: 艺术家在个别细节上必须忠实于自然, 但是在较高境界里面, 又可以采用虚构的方式。而在中国绘画中, 违背自然的事却比比皆是。据说苏东坡给人画竹用了红色, 人家不满意, 可苏东坡却说, 竹子不是黑的却可以用黑色来画, 为什么就不能用红色画呢? 显然, 在欣赏艺术时, 中国不注重形式外表是否合乎事物的存在形式, 而西方审美文化则特别看重这一点。

　　当然, 西方伴随 20 世纪以来社会状况的变迁, 审美观念与艺术已经发生了巨大变化, 尤其是"后现代文化"、"消费文化"、"媒体文化"等呈现出挑战与反叛态势②, 它们已经和正在对中国审美文化产生程度不同的影响。这些如果继续沿用奇异而逼真特征去概括, 显然已不能完全适用了。对此需要另作讨论。

---

① 张法:《中西美学与文化精神》, 北京, 北京大学出版社 1994 年版, 第 23 页。

② 参见〔德〕科斯洛夫斯基:《后现代文化》, 毛怡红译, 北京, 中央编译出版社 1999 年版;〔英〕卢瑞:《消费文化》, 张萍译, 南京, 南京大学出版社 2003 年版;〔美〕凯尔纳:《媒体文化》, 丁宁译, 北京, 商务印书馆 2004 年版。

四、审美文化的前沿风景

随着网络、手机等新媒介的迅猛发展以及世俗化进程的加快,我国当代审美文化正不断发生着流变,呈现出更为斑驳的景观:网络文化不断开疆辟土,手机文化方兴未艾,青年亚文化在争夺着文化空间,各种文化形态相互渗透转化。当代审美文化构成了一个不停旋转、多姿多彩的万花筒,带来新奇的文化体验。这些文化形态诚然并非全属于审美文化,但其中却可能包含着审美文化。

1. 网络文化

网络文化是在计算机网络传播和人际双向交流中形成的符号表意行为及其成果,既包括借助网络媒介传输的文化(如网上新闻、学术、商业、艺术等),也包括在网络传播中生成的文化(如网络文学、网络视频、网络游戏、网络绘画等)。

(1)网络文化的特点。这集中表现在网络传播主体、网络文本形态和网络传播精神三个方面。

第一,网络传播主体具有虚拟化和交互性。网络是一个虚拟化和交互性的言说主体发布信息的平台。虚拟化是指真实的言说者(网友)以无奇不有的"网名"这种虚拟身份在"虚拟现实"(virtual reality)中展开交际,如游逛、"灌水"、"拍砖"①、交友甚至举办婚礼,获得一种角色扮演的乐趣,体会三维空间里逼真而奇幻的感觉。对此尼葛洛庞帝曾有过这样的描绘:"假如我从我波士顿起居室的电子窗口(电脑屏幕)一眼望出去,能看到阿尔卑斯山(Alps),听到牛铃声声,闻到(数字化的)夏日牛粪味,那么在某种意义上我几乎已经身在瑞士了。"②在这里,"我"并非生活中真实的"我",而是徜徉在神奇的电脑世界中的虚拟的"我","我"所体验到的"瑞士",也不同于现实中的欧洲国家,而是一个依靠电脑科技达到的虚拟空间和诗意的国度。

除了虚拟化,网络言说主体还总是处在互动状态中。互动是指网络言说主体所进行的言说行为具有作者与读者的双向属性,两者身份随时可以交换。"网络世代的文化核心就是互动。"③这在"同人"作品④、"接龙小说"、"互动小说"和"跟帖小说"等网络文本中表现得尤为明显。以2000年人气最旺的BBS(互联网公告

---

① "灌水"是在随便一个话题里面任意地回复帖子,"拍砖"是对某人或某观点进行评判。

② 〔美〕尼古拉·尼葛洛庞帝:《数字化生存》,胡泳、范海燕译,海口,海南出版社1997年版,第194页。

③ 〔美〕唐·泰普斯科特:《数字化成长:网络世代的崛起》,陈晓开、袁世佩译,大连,东北财经大学出版社1999年版,第111页。

④ 同人(fan art)是同好者在原作或原型的基础上进行的再创作活动及其产物。参见王铮:《同人的世界》,北京,新华出版社2008年版,第3页。

板)跟帖小说《风中玫瑰》为例。它由作者在 BBS 上发帖、网友回帖共同组成。作者"风中玫瑰"是一位首次发表作品的网民,从她在 BBS 上张贴小说开始,在 10 个月的创作过程期间,网友不是被动地等待阅读完整的作品,而是对其不断评论、鼓励和质疑,最后与"风中玫瑰"一起参与完成了这个文本。在后来由人民文学出版社出版的同名小说中,网民占据的篇幅甚至超出了原著内容,打破了传统出版物作者唱独角戏的写作模式①。

第二,网络文化的文本形态是界面形态。"界面"(interface)本意是指两个系统之间通信的场所,也就是多种不断流动的信息源面对面的交汇场所。网络文本的界面形态表现在:网络文本具有多媒体共享的动态特点,还有着超文本性。"超文本"(hypertext)指的是一种分叉的、允许读者选择、最好在交互屏幕上阅读的文本②。超文本不再遵循纸张赋予文本的整齐划一的形式,而是跳跃、游动着,像一个幽灵一样穿梭于人的心灵,不断激发你的行动和参与。网络文本以其多彩仿真的气息及多元界面,呈现出独特的审美意味。台湾诗人姚大钧创作了诸多网络诗歌,有一首诗题为《淹……》,全诗只有两句:"X 音淹满了四周/我呼吸不过来。"X 是几十个字的聚合,比如"噪、乐、长、短、乡、声、杂、低、高、拼、注、半……"这些字在同一个位置不断变化,由慢到快,让人感觉仿佛淹没在声音的海洋中。"我呼吸不过来"这一句则采用文字竖排的方式,"呼"和"吸"两字上下交替出现,如喘息一般。这样的网络文本以全新动态和超文本的方式冲击着读者的想象力,这样的界面形态也只有网络才能承载③。

第三,网络传播的精神是狂欢化。在虚拟化和匿名身份的"面具"保护下,网络传播将人们带入了一个自由、狂放的虚拟世界,网络世界里只有众神,没有上帝,弥漫着一种类似巴赫金所说的"狂欢式的世界感受",具有狂欢化色彩。与日常生活不同,狂欢化的网络生活暂时取消了一切等级、权力、差别、隔阂和禁锢,其主要特点是无等级性、大众性、宣泄性、颠覆性、坚持对话、崇尚变革。"狂欢式的生活,是脱离了常轨的生活,在某种程度上是'翻了个的生活',是'反面的生活'。"④数字化生存是类似狂欢节的"第二世界和第二生活",赛伯空间相当于节日广场,回荡"广场"的是不拘形迹的网络语言。网络的狂欢化意味着自由和平等,拒绝权威,意味着对日常生活的冒犯和颠覆。

不过,我们也应注意到,网络赋予了虚拟广场上的人们喊口号的权力,但也可能使一些网民失去了理性思考的过程;它赋予了个体一种"主人翁"幻觉,却让他

---

① 风中玫瑰:《风中玫瑰》,北京,人民文学出版社 2001 年版,第 21—22 页。
② 黄鸣奋:《超文本诗学》,厦门,厦门大学出版社 2002 年版,第 11 页。
③ 参见许列星:《网络文学及其文化思考》,《当代文坛》2002 年第 3 期。
④ 〔俄〕巴赫金:《诗学与访谈》,白春仁、顾亚玲等译,石家庄,河北教育出版社 1998 年版,第 161 页。

们沦为无法自控的冲动的行动者。所以,到底网络文化中的"广场政治"是一种民主政治还是一种导致极权的政治呢?这个问题一直纠缠着社会学家。就其负面色彩而言,广场政治是一种不能解决问题却可以掩盖问题的方式,是一种可以激发社会情绪而不能缓解社会情绪的方式,是一种无法带来民主体制却可以带来民主幻觉的方式。

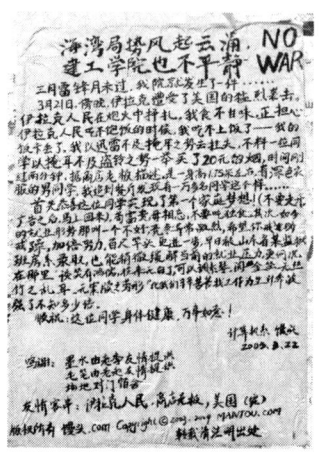

史上最强的寻物启事

(2)网络文学。作为网络文化的重要构成的网络文学,主要是指网民在网络上发表的原创文学①。它有两个含义:第一,网络文学的原创者是网民,即网络的使用者。第二,网络文学的原创地和主要传播媒介是网络。大陆的文学网站目前正在蓬勃发展,"起点中文"、"幻剑书盟"、"红袖添香"等文学网站有着很高的人气,每天更新的创作数量惊人,推出了安妮宝贝、李寻欢、宁财神、今何在、蔡骏、慕容雪村、宁肯、跳舞、墨武、月关等著名网络作家。

网络文学继承了网络的精神特质,如自由、开放、平等,大有使文学重回民间之势②。新型的网络交往带来了新的审美意识和言语生活形式,产生了新的独特的修辞风格。由于受到带宽和读屏的限制,网络文学的语言表达趋向简短、新奇、戏谑、口语化。不妨看原创文学网站"榕树下"的"Q贴"社区的版主留言:

> 最酷的,最牛的,最搞笑的,最有想法的,最好玩的,最好看的,最吸引眼球的,最十三点的,最人来疯的,最无厘头的,不置顶不要的,五湖四海,海纳百川,包容万象,超级板砖排行榜。图片兼容;刷屏打屁屁。③

这段话文字短促简洁,句子爆发力强,极富冲击力,充满着强烈的亲昵化、疯癫、搞笑和游戏精神和狂欢色彩。

戏仿是网络文学最常用的一种修辞手法。戏仿就是仿拟他者语言以取得开玩笑、戏谑或调侃的效果。戏仿不是网络文学独有的东西,但由于它正好契合了网络的游戏精神,因而能够在网民特别是大学校园里大行其道。网络文学常常将大众耳熟能详的语言纳入新的语境,制造一种喜剧性的反讽效果。如《文嚎版鹿鼎记》有这样一段:

---

① 至于近年的"博客文化"现象,可以作为网络文化中的特殊形态去考察。

② 李寻欢:《我的网络文学观》,《网络报·大众版》,2000年2月21日。

③ http://vip. rongshuxia. com/rss/bbs_list. rs? bid = 108710.

索额图听了,皱起了眉头,说:"竟然有这样的事!政府三令五申,要树立为民办事的观念,禁止乱收费,怎么下面还这么搞。不用担心,我回去再下个文,一个月内全面改观。"

商人们听了,都不禁喜上眉梢,连声道谢。索额图摆摆手,说:"还有一件事,差点忘了。我们那里的那顶轿子,也已经太旧了,所以开了会决定重新买一顶,不过最近经费不是很足,看来又得麻烦大家了。"①

这个片段在戏仿金庸的同时也戏仿了官场流行的公文语言和官僚套话,对当下的腐败进行了嘲讽和颠覆,起到了"官场现形记"式反讽效果,体现了一定的社会批判力量。同时,拼贴也是网络文学常见手法之一,是"一种即兴或改编的文化过程,客体、符号或行为由此被移植到不同的意义系统与文化背景之中,从而获得新的意味"②。这些戏仿和拼贴让经典文本的神圣性被消解了。我们不妨问:这些戏仿和拼贴是否还存在着美感和理性呢?

(3)网络文化与当代审美文化。

网络文化无疑正深刻地影响当代审美文化。以光速传播、无损耗、无限复制的网络吸引着传统艺术调整其媒介传播方式,以便适应网络传播的需要:广播和电视节目借助于网络与观众互动,文学报刊纷纷发行电子版,艺术家建立自己的网站,艺术的传播媒介发生了泛化,传统艺术作品的传播变得更加日常化、消闲化、大众化,各种艺术作品都成为"网络复制时代的艺术"。传统的艺术形式也"触网生变",趋向于以日常趣味性取胜,依托人们的日常生活的感性经验进行叙事。BBS、博客(含微博)等网络沟通方式扩大了民众进行艺术创造的话语权。相应的,新的艺术与审美形式也在网络时代中诞生,如 Flash 的出现和流行。作为一种优秀的网页动画设计软件,Flash 可以将音乐、声效、动画及富有新意的界面融合在一起,小巧玲珑,下载迅速,播放便利。Flash 已成为一种新的网络艺术形式。网络视频、网络游戏和博客文化等介乎于艺术与非艺术之间的审美形式也在静悄悄地动摇和改变着我们的传统审美观念。2010 年草根歌手(如"西单女孩"、"旭日阳刚"组合等)的演唱视频、网络视频短片《老男孩》的风靡网络,都充分显示了新媒体改造和创生美学艺术的力量。

应该强调的是,对网络文化的审美价值不能过分乐观。网络文化诚然可以带来个体间互动的自由、平等和快乐,但是,它更加不可缺少的却是深切的生存体

---

① http://www.moon-soft.com/program/bbs/readelite57433.htm.
② 〔美〕约翰·费斯克等编撰:《关键概念:传播与文化研究辞典》(第二版),李彬译注,北京,新华出版社2004 年版,第 31 页。

验、想象力和独创性①。网络实际上是一把双刃剑:在带来自由、快速、轻松和宽容的同时,也使人们沉溺于虚拟时空,一味搞笑,懒于思考,远离大地,变得"肢体截肢"。

2. 手机文化

手机文化是通过手机媒介、网络媒介和人际交流而形成的各种符号表意行为及其成果。由于手机主要依靠大拇指操作,因此手机文化也被称作"拇指文化"。作为一种移动网络媒介,手机是当下最受人们青睐的沟通方式之一,被誉为"开天辟地以来的最完美、最强大、最潜力无穷的第一媒介。"②到 2010 年底,中国移动电话用户已经超过 8.59 亿户,手机网民数达到 3.03 亿人③。

从词源学角度看,手机(cellphone)的"cell"("细胞")蕴涵着创造功能,这也预示着手机除了有移动通话的功能,还有生成和创造文化的功能。手机彩铃、手机文学、手机上网④、手机报纸、手机动漫、手机游戏、手机摄影、手机广播、手机电视、手机电影等相继亮相,引爆了炫目的手机文化。限于篇幅,这里主要分析手机文化中的短信文化和手机文学。

短信文化是通过手机移动网络发送、储存、欣赏和转发短信息的文化形态。手机短信包括短消息(文字形式)和彩信(多媒体形式)。自 1992 年世界上第一条短信息在英国发送成功后,短信在世界各国呈现出爆炸性的增长趋势:"从世界范围来看,2006 年的估计数字是:手机短信及其改进文本将要占到年轻人手机费用的 85%,实际上的口头交谈将要退居第二位。"⑤2004 年全球手机短信发送总量是5 100亿条,中国就占了三分之一⑥。2010 年中国各类短信发送量高达 8 317 亿条,人年均发送短信量超过 620 条⑦。短信成为中国人最普及的沟通方式之一。用"手机小说"作家千夫长的话就是:"凭借人们对短信已经形成的习惯和依赖,短信已经是人体'不可分割的电子器官'。"⑧

---

① 王一川:《网络时代文学:什么是不能少的?》,《大家》2000 年第 3 期。

② 〔美〕保罗·莱文森:《手机——挡不住的呼唤》,何道宽译,北京,中国人民大学出版社 2004 年版,译者序,第 6 页。

③ 数据来源:《2010 年全国电信业统计公报》,http://www.miit.gov.cn/n11293472/n11293832/n11294132/n12858447/13578942.html。

④ 手机上网是互联网和手机联姻的产物,目前国内最大的手机虚拟社区注册会员达 300 多万。详见空中传媒编著:《手机不夜城:中国手机文学第一手抄本》,北京,大众文艺出版社 2005 年版。

⑤ 〔美〕保罗·莱文森:《手机——挡不住的呼唤》,何道宽译,北京,中国人民大学出版社 2004 年版,第 98页。

⑥ 时统宇:《手机短信火爆的文化基因》,《青年记者》2006 年第 13 期。

⑦ 数据来源:《2010 年全国电信业统计公报》。

⑧ 千夫长:《城外》,沈阳,春风文艺出版社 2004 年版,第 110 页。

新编美学教程

人们青睐手机短信,首先是因为相比其他媒介,它的费用较为低廉;其次是因为操作便利,即发即收,互动性强;再次是它更自由,保密性更强,更符合中国人含蓄、内敛的文化心理。短信使文字优势重新凸现出来,如学者莱文森所说:"文本无声、精确和耐久的优势——始终对声音的优势——终于再一次显示出自己的勇气。"①随着通讯技术的突飞猛进,随着融声音、图片、文字于一体的彩信的出现,随着手机与网络的日渐融合,短信赢得了越来越多的人的喜爱。当下中国流行的短信主要分为祝福短信、爱情短信、娱乐短信等几类。祝福短信多发送于节日和非常时期。

随着手机的普及,为满足人们对更多高质量短信的需求,通讯公司和各门户网站合作聘用专门的"短信写手"进行创作,把量身订制的短信放到网络上供用户有偿下载。在这一过程中,一种新兴的文学语言景观——短信体逐渐形成,短信体成为最具公众号召力的一种新型文学语言样式。为便于记忆、保存、转发、传播,短信体相应要具有诗歌的简洁、灵动、含蓄,笑话的机智,相声的"包袱",小小说的精致,散文的优美。短信体的特点主要有:简短、同感性、速笑性②。

第一,简短。受传输技术、手机内存和屏幕的限制,手机一般发送不高于140字节的纯文字信息,即只能发送70个汉字。这就使得段子、民谣、打油诗、成语、歇后语、对联、顺口溜等简洁文体构成短信体的主体,精练的文言文和古典诗词也东山再起。短信可谓古人吟诗作对的现代版:"防非典秘方:快乐十分,运动七两,小心八钱,关爱一片,温暖半斤。闲心一份作引,与清风一丝、明月一轮共煮,熬至半夏,顿服一剂。"模仿中医药方,富有古典韵味,使人心情舒畅,发思古之幽情。

第二,同感性。从主体间条件看,发送者和收看者往往相识,源于共同的社群沟通、同感、同情、关爱或宣泄等需要。如:"感情已欠费,爱情已停机,诺言是空号,信任已关机,关怀无法接通,美好不在服务区,一切已与服务器断开连接,生活彻底死机!"用一系列电信术语来传达对感情的失望和调侃,文字亦庄亦谐,适用于曾深爱的恋人之间或在好友之间共享。与传统艺术悉心追求意义深度、历史关怀相比,短信更关注日常生活中的同感的传递,功能类似公共领域而又文体接近民谣。如:"医院四花:排队挂号,头昏眼花;医生诊断,天女散花;药品收费,雾里看花;久治不愈,药费白花。"抒发出对医疗腐败现象的不满。

第三,速笑性。这在短信笑话中表现得尤为突出,即它必须在半分钟左右这个超短时间内迅速引人发笑。如下面这个流传甚广的短信:"不许动!全部举起

---

① 〔美〕保罗·莱文森:《手机——挡不住的呼唤》,何道宽译,北京,中国人民大学出版社2004年版,第110页。

② 参见王一川:《短信笑话与文学语言的新景观》,《江汉论坛》2006年第3期。

手,不许动!抢劫!全部举起手来!男的站左边,女的站右边,变态的站中间,哎!说的就是你,还装着看手机!"这里引发的笑不是一般的大笑,而是好友之间的会心的微笑,有助于释放压力,发泄郁闷。

以上三个特点可以概括为短语博笑修辞,是说短信总是一种精心设计的旨在传达日常生活同感和引发笑声的短语组织及行为。传达同感和博得笑声是短信的两大社会功能。

随着短信体这一语言形式对现成主流文学语言构成强力挑战,一种专门适合于手机用户传播的、语言短而新奇又兴味深长的文学样式——手机文学正在兴起。从文本样式看,手机文学一般包括短信版、网络版(WAP)和语音版(IVR),其中短信版最为常见。从文体上看,手机文学中诗歌、散文占绝大多数。如缪立士的《扛梯子的人》:"一个扛着梯子的人,在大街上走来走去,他在寻找从哪里可以登上青天。"[1]拥有寓言、格言式的深刻,朴素无奇中含有深意,直指浮躁、功利的世俗人情。也有几十个字的微型小说,如章法洪的《贩与乞》仅 62 个字:

> 一残疾少年当街乞讨,无人问津。偶见一卖枣妇女经过,妇女卸担,捧出大枣塞给少年,笑说:"阿姨没钱。"见此,笔者三日不知肉味。[2]

运用白描手法,寥寥数语,管窥世道人心,善良、乐观的"卖枣妇女"的形象跃然纸上。

连载小说和彩信小说的字数较多,以中国第一部手机小说《城外》为例。这部小说共 4 200 字,分割成 60 条短信"出版发行",每条 70 字左右(包括标点),手机用户用每条 3 角钱的价格每天接收两条,一个月读完。除了短信版之外,《城外》还有网络版和语音版两种版本,这两种版本约 25 000 字。《城外》讲述的是两个来自"围城"(家庭)的人在"城外"相恋,后因为世俗伦理而分开的故事。《城外》的语言也不同于传统小说的语言。

可以看《城外》的首尾两条短信:第 1 条:"走出围城首次到城外约会,接头暗号是张爱玲名句:于千万年之中遇见的人,于时间的无涯荒野中,没有早一步没有晚一步,刚好赶上了。"第 60 条:"想得美好做得浪漫,像小说也像诗就是不像现实,偏偏生活在现实。城外没有路城内回不去,爱本是虚无缥缈,满眼风景转头空,人间换了四季。"从这两则短信看,《城外》的语言有很强的诗歌的节奏感和跳跃性,含蓄而饱含哲理。小说虽短,但从主人公的"首次约会"的"浪漫"到分手时的"虚无",小说有着相对完整的故事情节、个性突出的主人公,因此《城外》被称为

---

① 李少君主编:《扛梯子的人:中国首届全球通短信文学大赛作品选粹》,昆明,云南人民出版社 2005 年版,第 57 页。
② 同上书,第 140 页。

"微型建构,长篇气质"。

手机文化虽然被称作"电子零食",还未成为"文化正餐",但对当代审美文化已经产生了一些鲜明的影响:第一,作为一种新兴文体,短信体促成了文学创作与接受的转变,如趋于草根化、精致化和段子化等。手机短信的重要创作者是草根,人人都可以编写和发送具有文学性的短信,即使是短信写手的成品短信,受众也可以进行修改、打磨和二度创作。"短语博笑修辞体"导致文学开始"瘦身",使得短信的语言日趋精致和幽默,更讲究峰回路转和迅速引人发笑。如短信写手戴鹏飞的短信小说《谁让你爱上洋葱的》,全"书"5万字,讲了一个没有结果的爱情故事,从人物对话到感情纠葛,都是通过互发短信完成的,几乎都是幽默、哲理或言情的段子,这预示着文学语言在向简短、精致、口语化、娱乐化和细描日常体验的方向发展。第二,作为一种传达情感的方式,手机文化投射出社会文化心理的转变。从订阅人数和点击率上看,目前的手机小说主要有两性情感故事、鬼故事、搞笑故事三大类,这表明在社会转型期情感问题成为人们关注的焦点,也暗示出读者寻求娱乐放松的心理倾向。手机文化可以成为文化心理的风向标。第三,作为一种消费文化,手机文化丰富了大众文化的类型,加速了文学的市场化。手机文化具有流行性、通俗化、娱乐性和快速复制等特点,进一步扩大了大众文化的阵营。手机文化从一开始就与商业化运作纠缠在一起,如《城外》的各种版权稿费就高达100万元。短信写手在创作时首先考虑用户下载和订阅数量。是市场而不是审美最先决定短信文学的价值。这会进一步影响和改变着文学的传统审美旨趣和属性。

这表明,手机文学或手机文化正在深刻地影响着当代审美文化。难怪美国学者保罗·莱文森曾充满诗意地把手机比作"温馨的移动家园",认为手机铃声是"挡不住的诱惑"。世界范围的统计数字说明,手机比网络更受人欢迎[1]。可以预期的是,随着手机用户的普及,更富原创性的手机文化会不断涌现,会对当代审美文化带来更大的冲击。但是,更应该冷峻地看到,由于过分贴近社群日常生活的实用性,或过分追求段子化、娱乐性和市场性,许多手机短信缺失了高远的审美想象力和深刻的社会批判力,这对于手机文化的原创性和审美价值的保持和发展是不利的。

3. 青年亚文化

亚文化(subculture,也译为次文化),是通过风格化方式挑战正统或主流文化以便建立集体认同的附属性文化形态。亚文化的英文前缀"sub"意味着附属、边

---

[1] 〔美〕保罗·莱文森:《手机——挡不住的呼唤》,何道宽译,北京,中国人民大学出版社2004年版,第30页。

缘、次要或地下的等含义。亚文化,特别是处于 13 岁至 25 岁之间的离经叛道的青年亚文化[①],更容易引起社会的关注,成为文化焦点。从西方二战后的无赖青年、光头仔、摩登派、朋克、嬉皮士、摇滚一代、迷惘的一代、垮掉的一代、烂掉的一代,到当代中国的知青亚文化、新时期之初的流行歌曲、摇滚乐、大话文艺、粉丝、恶搞文化、残酷青春写作、快闪暴走族(flash mob)等,这些惊世骇俗的青年亚文化构成了当代审美文化的奇异景观。

(1)青年亚文化的特征。青年亚文化有着怎样的特点?不妨先看魏风华的诗《六一:给孩子们》[②]:

> 不要相信糖果的甜蜜 / 不要相信幼儿园里的阿姨 / 不要相信她们给你的笔 / 能绘出五彩的蓝图 / 不要相信星星 / 要相信第一次反抗 / 相信你的第一次哭泣 / 相信木马,它睁着纯洁的眼睛 / 永远那么大,那么大 / 在世界面前静静地失神

对"孩子"来说,糖果、阿姨、画笔、星星无疑是传统、成人、规训、人生设计、前途方向的象征,承担传递主导文化的神圣使命。然而,诗人却连用 4 个"不要相信",传达出一种拒绝和叛逆。什么才是值得孩子信赖的东西呢?是"第一次反抗",对成人社会的反抗;是"第一次哭泣",对世界的失望和排斥;是玩具"木马",尽管它无生命却有纯洁的眼睛。不难发觉,诗中弥漫着怀疑、失望和抵抗的气息,所体现的情感、态度和价值观与主导文化对青少年的期待大不一样,显然具有青年亚文化的特征。

青年亚文化的主要特征在于:其一,抵抗性,即代表对主流文化的不认同、挑战和对抗。其二,风格化,即这种抵抗不是采取激烈或极端方式,而主要体现为审美形式上标新立异的象征性抵抗。风格化的实现离不开各种符号如服装、音乐、语言的运用。风格(style)是亚文化群体的"第二肌肤"和"图腾",它"通常被看作许多类型的事物所做的分类,它也涉及某些事情如何去做,如如何演奏音乐、如何发表演讲、如何穿着打扮等",是"文化认同与社会定位得以协商与表达的方法手段"[③]。正是风格化赋予亚文化群体一个有效、稳定和一致的"身份"标志:迷恋"性手枪"乐队、头发束成"鸡冠状"是朋克的风格,穿着花哨、热衷摇滚乐是无赖男孩的风格,身穿喇叭裤,手提砖头录音机是中国 1980 年代亚文化群体的风格,穿

---

① 关于青年的年龄界定,参见黄志坚《谁是"青年":关于青年年龄界定的研究报告》,《中国青年研究》2003 年第 11 期。

② 王雪等编著:《K 文件·不用麻药的请举手》,哈尔滨,黑龙江美术出版社 2004 年版,第 3 页。

③ 〔美〕约翰·费斯克等编撰:《关键概念:传播与文化研究辞典》(第二版),李彬译注,北京,新华出版社 2004 年版,第 279 页。

着黄军装、军帽上戴着五角星、手挥红旗是崔健摇滚歌迷的风格。风格构成了青年亚文化的资本,显现出奇崛的美学风格和美学奇观。其三,边缘化,即选择上述生活方式的群体多处在边缘和弱势的位置,如青少年、下层阶级、草根阶层、少数民族、移民、女性、同性恋等,他们以风格化的抵抗引人关注。抵抗性、风格化和边缘化构成青年亚文化的三个主要特征。

为更好地了解亚文化的特征,不妨作一点简要比较。亚文化不同于同样具有抵抗性的反文化(counter culture)和"负文化"(negative culture)。反文化是亚文化的极端表现,它对正统或主导文化的直接、激进的对抗多表现为政治上的对抗(如1968年的巴黎学生运动),且经常发生在主导文化内部;而亚文化虽然有时有越轨,但主要是象征性抵抗,它与父辈文化(parent culture)存在潜在一致性和连续性,是一种较温和的协商中的抵抗。亚文化也不同于"负文化",后者是丧失信念后处于绝望状态的破坏行为,特点是颓废和放弃价值(如失去道德底线的恶搞文化),而亚文化有着自身价值判断和意义建构①。同时,亚文化也不同于大众文化。大众文化是旨在使市民获得感官快乐的日常文化,从根本上说具有娱乐文化性质,这与亚文化的抵抗性和边缘化有很大区别。但亚文化与大众文化并非水火不容,相反,它们常常相互借用和催生。亚文化借用大众文化符号,把不同的商品作为未成品和原料进行拼贴、改编,构成自己独特的抵抗风格,有时也成为大众文化的一部分而得以流行。不妨以网络上流行的"百变小胖"为例。几年前,上海的初中生小胖参加了一个交通安全集会,他偶然间作"鄙视你"状的回头一瞥,被人拍下后流传到网站,很快成为无数网络高手恶搞的对象。网友们纷纷用 photoshop(一种图形处理软件)搞出无数版本,把小胖的脸合成到各种时尚形象中去:机器猫、怪物史莱克、魔戒等形象中。小胖无处不在,小胖千变万化,唯一不变的是他睥睨万物的神情。"小胖系列"是亚文化盗用大众文化元素的结果,体现了亚文化惯用的"拼贴"手法。亚文化也常受到大众文化的冲击和影响,如2005年青年亚文化群体——"超女粉丝"群体如"玉米"、"凉粉",就是在湖南卫视的娱乐节目"超女"比赛的直接影响下形成的。相应的,大众文化也常常从亚文化那里汲取灵感和资本,进行复制和大量生产,形成流行的时尚,如唱片公司对摇滚亚文化进行挖掘、包装、宣传,然后在市场上大批量推出,迎合青少年消费者的趣味并借此获利。

也正因以上特征,亚文化往往显得暧昧而复杂。它有时站在反霸权立场,代表弱势群体利益,有时又因主导文化和大众文化的"召唤",在"协商"中呈现妥协姿态,在商业的收编和裹挟中"半推半就",以令人震惊的"风格化"姿态这一"亚

---

① 参见杨雄:《当代青年文化回溯与思考》,郑州,河南人民出版社1992年版,第54—57页。

小胖角斗士

超女粉丝

文化资本"去换取经济资本和社会资本,成为流行时尚和市场同谋,不同程度地使抵抗性变味。

(2) 亚文化的产生。作为一种象征性解决方式,青年亚文化出现的原因比较复杂。青年亚文化有时是代沟的表现,是青年在教育、休闲和娱乐方面与父辈文化差距过大造成的;有时又是意识形态和媒体的产物,是权力阶层和媒体由于道德恐慌而对其夸大和妖魔化处理的结果。但亚文化的出现有着深刻和具体的社会心理和文化语境。从社会心理学看,青年亚文化来自青少年的认同危机。作为在儿童期与成人期之间的过渡期,青春期是最容易发生认同危机或混乱的时期,正处于自我探索的阶段。"认同"(Identity)是个体对自我身份的确认,代表"青春期自我的最重要的成就"①。在不能或不愿解决问题时,一部分青少年采取回避态

---

① 〔美〕埃里克·H·埃里克森:《同一性:青少年与危机》,孙名之译,杭州,浙江教育出版社1998年版,第198—202页。

度,集体性地试图另创一套新的价值系统,如崇尚流行时尚和迷恋共同的偶像,以确认一种集体认同和争取文化空间。这也是亚文化迷(fans,也译作"粉丝")出现的原因。从更深的社会文化层面看,青年亚文化是弱势群体抵抗霸权的结果,是社会变迁和危机的症候和隐喻,为不公平和不合理的社会病灶提供了象征性的"解决方案",对强势文化、权力阶层进行了符号层面的挑战。在被增长、被满意、被代表、被就业的时代里,只要社会的荒谬继续存在,只要强势文化对次属文化、弱势群体的压迫还存在,只要权力结构还有不合理的、不公正的和现象,亚文化就会异军突现,风云再起。如上面引述的《六一:给孩子们》一诗,就隐约暴露出教育体制中的僵化、刻板、功利以及社会大环境中的诚信危机等社会症候。

《无极》遭遇《馒头》

　　下面可以 2005 年底、2006 年初风靡网络的亚文化文本——恶搞短片《一个馒头引发的血案》(以下简称《馒头》)为例,进一步来分析亚文化的起源。《馒头》集中体现了处于弱势的草根观众和掌握了话语霸权的权力集团之间的矛盾。名导演陈凯歌耗费三亿多元拍摄《无极》,影片阵容豪华,炒作铺天盖地,气势逼人,然而电影却叙事荒谬,逻辑混乱,贯穿故事的核心线索居然是"一个小小的馒头"!加之故事人物不中不西,意蕴苍白,导致普通观众大失所望却无处发泄。《馒头》的制作者胡戈借助网络和视频技术,盗用《中国法制报道》(主导文化)模式,对《无极》(大众文化)进行大胆而巧妙的拼贴和戏仿,"剪辑"出一个悬念迭起、想象力丰富的现代侦探故事,彻底颠覆《无极》的原有架构。影片中多次闪现的一个公式"无聊×2＝无极"就是最佳例证。《馒头》代表沉默无声的草根阶层向强势集团发出挑战。尽管不能解决当代电影的叫座却不叫好的根本矛盾,但毕竟也象征性地提供了一个解决方案——《馒头》朴素而严密地讲了一个故事。此外,《馒头》还体现了青年亚文化群体与生于斯长于斯的父辈文化、弱势群体与权力之间的矛盾——"满神牌"啫哩水等广告暗示出普通观众与广告商、媒体的矛盾,"真田小队长"一战成名暗示出无证商贩(不乏下岗职工)和城管的矛盾,"王经理"和"张倾城"的械斗暗示着被拖欠工资的农民工与包工头的矛盾等。从这个意义上说,《馒头》针对的绝不仅仅是《无极》,它隐喻着许多尚未化解的社会矛盾,因此不无道理地受到社会各界的热捧。

　　如果从斯科特的《弱者的武器》一书的逻辑看,青年亚文化所惯用的方式(如"恶搞"、"快闪")是普通大众避免直接对抗权力者的反抗形式,是普通青年与权力阶层和利益集团之间的持续不断的斗争方式。因为公开的政治活动代价太高，大众可以用亚文化这种"弱者的武器"来参与公共生活，在日常生活进行"隐蔽"的微观的反抗，底层参与政治的危险性可以降到了最低值①。这也可能是青年亚文化在中国当代兴盛的主要原因之一。

（3）认识亚文化。具有抵抗性、风格化和边缘性的亚文化产生后，支配性利益集团不可能坐视不理，会对亚文化进行不懈的遏制，包括把亚文化的风格收编进占主导地位的社会秩序中去。例如，商业收编（大批量复制、宣传和包装），大量亚文化商品涌入市场，亚文化风格成为时尚和时髦的主题。这些必然会导致亚文化原有力量的削弱。青年亚文化始终在保持本真特质和商业化之间艰难地挣扎。

中国当代青年亚文化风格化地揭示当下的文化症候和社会疑难，表现出被强势媒体忽视或不屑表现的普通人情怀，在想象层面上解决需要解决却难以解决的矛盾，无疑具有一定的认知价值。它是消费至上时代中的"噪音"，扰乱商业霸权的顺利实现，为弱势群体赢得文化空间，为"沉默的大多数"提供宣泄渠道，其戏谑的外衣下不乏人文关怀，具有一定的积极意义。青年亚文化出现以来，对美学观念的更新从来都是"希望和危机"同在。如美国学者泰勒·考恩所说："局外人和被边缘化的少数派常常推动艺术创新。"②亚文化和主流文化的分离、差距以及界定都是有时间限定的。今日是亚文化的事物，明天可能会和主流文化沟通、融汇、转化，对其进行文化反哺，被吸收到主导文化中来。任何容不下、不能吸收亚文化的社会是脆弱而迟钝的。

不过，更应当冷静地看到，有些青年亚文化由于过于追求搞笑、搞怪、另类，沉迷瞬间快感，肆意肢解传统，容易滑向无聊的恶搞和虚无的"负文化"，最终对当代审美文化的创新无所作为、无所建树。这不能不时刻引起我们的高度警觉。

4. 审美文化的多元互渗

值得注意的是，前面所说的审美文化的层面和前沿风景的分类只是相对来说的，实际上，在当前全球化语境作用下，主导文化、精英文化、大众文化和民间文化总是相互渗透，作为特定碎片而渗透到具体的文本中。网络文化、手机文化、青年亚文化等每一种具体文化文本都可能包含多元文化因素，从而形成更复杂多样的审美文化多元互渗状况。审美文化的多元互渗，是指多种文化元素交互渗透于具体文本中，使得审美文化各层面和形态之间难以清晰分辨的情形。

主导文化的影视作品就往往注意吸收大众文化的某些片断。央视春节联欢

---

① 〔美〕詹姆斯·C·斯科特：《弱者的武器》，郑广怀、张敏、何江穗译，南京，译林出版社2007年版，第2—3页。
② 〔美〕泰勒·考恩：《商业文化礼赞》，严忠志译，北京，商务印书馆2005年版，第20—38页。

晚会的主旨是弘扬"祥和"和"团结"的主旋律,但也注意适当吸纳大众文化(如流行歌曲、喜剧小品等)、高雅文化(如经典歌舞)、民间文化(如原生态歌曲)等加入,形成主导文化与其他各种文化的和睦相处景观。一些主旋律作品出越来越像偶像剧、类型片,曾热播的军旅电视剧《DA 师》《导弹旅长》以很大的篇幅去讲述主人公的情感纠葛,军旅小说《我是太阳》(邓一光)、《亮剑》(都梁)对血腥暴力和火热情爱施以浓墨重彩的描写,都旨在像大众文化那样满足普通公众的娱乐需要。精英文化文本中也常常渗透进主导文化、大众文化和民间文化元素。陈忠实的《白鹿原》开篇第一句就写"白嘉轩后来引以为豪壮的是一生里娶过七房女人",这是对拉美魔幻现实主义代表作《百年孤独》的模仿,也是试图仿效大众文化去迎合普通公众的阅读趣味。至于大众文化中的互渗就更为鲜明。电视剧《北京人在纽约》和电影《不见不散》在结尾都不约而同地让漂泊纽约的主人公回归祖国母亲的怀抱,体现了主导文化的制约作用。电视剧《橘子红了》在人物语言、行为举止、服装、布景和音乐等方面都体现出高雅或"唯美"趣味,显示高雅文化已成为大众文化争取公众的制胜法宝。

审美文化各层面的互渗共生,是 20 世纪 90 年代以来一个无法回避的客观现实。就审美主体而言,这种互渗其实同时也意味着当代社会中对审美文化诸层面相对分立、各种语言现实自有规律和合法性的自我确认。当然,审美文化诸层面之间还应该努力达成各方之间的异趣沟通,充分尊重多样化,寻求某种程度的和谐,在沟通活动中获得更大的体验空间和文化功能。

本 章 摘 要

审美文化是指当代日常生活和文化娱乐与传统审美之间相互渗透的状况,也宽泛地指历史上与审美和艺术相关联的各种符号表意行为及其成果。审美文化存在四个层面:精英文化、大众文化、民间文化和主导文化。精英文化是指由少数文化人创造或欣赏、蕴含其个性化趣味的审美文化。大众文化是以大众传播媒介传输、按市场规律运作、旨在使大量市民获得感官娱乐的日常文化形态。民间文化是指由社会底层民众集体创造的自发和自娱的通俗文化。主导文化是指体现特定时代的群体整合、社会安定与和睦需要、具有教化功能并占主流地位的文化。审美文化在历史变化中呈现三种不同的历史因子:古典性审美文化是指大约晚清前创造而至今仍发生影响的审美文化作品,基本特征在于空灵蕴藉;现代性审美文化是指晚清以来建立在现代生活方式基础上的审美文化,基本特征在于实中含空;外来审美文化是指来自外国民族而在中国产生影响的审美文化,基本特征在于奇异而逼真。审美文化呈现出多重前沿风景。网络文化是在计算机网络传播和人际双向交流中形成的符号表意行为及其成果。手机文化是通过手机媒介、网络媒介和人际交流而形成的各种符号表意行为及其成果。青年亚文化是通过风格化方式挑战正统或主流文化以便建立集体认同的附属性文化形态。审美文化的多元互渗，是指多种文化元素交互渗透于具体文本中，使得审美文化各层面和形态之间难以清晰分辨的情形。

研 究 建 议

选择一个审美文化文本，运用审美文化知识对其进行分析。说说这种审美文本的特点主要有哪些。对一个小说文本和由它改编后的影视文本进行比较。你认为它们在哪些方面发生了变化？尽你所能地举出你最欣赏的网络文化、手机短信和青年亚文化文本，分析它为什么吸引你。

深 度 阅 读

如想了解经典文化理论，可阅读卡西尔《人论》（上海译文出版社1985年版）。斯道雷的《文化理论与通俗文化导论》（南京大学出版社2001年版）对大众文化概念作了梳理。宗白华的《美学散步》（上海人民出版社1981年版）有助于了解中国古典性审美文化的特质。张法的《中西美学与文化精神》（北京大学出版社1994年版）论述了中西美学与文化精神的异同。科斯洛夫斯基的《后现代文化》（中央编译出版社1999年版）、卢瑞的《消费文化》（南京大学出版社2003年版）和凯尔纳的《媒体奇观》（清华大学出版社2003年版）是通向当今时新文化现象阐释的必要向导。

第九章 美学批评

当人们在进行审美鉴赏之余,想到把自己的鉴赏兴会用语言文字表达出来,与他人交流,就进入到美学批评领域。美学批评是审美沟通过程的重要部分,批评者通过批评活动将艺术作品以另一种言语阐释的形式与他人沟通交流,构成一种高级的美学活动。

一、美学批评的含义、属性与作用

1. 什么是美学批评

美学批评既是审美鉴赏的一个结果,更是它的深化和提升。当由鉴赏得来的感兴进而延伸到带有理性色彩的分析和判断时,就提升为批评了。

这里的"批评",与在日常语言中意指批判或斥责不同,是一个中性的专门术语,带有裁判、判断、辨别等意思。汉语中"批评"一词是在明清文学理论与批评活动中出现的,直接指文学作品的批点评注,但也包含分析比较和评判是非优劣等内涵。作为现代通行学术术语的"批评"(有时也译作"评论")是在晚清"五四"时期从西方译介过来的(criticism)。英国诗人艾略特(T. S. Eliot,1888—1965)主张:"我说的批评,意思当然指的是用文字所表达的对于艺术作品的评论和解释。"①这个界说虽然直接地是针对文学批评而言的,但也符合美学批评的通常用法。可以说,在当代,美学批评一般是指对具体的审美与艺术现象进行阐释和分析的活动。

美学批评是如何从审美鉴赏中延伸、深化或提升的呢? 今人叶嘉莹曾详细描述自己阅读李商隐诗《嫦娥》的经历:

> 云母屏风烛影深,长河渐落晓星沉。
> 嫦娥应悔偷灵药,碧海青天夜夜心。

初读此诗时她只有七八岁,对这首诗似懂非懂,只是熟悉"云母"、"烛影"、"长河"、"晓星"等形象,偏爱首二句。二十余年后,在偶然的授课机缘下,她重新回忆起这首诗,"忽然间为这首诗中所含蕴的一份诗人的悲哀寂寞的心情所感动",真正体味到了此诗的妙处。"一个真正的诗人,其所思、所感必有常人所不能

---

① 〔英〕艾略特:《批评的功能》,罗经国译,伍蠡甫主编:《现代西方文论选》,上海,上海译文出版社1983年版,第278页。

尽得者,……真正的诗人,都有着一种极深的寂寞感。义山这首《嫦娥》诗,便是将这种寂寞感写得极真切极深刻的一首好诗。"[①]这个从孩童到中年的阅读经历,生动地描画出一个由一般审美鉴赏到美学批评的层层深入和提升的过程。初读时她还只是在从事审美鉴赏,但二十多年后回忆和重读时,已经在做美学批评了。

可见,美学批评是审美鉴赏的升华,是理性判断投入到鉴赏过程的结果。孔子评《诗经》、李长之评司马迁、温克尔曼评古希腊艺术、狄尔泰评歌德、海德格尔评荷尔德林等,都是美学批评的典范个案。

切·格瓦拉头像

其实,美学批评可以采取的形式是非常广泛的。不妨假设一场美学批评实践。由黄纪苏、张广天等人集体创作的小剧场话剧《切·格瓦拉》于 2000 年 4 月在北京人艺小剧场首演。假设你是一名观众,演出结束后,你也许会激情澎湃地参与演后座谈会,与剧组交流关于该剧艺术手法、思想主题的看法。回到家里,你也许余兴未尽,上网登录"天涯"论坛发表观后感,并急切地等待有人来回复。接下来,随着《切》剧在全国各地巡演,你通过各种媒介了解到,该剧引发的争议远远超出了戏剧艺术范畴,被称为"一次社会事件"。各大门户网站纷纷建立了"格瓦拉"专集,《南方周末》等报纸刊登了主创人员的采访文章,《书屋》等期刊发表了众多学术性批评文章。5 月和 6 月剧组分别召开两次讨论会,并在 2001 年出版《切·格瓦拉——反响与争鸣》一书。与此同时,各种印有格瓦拉标准头像(他头戴贝雷帽,目光深邃、坚定地望着远方)的徽章、海报也火爆起来,身穿格瓦拉 T 恤的"革命时尚青年"充斥大街小巷。这种种的一切,构成了"格瓦拉"现象,对《切》剧的艺术批评逐渐演化为对这种文化现象的讨论。这一例子是一个典型的现代文化事件——一个话剧及其引发的话题成为中心文本,之后衍生出各种各样关于它的媒体争论及社会行为。而从批评的角度来看,这些通过口头、网络、报纸、期刊、研讨会、书籍等各种媒介进行的有关《切》剧的话语行为,都可归属于美学批评的范围。可见,美学批评可以依托各种媒介形式,而不拘于报刊上发表的文章。

2. 美学批评的一般过程

对审美对象加以描述、阐释和评价,构成美学批评的一般过程。第一,描述是

---

① 叶嘉莹:《从李义山〈嫦娥〉诗谈起》,《迦陵论诗丛稿》,石家庄,河北教育出版社 2000 年版,第 179 页。

指把个人对审美对象的鉴赏体会加以具体化、复述或归纳的过程。第二,阐释是指在描述基础上运用特定理论加以分析和概括的过程。第三,评价是指继描述和阐释后展开的价值评判过程。譬如对话剧《切·格瓦拉》进行批评时,需要首先描述这出戏的一些特征,如一群革命战士和一群小丑般的资本家、雇佣工人、革命悔恨者、御用文人在进行革命与反革命的辩论。然而仅仅停留在描述层面还构不成批评,必须进一步根据描述的特征进行阐释,如这种双方论辩的形式给该剧带来最基本的意义,就是用一种鲜明的、道义化的二元对立方法(社会主义与资本主义、富人与穷人、革命者与妥协者等)来理解当前复杂的社会现实矛盾。最后作出如下评价:它是一出优秀的或并不优秀的戏剧。又如对贾樟柯的电影《三峡好人》(2006)来说,可以分如下三个过程展开美学批评:首先是描述,指出影片以三峡大坝移民工程为背景,分别讲述了煤矿工人韩三明和女护士沈红来到奉节寻找自己的妻与夫的经历;其次是阐释,认为影片完美运用了贾樟柯的长镜头美学,朴实细腻地表达出小人物的坚定而有尊严的情感选择;最后是评价,这是一部难得的好影片。

这三个过程之间虽有任务的不同,但实际上紧密交织,难以截然分开。比较而言,描述属于美学批评过程的初级阶段,阐释属于它的核心阶段,评价则是最后阶段。作为核心阶段,阐释是美学批评中最重要的部分,批评者对对象的内容、形式等各方面进行分析与把握,体现出批评者自身的理论观点与思想立场。而一种阐释是否成立,要看它是否"有理有据",看"我们是否能够以这种阐释所指出的方式来阅读这个文学文本"[1],比如弗洛伊德用俄狄浦斯情结来解读莎士比亚的《哈姆雷特》、福柯以哲学性的对现代主体的思考来解读委拉斯凯兹的油画《宫娥》,都是挑战常识、又让人信服的阐释。浅显、直白的作品,艺术价值不高;反过来也可以说,一部作品"阐释的可能性"越多,其审美价值就越高[2]。而阐释的效果通常与批评者所运用的理论相关,同样面对《哈姆雷特》,心理分析批评者会注意剧中王子一直拖延复仇,以及他对母亲感情的含混这些线索,而一个经典马克思主义批评者则会抓住剧中反映社会秩序动乱的内容。不同派别的理论,会在文本批评中形成某种"类型的解释",重要的不是结论——"阶级斗争"、"恋母情结",而是解释的过程[3]。至于评价,通常是对对象做出好坏优劣的价值判断,但当今的美学批评,评价不再是必不可少的内容,因为它通常涉及批评者自身的思想立场与美学好恶,譬如对话剧《切·格瓦拉》的批评,盛赞者与痛骂者泾渭分明。

---

① 〔英〕安妮·谢泼德:《美学》,艾彦译,沈阳,辽宁教育出版社和牛津大学出版社1998年版,第130页。

② 同上书,第122—123页。

③ 〔美〕乔纳森·卡勒:《文学理论》,李平译,沈阳,辽宁教育出版社和牛津大学出版社1998年版,第68页。

3. 美学批评的属性

美学批评是一种言语评价活动,但它的属性是什么? 是一种艺术创造还是一种科学研究,或者是一种意识形态判断? 简要归纳,有如下三种不同的观点:

批评家李健吾

第一,认为批评是一种艺术。艺术创作是一种创造性劳动,与之相应,批评活动同样也是一种艺术和创造,因为只有用同样的艺术的手段和眼光,才能把握创造性的作品。批评与创作一样,是批评家的自我表现和情感表达,批评文字同样具有一种美学价值。现代京派批评家李健吾赞同法国的印象派批评方式,认为批评的根据就是批评者的自我和人生体验。李健吾的批评文字本身就可以当作优美散文来看,他用感兴的、富含形象和情致的语言描述自己的阅读体悟。他形容"叶紫的小说始终仿佛一棵烧焦了的幼树","挺立在大野,露出棱棱的骨干,那给人苗壮的感觉,那不幸而遭电殛的暮春的幼树"①。这种比喻,把批评者的阅读感受形象地表达出来,以这种个人化的感受准确地道出叶紫小说悲壮苍凉的特质。再比如有学者分析丁方的油画:"怀抱基督受难的秘密在绝望的土地上行走,让时间在无尽的跋涉中消耗、磨蚀,这是丁方的艺术想象中令人激动的部分。……虔诚的画师们用代表大地生灵沉睡性质的冷褐色横扫在木板上,接着,生命的成长因素以富于表现力的笔触从远处背景中凸显出来,逐渐凝固成清晰的形象。"②这样的语句精到地分析出丁方作品进行精神锤炼的特质,同时也显示出批评者自身对于理性精神与大写主体的追求。

第二,认为批评是一种科学。与批评艺术说针锋相对,韦勒克(Rene Wellek,1903—1995)坚持反驳说,"批评家不是艺术家,批评不是艺术(在近代严格意义上的艺术)"③,而是一种"理性认识","如果成为科学不太确切的话,也应该说是一门知识或学问"④。这种观点认为,批评是研究艺术的科学,批评的目的是为了达到对艺术作品真理的正确理解,批评家应该摒弃自己的个别感情,达到一种科学研究的客观性。这种科学说在结构主义那里达到极致,文学批评就是为了达到对

---

① 李健吾:《叶紫的小说》,据《李健吾文学评论选》,银川,宁夏人民出版社 1983 年版,第 162 页。

② 陈剑澜:《精神的窄门:丁方艺术之追求》,《艺术评论》2009 年第 12 期。

③ 〔美〕韦勒克:《批评的诸种概念》,丁泓、余徽译,成都,四川文艺出版社 1988 年版,第 11 页。

④ 〔美〕韦勒克、沃伦:《文学理论》,刘象愚等译,南京,江苏教育出版社 2005 年版,第 3 页。

文学普遍结构的认识。

　　第三，认为批评是一种意识形态。批评与其对象一样，都具有意识形态属性，是特定的话语与社会权力关系发生冲突的敏感领域之一。伊格尔顿（Terry Eagleton,1943—　　）认为，理论和批评都是特定时代的政治和意识形态的一部分，任何理论和批评都不是真空中的产物，都具有"政治性"。通过令人信服的分析，他指出即使是康德的"审美无功利"说，背后也有着新兴资产阶级的意识形态要求①。极端化的例子就是"文革"时期美学批评成为政治斗争的核心场所，而在拨乱反正的新时期，美学批评同样成为思想解放的前沿阵地。

　　可以说，以上三种观点都各有一定的合理性。成熟的美学批评往往艺术性、科学性和意识形态性三者皆备。可以说，美学批评的基本属性就应包括艺术性、科学性和意识形态性。

　　美学批评的这三种属性，实际上正揭示了美学批评的更基本的实施原则：批评不能满足于停留在审美层面本身，而需要同时放置到更深厚的历史基点上。这早已由恩格斯阐发为"美学的和历史的观点"。在批判格律恩对歌德的歪曲时，恩格斯提出批评应当遵循美学的和历史的原则，并在后来把这一原则称为批评的"最高标准"②。这表明，美学批评首先应是美学的或审美的，即首先把艺术对象当作美学的事实而非道德的或政治的事实去对待，这就要求批评家从审美文本中产生审美兴会，由此进入审美沟通的分析过程。但同时，美学批评还必须是历史的，即从根本上把对象当作历史进程的产物对待，放在特定的历史条件下考察，看其在历史上是否有进步意义和价值。事实上，美学的原则和历史的原则是紧密联系的，美学的原则是历史的原则得以推演的基础，而历史的原则是美学的原则的指导、深化和提升，两者缺一不可。而这两者的结合则可以在美学批评的艺术性、科学性和意识形态性属性中得到具体展开。

　　由美学批评的这三种属性，可以引申出批评家应具备的三种相应的基本素养。第一，批评家应具有艺术感觉与审美评价能力。一个批评家必须具有超越于一般读者的审美感觉与艺术分辨力，能够沙里淘金，能够体味到作品的妙处。第二，批评家应具备丰富的专业知识结构。对于一部艺术作品，既需要能够感悟其妙处，又需要能对其深层结构、言语特征等进行理性分析，同时更重要的是具有一种史家眼光，对于文学史、艺术史有深厚的见识，这样才能正确把握对象的渊源脉络、独特之处与其真正的地位价值。第三，批评家应有敏锐的政治触角和热切的

---

① 参见〔英〕特里·伊格尔顿：《当代西方文学理论》，王逢振译，北京，中国社会科学出版社1987年版，第281—282页。

② 〔德〕恩格斯：《诗歌和散文中的德国社会主义》，据吕德申主编《马克思主义文论选》上册，北京，高等教育出版社1992年版，第35页。

社会关怀。意识形态在美学批评中是无所不在的,正像鲁迅所说,批评家都有自己的"圈子"①,重要的是要有健康进步的趣味,和对社会文化导向的关怀,但同时也要秉有宽容平和的批评精神。

4. 美学批评的作用

美学批评是审美实践过程的重要组成部分,具有积极的作用。

首先,在一定程度上,可以说是批评决定了作品的意义。丹托主张"阐释构成艺术品"②。在阐释当中,呈现于观者眼前的物质材料和表象才会生发出意义,正是这一意义使艺术区别于日常事物。当代艺术特别依赖于阐释和批评,尤其是各种综合材料的装置和行为艺术,因不符合美之艺术的传统,就需要艺术家的阐释或批评家的批评来建造一个观念语境,赋予其艺术之名。比如隋建国的装置作品《运动的张力》(2009),沿展厅围墙布置钢管,内有钢球滚动发出巨大声音,同时地面有两个巨大的铁球不断不规则地移动。为何这些器物构成了艺术,而非玩具?艺术史家巫鸿这样阐释这一作品:"作为这个展览的主要概念,'运动'在这里具有多种含义,既是实体的也是声音的,既是主体的也是客体的,既是雕塑的也是建筑的。这种多重意义的交汇使我们重新思考作品、空间与观者的关系

隋建国《运动的张力》
装置作品(2009)

……《运动的张力》有若一个巨大工地的压缩和抽象,凝聚了紧张建设的力度、嘈杂和危险,因此也可以被看作是飞速发展和变化中的当代中国的一个喻言。"③阐释所起到的是文化区分的功能,有了这样的阐释与批评,对象才能作为有着独特意味的艺术而存在。

进一步,美学批评可以发掘艺术作品的深层意蕴。有时,批评家还直接把一种独特深意投寄到对象中。如凡·高(Van Gogh,1853—1890)的油画《农鞋》,在灰色的背景中,只有一双破旧的农鞋,别无他物。然而在海德格尔的哲性阐释中,有限的器物具有了展示整个世界存在的意义,画中的那双农鞋在我们面前丰盈起

---

① 参见鲁迅的论述:批评家都有一定的圈子,"或者是美的圈,或者是真实的圈,或者是前进的圈。""我们不能责备他有圈子,我们只能批评他这圈子对不对。"见鲁迅《批评家的批评家》,《鲁迅全集》第5卷,北京,人民文学出版社1981年版,第428页。

② 〔美〕丹托:《艺术的终结》,欧阳英译,南京,江苏人民出版社2001年版,第21页。

③ 见《中国艺术研究院·中国当代艺术院》隋建国作品简介,非公开出版。

凡·高的《农鞋》

来,不再仅仅是现实物质世界的一双鞋,而是展示了画布背后的农妇的"世界"与"大地":鞋子破损的黑洞,"聚集着她在寒风料峭中迈动在一望无际永远单调的田垄上步履的坚韧和滞缓","鞋皮上"湿润而肥沃的泥土","回响着大地无声的召唤"①。海德格尔的阐释,使一双普通的旧鞋,成为一个世界的展现。这充分地显示出,美学批评同它的对象一样,具有探索深度意义的力量。

其次,美学批评可以推进艺术创作的发展。80年代以来,不仅艺术创作中种种创新、实验不断出现,同时从文学到美术、电影等各个领域,批评兴盛。艺术批评、观念和理论的更新对于新艺术形式的兴起、展开与接受起到了推波助澜的作用。比如80年代文学批评释放出了巨大的能量,可以说,如果没有"主体性"、"纯文学"、"个人/自我"等新启蒙话语,"80年代文学"就是不可能的。正是由于批评家的劳动,80年代文学才成为我们所熟知的"伤痕""反思""寻根""先锋"的连续谱系②。在美术方面,艺术批评起到了同样的破坏与解放的作用。以"星星美展"、"85美术新潮"为开端的当代美术创新,给传统美术观念和官方美协、美术馆体制带来巨大冲击。从一开始,以栗宪庭为代表的批评家就与艺术家联手,承担着阐释与自我阐释的任务,"大灵魂"、"理性精神"、"终极关怀"等被理解为新美术思潮的核心观念。批评家在推动新潮与创造方面起到了很大作用。而进入90年代,批评家的身份更加多元,许多批评家开始策划展览,批评家兼策展人,使得批评开始具有实践性。批评家依据自己的趣味,提出学术命题,以此来筹划资金、选

① 〔德〕海德格尔:《艺术作品的本源》,见《诗·语言·思》,彭富春译,北京,文化艺术出版社1991年版,第35页。
② 程光炜:《"批评"与"作家作品"的差异性》,载《文艺争鸣》2010年第9期。

择艺术家、组织一个展览①。批评家开始有能力直接影响艺术家们创作的趋向。比如前文所述隋建国的《运动的张力》，就是应巫鸿策划的以"运动"为主题的展览的邀请所做的装置作品，作为策展人—批评家的艺术理念直接在艺术家手下生产出的作品。

最后，美学批评对艺术经典具有指认作用。批评首先是一种选择和排除，选择要谈论和写作的对象。当这些选择确定之后，一些作品就会得到指认，而另外一些则被划入无足轻重的一类。批评更通过对某些作品的价值的褒扬，使其比另外的作品在人们的记忆中留存得更久。更有一些个别的艺术家，其作品能够从纷繁的艺术世界中脱颖而出，正是由于批评家的慧眼。譬如，沈从文、钱钟书、张爱玲等得以在20世纪80年代重新回到大陆文学史叙述中并形成热潮，就与夏志清、陈子善等一批批评家所做的工作无法分开。

二、美学批评的几种模式

美学批评模式是指在美学批评中运用特定的批评方法，体现出相对鲜明的批评风貌或个性的批评。历史上，中外美学批评模式多种多样，这里主要介绍在中国现代美学批评中相对比较活跃的几种主要模式。

1. 感兴批评

感兴批评，源于中国古典美学，从孔子的"兴于诗"、刘勰的"感物起兴"，到叶燮的"兴起"，感兴批评形成一条悠久的线索。此批评模式认为艺术来自人的感兴，感兴是人外感于物，内动于情，情不可遏的必然结果。而作为鉴赏者或批评家来说，就要全力领会文本中的感兴，同时激发起自己的感兴，进而将这种瞬间的直觉与感性体验表达出来，用诗意和评点的方式来把握作品。因而，感性批评是一种以富于感兴的阅读和评论去还原文本感兴状态的批评方式。这种批评模式构成了中国古典美学批评的重要风格，使得鉴赏与批评呈现出一种追求"其感也微、其思也深"的审美传统。这种传统在20世纪与西方体验美学的批评方式相融合，成为中国现代美学批评的一个重要模式，周作人、李健吾、李长之、宗白华、叶嘉莹等作家和学者不约而同地致力于在体验文本感兴的基础上品评其蕴含的兴味，传达个人的会心，从而一度引领中国现代感兴批评潮流②。概括说来，感性批评有以下几个特征：第一，从批评的宇宙观基础看，感兴批评表现了一种万事万物相异而

---

① 贾方舟：《当代艺术与艺术体制》，见《中国现代美术理论批评文丛·贾方舟卷》，北京，人民美术出版社2009年版。

② 20世纪80年代，刘小枫的《诗化哲学》及王一川的《意义的瞬间生成》和《审美体验论》等可以视为对这种感兴体验传统的承续和发扬。

新编美学教程

又相类的宇宙观,力求揭示艺术世界以及现实世界共同存在的兴发感动关系。第二,从批评的重心或焦点看,感兴批评主要谈论作品所展现的个体生活体验即"感兴"。第三,从批评的思维方式看,感兴批评崇尚与感兴相近的瞬间感悟或直觉,强调以感兴批评去还原作品的感兴,而轻视或反对推理式批评。第四,从批评的表述文体看,感兴批评多采用富于文采的点评体甚至诗体,而不愿意推演出逻辑严密的学术论著体。

宗白华以"散步"一词将感兴批评的独特风格彰显无遗。"散步"文体是诗化的思想和思想的诗化,体验与思辨相互交融,批评家以灵性与学养来感受艺术,用诗意的文字来开启读者的感性体验。李长之倡导"感情的批评主义"。在他看来:"感情就是智慧,在批评一种文艺时,没有感情,是决不能够充实、详尽,捉住要害。我明目张胆地主张感情的批评主义。"[1]他大胆地指出"李白诗的人间味之浓乃是在杜甫之上的",杜甫的诗客观反映生命,为人性而奋斗,而李白的诗本身就是生命,他"有一颗滚热的心,跳跃在他每一首,每一句,每一字的作品!"[2]现代感兴批评的关键,在于从文本中寻求感兴的呈现状况,并恰到好处地把这种感兴呈现或引导出来。叶嘉莹相信,这种基于"主观之感受的写作方式","有时确实可以传达出诗歌中感发的生命,而且可以在作者与读者之间形成一种活泼的生生不已的感发之延续。因此这一类作品所评赏的虽然是古人的诗歌,然而却往往也可以流露出来评诗人之心灵与感情的跃动。"[3]而迦陵论诗论词,正是感兴批评的典范之一。她对诗词的批评,是用自己的心灵去切身体会诗人之心之情,总能切中肯綮,同时又用一种形象而深情的语言把批评感受传达给读者。

感兴批评在当今美学批评中依然存在于各种批评文体中。2008年北京奥运会开幕式精彩的烟火表演,使得设计师蔡国强进入到大众的审美视野,而他多年来以火药等多种中国传统文化元素作为独特的艺术语言,一直活跃于国际艺术界。陈丹青回忆他在1998年纽约当代美术馆见到蔡国强的装置作品《草船借箭》时,这样体味道:"傲慢的纽约。那是中国当代艺术第一次有规模地被接纳、被展示,而《草船借箭》的出现,使这件制于泉州的大装置显得触目而冥顽,浑身带着彻头彻尾的陌生感。……现在,犹如野蛮的闯入者,它被悬挂在纽约,像是一场被主动邀请的挑衅;而作者的思路,或者说动机,尤其对西方主流艺术构成陌生感。"[4]陈丹青1982年定

---

① 李长之:《李长之批评文集》,郜元宝、李书编,珠海,珠海出版社1998年版,第391页。

② 李长之:《道教徒的诗人李白及其痛苦》,沈阳,辽宁教育出版社1998年版,第5页。

③ 叶嘉莹:《后叙——谈多年来评说古典诗歌之体验及感性与知性之结合》,《迦陵论诗丛稿》,石家庄,河北教育出版社2000年版,第259页。

④ 陈丹青:《草船与借箭》(代序),杨照、李维箐编《蔡国强:我是这样想的》,桂林,广西师范大学出版社2010年版。

居美国,1995 年蔡国强也去了纽约,多年的海外创作与生活,使得批评者格外能够体会到创作者在这幅作品中释放的灵感与意念,也格外能够阐发这副好似一只刺猬似的船体在美国文化语境下的意味。木船、弓箭、电扇、国旗,久远的历史陈迹,深厚的文化寓意,唤起了批评者对中国文化符号的追忆,而这种感兴体验是一个普通的美国观众不具备的,同时,对美国主流艺术和社会的深刻了解,又使得艺术家完全惴度出美国公众面对这种异质文化时的强烈陌生感。

蔡国强《草船借箭》

2. 认识论批评

认识论批评在 20 世纪中国现代批评中长期处于支配地位。它是一种注重发掘审美文本的认识价值与社会功能的批评方式。有这样几个特点:第一,将审美沟通中的审美主体要素摆在批评的重要位置,即强调作家规定作品的意义,作者意图在批评中占据了主导地位。第二,坚持思想内容统率语言形式。将内容与形式加以区分,主张内容决定形式。第三,强调文本得以生成的社会历史背景和它所发挥的社会影响作用,即注意挖掘文本与特定社会生活、时代环境的联系。在中国现代美学批评中曾出现一种以文学作品的阶级立场、阶级趣味为评判标准的批评理论,代表人物有周扬和胡风等。从中可以见出认识论批评的特点——通过文艺作品来确证外部的阶级关系。周扬评价赵树理的《小二黑结婚》就是这类批评的典范。

再比如我们以传统的认识论观点来评价纪君祥的元杂剧《赵氏孤儿大报仇》。作者以《史记》中的赵世家为蓝本,将其改编成一出人物形象鲜明、情节跌宕起伏的戏曲故事,故事的核心是屠岸贾的“搜孤”与程婴、韩厥、公孙杵臼等的“救孤”过程,从而揭露了屠岸贾的残暴,突出了程婴等义士的仁义忠烈,善与恶、忠与奸比照鲜明,反映了中国传统社会崇尚舍生取义的价值观念。

认识论的批评思路还可以帮助我们从作品诞生的时代氛围、社会面貌以及作家经历等审美语境中去把握艺术品的"来龙去脉",从作品的外部空间去探寻其意义主旨与时代内涵。比如,陈丹青在对蔡国强的作品有过深切的感兴体验之后,又从认识论的角度发掘蔡国强作品成功的原因。陈丹青认为关键就在于蔡国强的"农民"出身,他在国内没有接受学院教育,尚未进入美术界的圈子就走出了国门,相对于中国主流美术,他是陌生的、边缘的。这恰是他最珍贵的东西,"是一种非常专业的业余感"。"就我对他的偏见,每当他试图像西方人那样创作时,他的作品并不十分有趣,一旦他像'农民',或简直像男孩那般'异想天开'时,他创作了令我惊喜的作品。"①

3. 语言论批评

20世纪以来西方批评理论发生的"语言论转向"(linguistic turn),对整个人文学科产生了巨大的影响②。对"语言"的重新发现,使美学批评呈现出崭新的面貌,语言符号作为审美符码在分析文本时得到特殊的重视。语言论批评是一种把审美文本的语言状况置于中心地位、用语言学模型去加以分析的批评方式。概括起来说,语言论批评的特点有:第一,主张语言或符号形式不再依附于内容,而具有生成文本意义和反映文本内部结构的功能;第二,突出审美文本的中心地位,注重挖掘文本语言之间的裂缝、张力、含混、悖论等深层意蕴;第三,强调用语言学模型去分析文本。语言论美学包含了各有侧重的多重理论形态和分析模式,比如为词义分析模式(俄国形式主义和英美新批评)、结构语言模式(结构主义)、心理分析模式(精神分析学派)、存在—阐释模式(存在主义、阐释学和接受美学)、解构模式(解构主义)、历史—文本模式(新历史主义)及寓言—历史模式(西方马克思主义)等。这些模式从不同角度强调在文本语言中挖掘深意。

可以尝试用格雷马斯(A. J. Greimas,1917—1993)的"符号矩阵"(semiotic rectangle)理论来对元曲版和电影版的《赵氏孤儿》(陈凯歌导演,2010)进行对比解析。符号矩阵是结构语言模式的一种,它假设在一种叙事中,有四种因素或人物在起作用。如果假定一事物叫X的话,那么在其对立面的就会存在反X、非X和非反X三种因素。它们可用不同的事件或价值来带入,比如复仇或忠义,从而构成一种意义关系。在叙事文学中,这四个抽象的项目可以根据其所代表的事件或价值而与人物对应,然后转化为故事表层的人物关系或故事行动。具体到《赵氏孤儿》里,我们可以很容易找到这个项目,那就是"复仇"。下面的矩阵图示能够

---

① 陈丹青:《草船与借箭》(代序),杨照、李维菁《蔡国强:我是这样想的》,桂林,广西师范大学出版社2010年版。

② 参见王一川:《语言乌托邦》,昆明,云南人民出版社1994年版,第30—53页。

清楚地表明这种意义关系：

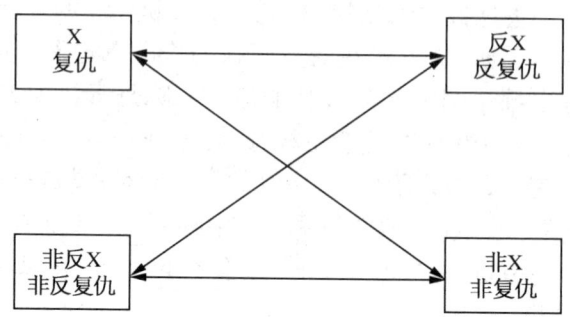

在纪君祥的故事里，复仇的执行者是赵孤，也就是说他应该处在 X 的据点上，那么反 X 毫无疑问就是屠岸贾，非反 X 处是程婴、韩厥、公孙杵臼等义士，作为赵孤的帮手来实现最终的复仇，而在非 X 的位置上，我们难以找到相对应的故事人物，这源于在整个故事结构里，唯一的价值指向就是赵氏孤儿的复仇。善与恶截然两分，除去恶人屠岸贾，其他人都在救孤链条上发挥着功能，不存在"非复仇"的人物角色。赵武成人后的复仇众望所归，也是文本预设的价值取向和必然结局。通过古城，故事放大的是程婴、公孙杵臼、韩厥等人的忠义精神。

而在陈凯歌的《赵氏孤儿》里，我们却发现复仇的主角被悄悄地置换掉了。影片运用大量的画面来表现程婴是如何"被动"卷入这场政治恩怨的，又是如何"被动"地献出自己的儿子来保全赵孤的，他不再是元曲里那个知恩图报、忠主侠义的义士，而是一个心存善谛、意图自保的平民。他无意做千古留名的英雄，但是命运却不肯放过他，他注定成为这场恩怨仇报漩涡里的核心人物。当惨丧妻儿，失去一切，他怀抱赵孤，心里燃起了复仇的火苗。他要将赵孤养大成人，杀死屠岸贾，但他所有行为的动机不是为赵氏家族复仇，而是为他死去的儿子复仇！

我们可以用矩阵图示来展现电影《赵氏孤儿》的人物关系：

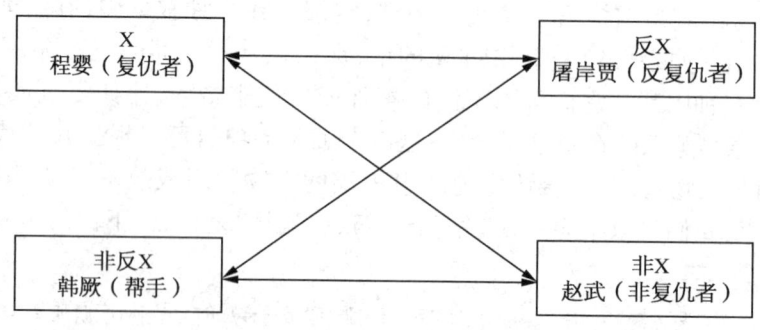

我们吃惊地发现赵武竟然被放置在了非复仇者的位置上，这是对元曲故事的

新编美学教程

颠覆与讽刺,也是电影文本以当代价值观来重审赵孤一案的反映。与元曲中对赵孤成长过程的一笔带过相比,影片几乎二分之一的篇幅都在讲述程婴养孤的过程,尤其是展现程婴、程勃与屠岸贾三人的奇特关系。在赵孤成长过程中,程婴其实充当起了母亲的功能,十六年来寸步不离地守护赵孤,而屠岸贾却充当起精神父亲的作用,教其骑马打仗,满足赵孤对男性世界的所有想象。当这一切真相大白时,屠岸贾必定是痛苦的,而赵孤(程勃)呢? 一个少年忽然面对三位"父亲"的考验,是要做回生身父亲(赵朔)的儿子赵武? 依旧做养父(程婴)的儿子程勃? 还是精神父亲(屠岸贾)宠爱的义子? 这个在元曲时代毋庸置疑的事情,在遭遇当代审美语境和价值观念重新解读时,却变成了一个难题。传统道德观念的"义"受到了现代社会个体价值观的"意"的严重质疑。虽然影片安排赵孤最终举起剑杀向屠岸贾,但他最终

影片《赵氏孤儿》海报

的复仇主要是伴随着程婴的死在一刹那促发出来的。这个结局是中和温良的,然而多年前话剧版《赵氏孤儿》(林兆华导演,2003)就已将这个命题无情地消解,赵孤在知道真相后,选择不作为,他说:这一切和我没关系。

通过这个符号矩阵,可以看到文本中的更多重而又复杂的人物关系及其牵扯出的深层社会结构症候。这也正显露出语言论批评的独特优势所在。

三、兴 辞 批 评

前面介绍了美学批评的几种主要模式,它们在传统的思想资源和西方的批评理论之间各有侧重,适用的对象也有各自的局限。如何建构一种较具普遍性、更有阐释力的批评方法,是美学批评需要回答的问题。尤其是在西方知识话语占据主导、当代中国美学话语碎片化存在的情形下,如何建立属于中国自身的现代的批评模式,应对当今的新的艺术实践,是我们无法回避的挑战。因此,从古典美学丰富的资源中挖掘出富有潜质的美学概念,在当代实践中激活它们内含的生命活力和独特的美学品质,以此凝聚和吸附当下美学话语的种种碎片,不论在时机上还是现实中,都不失为当前需要的一种及时的和开拓性的美学批评路径。本章尝试提出一种兴辞批评,正是在吸收以往诸种美学批评模式优势的基础上,在汉语诗学的繁荣与碎片中做出的一种独特的尝试性探索。简言之,兴辞批评代表着古典感兴传统与现代修辞实践的一种特殊融会。

1. 感兴体验

兴辞批评或兴辞诗学，是在当代条件下从古典美学中引入"感兴"概念的结果，在看重和挖掘"感兴"自身的美学内涵时，也在古今融合的视野中，结合当代西方批评理论，对它进行了创造性应用。

古典感兴的基本意思是感物起兴或感物兴起。贾岛在《二南秘旨》中说："感物曰兴。兴者，情也。谓外感于物，内动于情，情不可遏，故曰兴。"可见，感兴就是人感物而兴，也就是指人有感于物而生成的体验。古典感兴是中国人特有的情感和思维方式，它在"天人合一"的观物态度或感物方式中，处理主体与对象世界的感应关系，并从"兴象环生"的生存境界中求得美善、通达事理。下面我们来读一读陶渊明的《饮酒》（其五）：

> 结庐在人境，而无车马喧。问君何能尔？心远地自偏。
> 采菊东篱下，悠然见南山。山气日夕佳，飞鸟相与还。
> 此中有真意，欲辨已忘言。

这首诗虽用平常语刻画平淡的日常生活情景，却能释放出深长悠远的诗味。正如前引叶嘉莹所说，"渊明……在其省净质朴的简单之外，原都蕴蓄着一种极为繁富丰美的大可研求的深意"。诗人在这里将平常生活感触直接诉诸笔端，诗中的感兴体验自然流露。"采菊东篱下，悠然见南山"更是将感兴体验中物我两忘、物我相观的感物方式传达得宛若天成。此时，摆脱污浊官场而归隐的陶渊明"心远"自居，东篱采菊，见"南山"，看"日夕"、"飞鸟"，其主观精神与客观环境之间已是高度合一。陶渊明在这里把自己在日常生活中的生存体验表达出来，用其清高超逸的人格和对生活真切深刻的体验，传达出自己的独特生存境界。由此看，感兴是一种直接触及人的生存意义或价值的特殊感触。唐代遍照金刚在《文镜秘府论》中论述得很明确："感兴势者，人心至感，必有应说，物色万象，爽然有如感会。"感兴不同于普通的心理反应或心理过程，不同于一般的对外物的直接感受，而是一种特殊的存在—体验，是一种在瞬间达到的对意义的直觉，就像陶渊明"见南山"而忽明"真意"一样。

兴辞批评正是看重了"感兴"作为美学批评话语的丰富内涵和充分活力，因而把它引进今天的美学批评话语中加以运用。

2. 修辞实践

对于修辞，在古今中外不同时期有不同的认识。中国古代文化讲"修辞"，比如《易经》中说"修辞立其诚"，文学中也有很多修辞格（对偶、比喻等）；而西方古典修辞主要是指一种论辩的艺术。这些都与现代修辞理论有很大区别。兴辞批评的修辞观建立在现代修辞理论的基础上，强调修辞与"世界观"的关系，或者说修辞与"现实"的关系。

兴辞批评强调艺术世界与现实世界之间具有一种修辞性关系,指出艺术世界中常常朦胧而曲折地意指现实生存境遇中的矛盾或冲突,寄寓着人们调达这些矛盾的欲望、幻想或具体策略。艺术通过创造独特的语言或者符号系统,可以使现实生存境遇中的种种矛盾获得一种象征性调达。比如,商代时期发展起来的以青铜饕餮为主体的狞厉美学,就是统治者用神秘、可怖的动物形象来编造关于自身幻想的一种修辞策略。饕餮形象凶怪而又恐怖,统治者从这些形象中获得关于神秘、恐怖、威吓的象征,进而从中获得对自身统治地位的肯定①。艺术就这样将人们生存境遇中调达矛盾的欲望表达出来,实现着对现实的修辞。

饕餮

饕餮形象图

兴辞批评所说的修辞,"意味着为着造成特殊的社会效果而调整语言组合,使其最大限度地产生特殊的社会效果",是指审美文本的"媒介、语言、形象和体验属性与现实世界之间的特殊意指关系和调达作用"②。所谓意指关系和调达作用,是指艺术修辞对现实的一种建构作用,"在建构的现实中某些价值会被压抑,而让建构出来的现实与建构的语言得到协调统一"③。这样,艺术家通过修辞而使得充满矛盾的现实生存境遇变得通达顺畅。

3. 兴辞批评的基本含义

人感物而兴,兴而修辞,完成艺术创作的基本过程,这就是感兴修辞。如果在当下的批评话语中激活古典"感兴",并吸收体验论、语言论、修辞论等美学的观念,发掘感兴和修辞二者相互涵摄的特性,就可以形成新的美学批评方式——兴辞批评。

兴辞批评在阐释文本时,既注重个体切入文本时的独特感兴体验,也不忘由感兴而进入文本深层结构中去发现文本的修辞实践活动。比如面对吴冠中的油画和水墨作品,可以深切感受到画面中浓郁的中国特色与乡土情感,这是留学法国而最终回到大陆、通晓中西艺术而选择用情于祖国和人民的吴冠中的情感的流露,这种民族情感直接打动了观众;而因这种情感而创造的独特的艺术语言和风

---

① 李泽厚:《美的历程》,天津,天津社会科学院出版社 2001 年版,第 57 页。
② 王一川:《文学理论》,成都,四川人民出版社 2003 年版,第 75 页。
③ 高辛勇:《修辞学与文学阅读》,北京,北京大学出版社 1997 年版,第 13 页。

格,比如弱对比的银白灰色调、抽象化的江南建筑屋顶,形成其标志性的抽象与具象相融合的艺术修辞特征,这种形式既富于民族性,又融合了西方印象主义以来的现代传统。吴冠中作品的感兴修辞整体极富感染力,独特的艺术语言与内在的情感表达恰切地互相支撑,共同构成迷人的艺术世界。

再如电影《叶问》系列(《叶问》《叶问Ⅱ》《叶问前传》),塑造了叶问这一富于魅力的近代民族英雄的形象。叶问打败健硕蛮横、欺侮中国人的外国人,在观众中间(既是影片中观看比武的观众,也是影院里观看电影的观众)激发起源于民族感的巨大热情。这一感兴内容是以叶伟信为代表的香港导演北上为寻求大陆市场认同而找到的一条有效捷径,诉之于民族激情而实现了最广泛的情感共鸣。应对于这一诉求,电影通过各种叙事技巧与镜头运用的修辞手段有效组织了电影内外的"看",比如《叶问》和《叶问Ⅱ》中两段高潮打戏,都是擂台比武的形式,周围安排了大量观众。所谓擂台意义即在于此,比武双方的胜负与生死需要有观众的认同与见证,胜利者被欢呼、被证明,一场比武才算真正完成。而在电影中,观战者的设置不只是出于比武实际的需要,更是有意为之,用影片中看客的目光引导电影院里观众的观看。观众很快将自身置换为擂台边上摇旗呐喊的助威者,身临其境的感受被放大。而镜头时时对准周围观战的人的姿态与表情,它们正是替代和延伸了电影院里观众的表情和反应,为观众情绪的抒发找到一个替代性出口。在洪震南战死的段落中,镜头采用升格处理,用慢速表现洪的死,更加突出了敌人的残忍与洪的大义。通过叙事和镜头的种种修辞手法影片使近代中国的民族困境得到想象性的解决。电影的修辞手法与感兴激发相互配合,取得了很好的煽情效果,票房大卖。

由此,我们看到了兴辞批评的批评旨趣和对文本意义空间的追寻。兴辞批评,是把审美文本的感兴修辞问题置于中心地位的批评方式,是由注重个体体验的感兴论与突出特定语境中的语言效果的修辞论两者融会起来的批评框架。它以审美沟通为基础,在审美文本、感兴体验和文化语境中,展开对艺术符号的感兴蕴藉的阐释。

四、兴辞批评实践

下面结合对具体审美文本的批评实践,介绍兴辞批评操作过程中涉及的五个相互关联的阐释圈以及相应的批评步骤。

1. 兴辞批评的阐释圈

兴辞批评的阐释圈,是指兴辞批评特有的由若干循环互动的同心圆组成的阐释程序。这一循环互动阐释过程可以包括如下五个层面:文本感兴激活、文本语言阐释、文本深层结构阐释、文本与语境的相互阐释、文本独特意义阐释。下面以王全安导演的电影《团圆》为例,简要介绍各个阐释圈在批评活动中的生成及彼此的关联。

第一,文本感兴激活。这是指唤起对文本的活生生的个体感性直觉,在这种直觉中尽可能抓取文本的独特意蕴。《团圆》影片讲述了台湾老兵回到上海寻找旧日妻子的故事,几十年分隔后一朝相聚,骨肉亲情让人感动。影片展现了政治区隔对于人类自然情感的伤害,让观者心痛。而妻子同时面对旧日的爱人与患难相守的丈夫,陷入两难,影片将这一伦理的难题也抛给观众,使人在这种特殊的情感困境中感到煎熬。《团圆》以情动人,却又是一种克制、隐忍的东方式情感,让人感慨。

《团圆》电影海报

第二,文本语言阐释。这是指在激活感兴的基础上细致阅读文本的符号形式系统,通过对形式特征与结构的分析,把握文本的修辞效果。影片《团圆》的形式特征非常突出,叙事节奏缓慢,尤其是设置了多场饭桌上的家庭聚会戏,表现中国人通过吃饭来聊天、谈情、沟通的传统,饭桌上的故事时间与日常时间基本等同。适应于此,影片使用大量中景、固定的镜头表现饭桌上一家人的活动,仿佛客观地呈现出人物间的关系与每个人的个性。这样的节奏与镜头使用,无疑与影片克制含蓄的情感表达相配合。

影片《团圆》剧照

第三,文本深层结构阐释。这是指基于文本语言阐释而发掘深层隐伏的文本结构及其背后的意义。揭示文本中隐含的无意识蕴涵而非被明白说出的有意识意义,正体现了兴辞批评的独特处。《团圆》结尾有一个精彩的段落,三人在饭桌上共同回忆起上海解放、玉娥与刘燕生失散的那一天。在作为解放军一员的老陆的记忆中,那天出了一个大太阳,而在作为撤退的国民党兵的刘燕生和玉娥的记忆中那天"下着大雨"、"打雷打闪"。影片没有给出判断,这实际上表现出当下大陆电影对于两岸故事的新的理解。旧有的政治价值上的高下判断已经不见,剩下的只是个人情绪与记忆影响下对天气感受的不同。影片也不愿为这种不同做判断,即不愿肯定或否认哪一方。这种差异褪去了国共政治观念对立的色彩,历史巨变,江山易主,也只是在个人化的情绪记忆中隐晦地表现出来。想要更清楚地看到这一点,就进一步涉及在更大的语境中看待文本内涵。

第四,文本与语境的相互阐释。这是指把上述语言阐释与深层结构阐释置放到特定语境中去作具体的修辞效果分析,揭示文本与现实和历史之间的微妙而又重要的修辞性联系。《团圆》中的两岸故事所体现出的"情感结构"(structure of feeling)①,不同于以往大陆电影对台湾的表现。从《海魂》(1957),到《情天恨海》(1980)、《庐山恋》(1980),再到《台湾往事》(2003)、《云水谣》(2006)和《团圆》(2010),大陆电影中的台湾故事构成了一个耐人寻味的互文的序列。将《团圆》置于这一语境中考察,会清晰发现一种"情感结构"的变化,即从冷战时代在政治上定义价值区别,到后冷战时代寻求全球化普遍性的情感认同。在《海魂》等电影中,刻意营造的思乡情绪总是被转化为一种强烈的爱国之情,影片人物自然的乡愁被转化为一种对祖国的召唤与呼应。而对大陆故土的怀念同时代表着一种进步的、正确的政治取向。这种对情感结构的操作,正是国家机器在文艺作品表征中发挥作用的机制。而《团圆》中没有一句上升为"祖国"的话,也丝毫没有对国家统一这样的大的议题的暗示。甚至,刘燕生从未打算真正回到故乡,他真正想做的是带玉娥回台湾。这与《海魂》《情天恨海》《庐山恋》中的家国情怀完全不同。《团圆》于是把特殊的历史故事转化为普遍的人性拷问,把政治对立转化为情感选择,最终把中国特定的历史背景升华为普遍性的世界乡愁,离散与归乡取代了冷战政治的主题。

第五,文本独特意义阐释。这是指在如上分析的基础上最终阐发文本的独一无二的审美与文化意义——文本的兴辞内涵。一次独特而又有效的美学批评,应当着力发现特定文本所显示的与众不同的独特的审美与文化意义。如上分析,大陆电影中的台湾故事体现出一条清晰的去政治化的线索。《团圆》蕴含了富有深意的文化意义,一种无阶级、去政治、超意识形态的情感结构被凸显为时代的取

---

① 〔英〕雷蒙德·威廉斯:《马克思主义与文学》,王尔勃、周莉译,开封,河南大学出版社 2008 年版,第 136—144 页。

向。《团圆》在某种程度上讲述的不只是台湾老兵返乡的故事,影片通过人物之口对老上海过去、社会主义历史、当下全球化的发展经验都表达了感受和判断,《团圆》同时是对中国现代史的一种个人书写。

在具体阐释中,我们始终关注审美文本的修辞效果,即审美生产者或发信人通过创作将怎样的情感、观念、意识形态、无意识编织进文本结构中,与收信者之间进行沟通。批评就是要对文本进行细读,分析出发信人、收信人与文本之间相互作用的机制,及支撑这种机制运作的历史与现实结构。

2. 兴辞批评个案

下面我们运用兴辞批评方法,对阿来的长篇小说《尘埃落定》进行阐释。《尘埃落定》中最让人感兴趣的无疑是那个"傻子"。传统美学批评可能会结合文本内容对"傻子"人物形象的个性特征进行分析,从而寻找某种典型类型。在这里,兴辞批评同样关注文本中的焦点"傻子",但把"傻子"看作文本的一种复杂而独特的修辞现象,这种复杂的修辞现象是显在意识文本和隐在意识文本之间不断发生美学冲突的结果。

《尘埃落定》文本中最大的一个疑问莫过于:"傻子"是不是一个真"傻子"?这个问题自始至终存在却没有确定答案。但它却实实在在地构成文本丰富的美学冲突。可以说,它是内置在这个文本中的美学秘密和美学发动机。

(1) 傻子:一个反讽符号。《尘埃落定》首先交代了"我"的两个身份:土司的儿子和傻子。对这傻子,我们不能一下断定他是不是真傻。但做出"我是傻子"的自我判断的主体绝不会是一个一般的"傻子"。然而,我们就像书中的聪明人一样,也无法拿出证据来证明他不是傻子。于是,我们只能听凭文本的这样一个修辞约定,即听从一个既是傻子又不是傻子的叙述者的叙述。

"是傻子又不是傻子",从而使傻子在文本中构成一个颇具反讽意味的形象。在行动中,傻子具有自我分身或复制的能力。正如保罗·德曼对反讽修辞所做的描述,反讽"用以指称一个主体之内各个层面的非连续性和复数性,这一主体,凭借同并非自我东西的益愈分化,逐步明白了自我"①。傻子正是文本中的非连续性和复数性的状态。比如,"我"在第一次巡游麦其家的领地时,因猜疑头人有害于自己,就让验毒师验酒,这惹得头人大为不悦,管家就解释说"少爷是傻子嘛";茸贡土司来讨粮食,他总是含含糊糊,让女土司拿他没办法。傻子以一句"我是傻子"就把自己从事件中摆脱出来,变成符号的自我,并在符号的逻辑中完成对现实事件的间断。由此,我们可以分析出"傻子"的两个反讽性功用:第一,作为事件主体,它对常人、智者形成遮蔽,从而进行自我保护,"我"一直用"傻子"形成对事件

---

① 〔美〕保罗·德曼:《解构之图》,李自修等译,北京,中国社会科学出版社1998年版,第31页。

的间断。第二,符号性功用。它是傻子治疗丧失自我的良方。傻子不仅用符号的自我替代原初的自我,还保持对自己身份的清醒和明确的认识,这种及时退出事件,反身而成为一个傻子,形成反讽间断,是整个文本精彩的地方。可见,傻子身份使得文本在"我是傻子"的即时性反讽中,形成了文本叙述的延宕。这种反讽修辞策略使这个审美文本更富有美学意味。

电视剧《尘埃落定》中的傻子

(2)傻子:英雄与智者。在对文本进行感兴激活、了解"傻子"符号的修辞策略后,我们可以进一步走入文本深层去解析傻子。对于这个文本的深层结构,可以从两个角度来分析。从角色角度看,存在着"傻子/英雄(智者)"的对立结构;而从身份角度看,存在着"土司/非土司"的权力结构。这两个结构统一在"傻子"身上所构成的文本的核心问题是:傻子能否当上土司。在文本中,我们发现傻子能当上土司,但他和土司始终有着距离。

傻子最初缺乏成为土司的可能,因为"我是傻子"。所以,他的哥哥和父亲都很高兴。但随着年龄的增长,随着他在边境市场的生意越做越大,朋友和助手越来越多,也得到了最漂亮的女人,可以说是实现了一番英雄宏图。与之相对的英雄哥哥却什么也没有。他比起哥哥越来越显示出作为土司继承者应具有的一切。这个时候,他的内心也产生了拥有权力的欲望。"天哪,一瞬间,我居然就有了要篡夺权力的想法。但一想到自己不过是一个傻子,那想法就像是泉水上的泡沫一样无声地破裂了。你想,一个傻子怎么能做万人之上的土司,做人间的王者呢?"这时,他自己产生了两个问题:"我在哪里"和"我是谁"。有一次他对这个问题做了回答:我在当土司的领地上和我是想当土司的傻子。这时他也给这片土地带来了神奇:在麦其土司的领地上,他被民众相拥着飞奔起来。只要他给这股力量一

新编美学教程

个方向,他就不用等上一个土司的宣布而成为合法的土司。但这时他傻了,他在这股力量面前彻底变成了一个傻子。

傻子的这次"傻"让所有支持他的人失望了。但这次"傻"是很有深意的。因为这个时候麦其家的仇人已经出现。复仇的一个逻辑就是杀死麦其土司,而不杀不能成为土司的人。所以,当他的父亲宣布他的大儿子为土司继承人时,实际上就为傻子找到在复仇逻辑中被杀的替身。傻子由此得以从一种虚幻的力量和理想的成为王者的历史幻象中脱身而出,在一次"傻"的行为中保持着对事情的预见能力和清醒认识。结果他的哥哥被杀死了。从此以后,他无疑是土司唯一的合法的继承人。所以这里的"傻"暗含着傻子更可能成为土司的逻辑可能性。

但是,这个小说文本为什么终究把一个"英雄"修辞成一个"傻子"了呢?在文本的深层结构中,始终隐含着一个叙述意识:土司制度不会在这片土地上存在了。傻子的最终目的是这个土司制度的消亡而非捍卫。这在傻子的情爱主题上也隐喻了这一点。傻子的妻子塔娜下身干燥,不能生育。这也隐喻土司的历史已经到头,所有围绕着土司制度的创造性活动都将会无功而返。

电视剧《尘埃落定》中傻子和他的妻子塔娜

从这个意义上说,傻子之所以为傻子就在于此。他的明智超越了众人,超越了现时,所以表现为傻。傻子是一个末世英雄,是一个有预见的傻子,因此他就让他的智性和傻性并存。

(3)傻子:认同的困境。傻子能否当上土司,即自我认同的问题构成一切冲突和矛盾;但这个文本的所有冲突和矛盾也受制于一个潜在的文本:族群认同的两难境地。傻子出现的自我认同问题,正是族群认同困境的表征。

结合更大的语境来看,在历史转折的关头,这支在四川西北部梭磨河流域安多藏族之嘉绒藏族的历史在面临着重大选择。那一度被他们认为和大地同样稳固的土司制度即将不复存在了。他们过去在拉萨和中原政权之间无法归属,而现今在现代国家建立之时,又无法存在下去。傻子面临的能否成为土司的问题,恰恰是他们归属问题的置换。作者采用了傻子这样一个反讽视角和形象,彰显了这支族群认同的两难境地。正是这种两难境地里面包含着他们所有的生活方式、价值取向、传统俗规和认同方式的现实内涵。所以,这一种制度的结束对他们来说影响是重大的。傻子不是像红色的汉人所说的那样,"你会当上麦其土司,将来,革命形势发展了,没有土司了,也会是我们最好的朋友。"傻子的"傻"是来终结土司制度的。

傻子最终选择死于传统的复仇规则。本来这样一个复仇规则在土司制度被消灭掉后,其意义已经被解构。但傻子还是傻傻地选择死在这个逻辑中,凸显出小说暗含的文化心理。他在废墟上以死对这个族群不复存在的历史施行了一场文化祭奠。"上天啊,如果灵魂真有轮回,叫我下一生再回到这个地方,我爱这个美丽的地方。""是的,上天叫我看见,叫我听见,叫我置身其中,又叫我超然物外。上天是为了这个目的,才让我看起来像个傻子的。"就这样,从这个文本的感兴修辞中,我们可以看到傻子形象所包含的复杂的文化矛盾。傻子以一个创世英雄出现,又以一个历史智者收场,并以他的死完成对已逝的土司和土司制度下的族群的献祭。

本 章 摘 要

美学批评是在审美鉴赏基础上开展的对审美沟通过程尤其是审美文本现象进行阐释和分析的行为。美学批评的基本属性包括艺术性、科学性和意识形态性。美学批评的作用在于,在一定程度上决定作品的意义,发掘艺术作品的深层意蕴,促进艺术创作。美学批评模式是指在美学批评中体现出相对鲜明的批评风貌或个性的批评方式。中国现代美学批评传统中有如下几种主要模式:感兴批评模式、认识论批评模式和语言论批评模式。兴辞批评代表着古典感兴传统与现代修辞实践的一种特殊融会,是一种对审美文本在特定语境中的艺术符号进行阐释,由此显示其感兴蕴藉的美学批评方式。兴辞批评在操作过程中涉及五个阐释圈以及相应的批评步骤:文本感兴激活、文本语言阐释、文本深层结构阐释、文本与语境的相互阐释、文本独特意义阐释。

研 究 建 议

美学批评是在审美鉴赏基础上读者的感性和理性精神进一步提升的结果。

在你看来,美学批评在操作上对批评者的要求,更多的是一种艺术创造的精神,还是客观研究的能力?当兴辞批评把审美文本的兴辞问题放在中心地位时,该如何理解文学的感兴修辞属性?尝试用兴辞批评的方法分析一部作品如小说、诗歌、电影、美术作品等,你可以体验到这种批评实践的乐趣。

深 度 阅 读

想了解美学批评的意义和当代发展,可读蒂博代著《六说文学批评》(三联书店 2002 年版)和克里格著《批评旅途:六十年代之后》(中国社会科学出版社 1998 年版)。前者把文学批评分为"自发的"、"职业的"和"大师的"三种类型,至今仍未过时;后者对 20 世纪 60 年代以来当代西方批评理论作了透彻的阐发。高辛勇著《修辞学与文学阅读》(北京大学出版社 1997 年版)是修辞论批评的合适的向导。王一川著《文学理论》修订版(北京大学出版社 2011 年版)提出感兴修辞是文学的基本属性,并对兴辞批评的含义和操作做了阐发。

结 束 语

在完成了一次短促的美学旅行后,我们需要对自己的游动的思绪稍作梳理。透过这次旅行,读者想必对审美沟通各要素及其中的美学景观已有初步领略。人们总是在审美语境中,借助审美符码及更基本的审美文化传统,去接触审美媒介,通过它对审美文本展开审美鉴赏,进而把握审美体验。在这一审美沟通过程中,每一要素都发挥了特定的作用。上面分开论述审美沟通各要素,只为论述上的方便。其实,审美沟通依赖于各要素之间的综合的和同时的作用。

美学如此关心审美沟通问题,固然为的是理解审美与艺术现象本身,但更重要的是,由此更完整地理解那跃动在审美与艺术中的人、人的生活、人的心灵。在当前,美学关心的正是全球化与多元文化汇通语境下多种不同审美趣味之间的沟通问题,简言之就是异趣沟通问题(参见本书第二章)。异趣沟通在这里意味着,民族与民族之间,同一民族中的不同群体之间及不同个人之间,需要在承认多元趣味共存的前提下,寻求彼此差异中的平等对话和理解。今天早已不再是趣味一律的时代,多元趣味之间的共存及争鸣是不争的事实。重要的是,不同趣味之间能够平等对话和通达。

影片《三峡好人》(贾樟柯执导)为我们理解当前社会中人际关系状况及异趣沟通的可能性,提供了一个合适的影像个案。在三峡地区人与环境都正发生巨大变迁、个体生存充满新的巨大风险这一特定背景下,山西挖煤民工韩三明乘船前来奉节,寻找已分离十六年的"前妻"麻幺妹(和女儿);与他的寻妻故事相平行的,则是也来自山西的护士沈红对阔别两年的丈夫郭斌的寻找;这中间还可见到那位喜欢模仿影星周润发式侠义做派的男孩"小马哥"等。在这里亮相的是处在当前新的生存风险中的一群底层"小人物",他们正在经历个人生活中的命运变换及相应的人际差异的形成①。也许人们会抱憾或责备这些"小人物"显得过于卑微、懦弱,缺少应有的阳刚之气和抗争精神,这种抱憾或责备自有其合理性;但另一方面,从影像所再现的特定的审美现实看,他们却宛如实实在在地生活在三峡库区的一群或几群人,各有其合于自身阶层身份的生存合理性,并且以他们的不得不如此的特定的抗争方式去追求自己的幸福生活梦想。

---

① 这群人究其实质还是底层农民,只是一群背离土地和家乡的底层农民(在"背井离乡"的准确意义上),但这一点需要另行讨论。

正像片名所揭示的,故事里的主要人物都是"好人",但都无法不面对生活的巨变及随之而来的人际鸿沟的加剧,无论这些鸿沟是有形的还是无形的、法律的还是情感的、金钱的还是侠义的。值得注意的是,明知身处生存的巨变与风险中,这些"好人"却能处变不惊,体现出一种生存的韧性。生存的韧性,或韧性的生存,意味着生活中的一种含忍不露的承受力、沉稳有度的理智控制力和困境中寻觅生机的求变力。这种状态诚然远不及鲁迅当年倡导的"韧性的战斗"———一种有关革命精英或文化精英的韧性反抗方式的主张,但却是大致合乎这群底层"小人物"的身份逻辑及其性格逻辑的。韩三明与前妻的婚姻是非法买婚,既不合法也不合情;但随后当彼此产生真情时,前妻却被民警解救回三峡老家,这种解救就遭遇合法而不合情的困扰了。现在的韩三明跨越十多年的分离的鸿沟来到三峡,一心想的是重续旧缘,此时的他已懂得不能再走违法买婚的老路,而只能是挣到钱后与前妻合情又合法地结婚。这表明他既重情感,又能耐久,还善于加以合乎理性的节制。同样,沈红在寻夫过程中,本能地察觉到彼此缘分已尽而内心伤悲,却表面上仍友好地、强颜欢笑地并主动谎称情有所归地与丈夫友好分手,分手前竟然是彼此的拥抱和曼舞,也是同样体现了以理抑情的韧性,以超强的自尊外表强抑住内心的分离痛楚。

这两人性格的一个高度共同点正在于生存的韧性,这有效地导致情理之间平衡的形成。一方面,他们都拥有跨越差异鸿沟而寻求沟通的巨大的情感动力;但另一方面,他们也都能妥善地控制这种情感动力,并使这两者正好达成一种大体的平衡。这意味着,他们对当今人际鸿沟现状诚然有着沟通的强大需求,但同时也有着清醒的承认。作为银幕呈现给我们的新一代底层"小人物",他们既清楚生活中金钱、地位、情感等无情鸿沟的存在现实,但又力图加以跨越;既力图跨越但又承认这种跨越的艰难。他们正是在这种"两难"困境中坚韧地寻求自己的生活梦,由此不难体察到一种新世纪生存风险语境下特有的异趣沟通精神。

这种异趣沟通精神的具体化,是在韩三明与"小马哥"的交往上集中实现的。韩三明无论从年龄还是趣味看,本来都不大可能与那个怀旧而又故作侠义的"小马哥"牵扯上什么关系,但他与后者的四度相遇却导致新的可能性发生。第一次相遇时,"小马哥"按周润发式做派自己点烟,捉弄了新来乍到、友好地为他点烟的韩三明,表明两人之间存在明显差异。第二次,他在被韩三明解救后一块儿喝酒时,当看见他那保存完好的写有麻幺妹地址的十六年前的芒果牌香烟盒时,两人之间的鸿沟就在瞬间融化了:"你还真有点怀旧啊!"这声感叹既表明了他对韩三明不忘前妻的怀旧式举动的善意的理解姿态,也事实上让这两个趣味不同的人之间在怀旧上找到了走向沟通的趣味融合点,从而让异趣沟通的可能性变成了现实。此时,感兴勃发的他竟脱口而出周润发式经典对白:"现在的社会不适合我们了,因为我们太怀旧了!"随后还豪侠而又稚气地表示:"做兄弟的我一定罩着你!"显然,正是芒果牌香烟盒所激发的共通的怀旧体验,让这两个陌路人之间的异趣沟通变成了现实。第三次,这个带有喜剧和感伤意味的"伟大的小人物",在乘车前往参加一场自以为行侠仗义的"摆平"举动之前,兴奋地与韩相约晚上喝酒庆贺,表明他们的沟通在持续深化。第四次,当韩三明在住处久等不至,最后只是循着手机彩铃中熟悉的《上海滩》插曲才找到已被埋在砖头下的"小马哥",并向他的遗像默默敬烟时,我们看到了这种异趣沟通场面的令人沉痛而又慰藉的一幕。

从这四次相遇过程可见,这两人之所以能从差异走向沟通,实在是由于他们内心都有着一种淡隐而坚韧的关爱他人的温心或温情。韩三明的"老婆"虽然是非法买来的,但他内心对她有着真爱,这种真爱竟历经十六载而不衰,导致他走上漫漫寻妻路,不顾一切地要带她走,可见他是个拥有执著的爱的有情人。而这种深厚的关爱之情也体现在他对原本萍水相逢的"小马哥"生前的照顾和死后的追挽上。同样,"小马哥"从外表和身份看几乎就是个"小混混"或"小无赖",但言行举止中透露的英雄品位、对韩三明的真诚关切及"路见不平拔刀相助"的侠肝义胆等,都使我们不能不感到那颗幼稚、卑微而又坚韧的关爱之心,这是仁爱与侠义在卑微中的一种奇特融汇。其实,在仁爱、侠义与卑微三者的结合上,这两人是颇为相近的。两人的这种彼此贴近的淡隐而坚韧的关爱之心,在这个四处是拆迁的废墟、背井离乡的移民的特定环境下,在这个充满生存的风险的社会里,虽然不具有改变现状的力量,并且还显得有些软弱,令人生出不满足之憾,但却是务实的、真情互动的,带着人际沟通的温馨,远比某些艺术作品中的"假大空"和网上虚拟社区的"爱情"更有价值。这种异趣沟通的社会价值显然表现在,让生活在动荡、孤独与忧患中的个体能跨越彼此鸿沟而实现相互抚慰。韩三明与"小马哥"之间凭借珍藏的芒果牌香烟盒相互畅叙怀旧感,并用手机交换《好人一生平安》(电视剧《渴望》插曲)与《上海滩》插曲彩铃,从而实现真情融汇的场景,无疑可以作为当代人与人之间达成异趣沟通的经典镜头之一而流传下去。

但异趣沟通精神在特定年代毕竟是应有着历史具体性的。如果说,对异趣沟通可以作适当的层次划分的话,那么,其初级层次可以有对话、仲裁、阐释等,其高级层次则可以有认同、体验等①。就当前我们身处于其中的特定社会情境来看,能体现异趣沟通精神的具体的认同与体验状况之一,可以说在于冷眼温心。冷眼是指对个体生存境遇及人际关系中的风险怀着冷峻而务实的眼光,温心是指对世界、世道、世人怀着温情的关爱。从上面有关《三峡好人》的讨论可见,生存的需要

---

① 参见王一川:《从诗意启蒙到异趣沟通——90年代中国审美精神》,据《汉语形象与现代性情结》,北京,首都师范大学出版社2001年版,第63—68页。

迫使韩三明、沈红及"小马哥"都不能不以冷眼看待周围的世界、世道、世人,如果不这样就不能有实在的在世的生存。韩三明在船工强行搜身时让其一无所获,但后来像变戏法似地突然掏出了车钱,说明这位民工在卑微、懦弱和敦实的外表下不失冷硬心肠和生存的狡黠,练就了一套乱中自保和绝境求生的韧性的生存本领。沈红眼见无法赢回郭斌的心,就选择了体面而有尊严地分手,这也表明她对婚姻风险已有冷峻的洞察和足够的心理预备,其韧性的生存也充分展现。但这种冷眼只是一面。

更要看到另一面:位于他们的冷眼深处的却是对他人的温馨的关爱。按常理,冷眼必然导致冷心,即冷酷的心、报复的举动,也就是对世界、世道和世人的怨恨。但影片却没有让韩三明和沈红如何满含怨恨地向不公的世道和命运复仇,而是让他们的言行合理地充满和释放出对世界、世道和世人的淡漠而又深厚的温情,呈现出冷眼与温心的有意义的融汇。冷眼温心在这里是指一种对现实生存风险的冷峻体察与温厚关怀相交融的状态。冷眼与温心既相反又相合,体现了当代人面对风险社会之冷酷但相互关爱之心不灭的生存体验状况。韩三明对待前妻和"小马哥"的真诚关爱、沈红对丈夫的宽容和善意离别(而非恶意报复),以及"小马哥"的幼稚的侠义之举等,无疑是这种冷眼温心的呈现。正是这种冷眼温心支配着、支撑着这群底层"小人物"的在世的自救与救人言行,使他们面对无论怎样布满风险的生存困境,却都能富有韧性和尊严地活下去。

同样重要的是,有了这种冷眼温心,就可以让一种生活的诗情或审美趣味在风险环境中顽强地生长。韩三明看上去卑微而貌不惊人、沉默寡言,更缺乏欣赏美的感官,但却对麻幺妹一往情深;同时,不善言辞、不通流行歌曲却又能理解"小马哥"借周润发做派而传达的侠义情怀,并以对"小马哥"的执著寻找、为其遗像默默点烟以及深情送别等素朴方式,传达出对他的一种无言与无声的深沉祭奠和由衷爱意。不妨来看看他与几位奉节船工透过人民币图案交流各自的家乡夔门与黄河壶口瀑布风景之美的场景:

> "你回去就把我们忘了吧?"
> "不会的,只要看见十块钱背面的夔门,我就会想起你们来。"

这个场景简赅而有力地说明,他和他们虽然不懂高深的符号学理论,但却以他们的素朴而沉实的生存行为,在实际地和充满感情地读解和欣赏着人民币的符号之美,由此书写着一种家乡美景与金钱实用价值以及人际亲情等多元融汇的货币符号学美学。

与韩三明习惯于素朴而无声的审美趣味不同,沈红显示出在无论如何无望的生存环境中都不失女性的优美和自尊的生存姿态,而从她在三峡大坝旁,以拥抱和曼舞方式与丈夫作别,更可以见出一种优美、自尊而又幽默的生活诗情。我们应该注意到,伴随他俩缓缓起舞的,是回荡在三峡大坝上空的深情的女高音独唱《等到满山红叶时》(影片《等到满山红叶时》插曲,罗志明词,向异曲):

> 满山红叶似彩霞,彩霞年年映三峡。
> 红叶彩霞千般好,怎比阿妹在山崖。
> 手捧红叶望阿哥,红叶映在妹心窝。
> 哥是川江长流水,妹是川江水上波。

这支具有三峡民歌风味的歌曲传达出阿哥阿妹好合的千古爱情主题,却与沈红此时的行将离异的悲苦命运形成巨大的反差。因此,沈红的幽默感其实包含着一种对其命运的反讽或自嘲意味,属于反讽式幽默或幽默式反讽。

可见,正是冷眼温心可以养育生活的诗情或审美趣味,而这种诗情或趣味又可以感染人们以生存的韧性去追求生活的美。生活难免常常缺少美,但不能没有冷眼温心的精神;而正是冷眼温心的精神,可以帮助人们即便是在逆境中也能执著地去求取生活的美。当代美学如果不能帮助人们从丰富的审美与艺术兴象中发现这种冷眼温心精神,还能叫美学吗?

到这里,我们可以对美学的现实作用产生进一步的印象。我们对美学诚然可以不再抱着望文生义的不切实际的幻想,好像它顶个"美"名就能在审美问题上这也行那也成,甚至似乎学了"美学"就真的能把"美"变到生活里来;不过,平心而论,它对我们确实可以产生一些有限而又有益的作用。其实,要知道美学是什么,不妨同时知道它的不是与是。

其一,美学不是人生求美旅途上的全能导师,似乎能在我们想要时就立马指点求美大道,在这点上,它所能提供的帮助恐怕远不及现实中亲朋师友所给予的。但美学确实可以扮演适度的审美知识向导作用:提供有关审美与艺术的知识的报告,也就是美论的知识库或美的知识的地图,以经过反思的、有条理的美学知识启迪我们去认知和思索古今中外曾留下哪些审美探险足迹,而今的美学探险该从哪里和向哪里出发。

其二,美学也不是难关重重的生活中的灵丹妙药或神奇魔杖,仿佛它轻轻一点便可逢凶化吉、百事呈祥,在这点上,它永远不会像广告那样给予我们以轻快、神奇或虚假的许诺。但是,它可以而且应当帮助我们逐步练就一双探美的慧眼,让我们学会探讨与分析审美问题的学理视角、方法与手段,从而可以更自信地从事审美鉴赏乃至美学批评工作。人们诚然无须都去做美学专门家,但不妨练就点生活中需要的美学眼光。今天的美学现象和问题可谓种类繁多、波诡云谲,正如一首流行歌曲《雾里看花》(作词:阎肃)所唱的那样:

雾里看花,水中望月 / 你能分辨这变幻莫测的世界 / 涛走云飞,花开花谢 / 你能把握这摇曳多姿的季节 / 烦恼最是无情 / 笑语欢颜难道说那就是亲热 / 温存未必就是体贴 / 你知哪句是真,哪一句是假 / 哪一句是情丝凝结 / 借我一双慧眼吧 / 让我把这纷扰 / 看得清清楚楚明明白白真真切切

面对"变幻莫测"和"摇曳多姿"的审美与艺术现象,特别有理由呼吁"借我一双"美学的"慧眼",透过它,"把这纷扰 / 看得清清楚楚明明白白真真切切"。掌握古今中外美学史知识,承传前人在审美上留给我们的宝贵的美学传统,正是铸就这双探美的慧眼的知识基础。无论对大学生还是其他读者,这双探美的慧眼的铸成都是重要的,有了它,就有可能形成洞悉和解析纷纭繁复的审美问题的能力。

其三,美学甚至也不是我们的人间审美指南,不会对生活中的美食、美容、美发、美体及家居装修等实用审美需求有多少具体指导,诚然有,但还不如去请教专业报纸、杂志、书籍、网站或公司呢,后者肯定比普通美学更具有专业性和权威性。但确实可以说,这一点也许更要紧:正是在如上知识库和探美的慧眼基础上,美学能够进而帮助我们逐步养成一颗臻美的心灵,即不断地臻于人生至美境界的思维与行为习惯。如果说,美学作为审美知识库,可以助我们继承前人留下的审美传统;美学作为探美的慧眼,可帮我们练就透视审美现象的理解力和沟通能力;那么,美学作为臻美的心灵得以养成的摇篮,则可为我们培育出爱美与求美的情感与理智、想象与幻想、认识与体验等思维与行为结构,使我们懂得并实际地追求审美与艺术这人生至高境界。

不是实用生活中的华美或美化,而是这种臻美的心灵的养成,才是个体人生中最重要的或最高的境界。美学家宗白华认为人生可以有功利、伦理、政治、学术、宗教、艺术等六种不同境界。与"功利境界主于利,伦理境界主于爱,政治境界主于权,学术境界主于真,宗教境界主于神"不同,艺术境界直指人的最深与最高的心灵的形象世界:"以宇宙人生的具体为对象,赏玩它的色相、秩序、节奏、和谐,借以窥见自我的最深心灵的反映;化实景为虚境,创形象以象征,使人类最高的心灵具体化、肉身化,这就是艺术境界,艺术境界主于美。"[1]这里所谓"艺术境界"正约略相当于臻美心灵的一种艺术符号中的具体化状态。"艺术境界"以美为宗旨,但这种美的秘密不在于外在美的事物或景物,而就在于人类心灵:它是"人类最高的心灵具体化、肉身化",也就是人类的臻美心灵的具体映射。"一切美的光是来自心灵的源泉,没有心灵的映射,是无所谓美的。"艺术境界之美在于人类的臻美心灵与自然景象的"交融互渗":"艺术家以心灵映射万象,代山川而立言,它所表

---

[1] 宗白华:《中国艺术意境之诞生》,《美学散步》,上海,上海人民出版社 1981 年版,第 59 页。

现的是主观的生命情调与客观的自然景象交融互渗,成就一个鸢飞鱼跃,活泼玲珑,渊然而深的灵境;这灵境就是构成艺术之所以为艺术的'意境'。"①这样的美学理论对我们的启迪作用是显而易见的。

其实,美论知识库、探美的慧眼和臻美的心灵的生成,绝非简单到读一本或若干本美学教科书、上几门相关课就能办到,而是终究来自个体在人生旅途上的长期的自觉的社会养成和自我养成,这种养成意味着社会各种力量的长期熏陶与自我的主动涵养的高度融汇。而这种个体审美的社会养成和自我养成的最终指向,则不应是简单的生活美化、日常生活审美化或全球审美化之类日常世俗诉求,而应是个体以及社会人群的臻美心灵的养成,这约略相当于宗白华所谓"人类最高的心灵"的培育。当代社会,来自方方面面的风险与忧患正日益加剧,个体生活终归有烦忧、动荡或挫折,美的东西常常可望而不可即或者外美而内空,唯有永不倦怠地指向美的心灵,在当前就是那种冷眼温心,才是当今风险社会中个体的一种在世立身之本。这一点我们已可以从《三峡好人》的影像世界中体验到,更从宗白华的动情的理论阐述中领悟到。而在臻美心灵的养成过程中,一本合适的美学书毕竟可以从旁起到一定的导引、见证或陪伴等作用。

本书著者自知功力有限,但诚愿以上述诸方面为孜孜以求的目标,"虽不能至而心向往之";并为能有此机缘与读者在臻美旅途上相遇和相伴短短的一程,交流彼此来自生活的异趣沟通和冷眼温心体会,感到莫大的荣幸和慰藉。

在漫长的臻美心灵的旅途上,我们总会相遇和告别。每一次告别都可能并非结局,而是新的相遇的开始……

---

① 宗白华:《中国艺术意境之诞生》,《美学散步》,上海,上海人民出版社 1981 年版,第 59—60 页。

美学术语小辞典

1. 美学(aesthetics)：由德国哲学家鲍姆加登(Alexander Gottlieb Baumgarten，1714—1762)在《美学》(1750)中创立的学科。他首次明确提出建立一门新学科"埃斯特惕卡"(Æsthetica)——研究人的感性的学科，这就有今天的美学。美学是一门运用概念分析和具体体验方式去研究审美沟通的人文学科，简洁地说，美学是研究审美沟通的人文学科。

2. 审美沟通(aesthetic communication)：是人们通过对符号形式的体验而实现的人生意义的生成、传播与通达过程，可以包含审美体验、审美媒介、审美符码、审美文本、审美语境、审美鉴赏和审美文化等要素。

3. 审美体验(aesthetic experience)：日常体验的升华，是个体在亲自活动中对理想的生命形象的直觉。简言之，审美体验是个体对自身生存状况的一种当下直觉。

4. 惊羡体验：现代中国人对于新的现代性景观的震惊与羡慕体验。

5. 感愤体验：现代中国人对现实生存状况的感世与愤时交织的体验。

6. 回瞥体验：现代中国人对自身古典传统神韵的怀旧体验。

7. 断零体验：现代中国个人对自身孤独与飘零境遇的体验。

8. 中国现代审美精神：指那种在活的形象中，并通过活的形象去呈现现代中国人的生存意义的普遍性的态度或意向。

9. 诗意启蒙：不同于理性启蒙，是指以诗、艺术或审美手段去实现理性启蒙的意向。

10. 异趣沟通：中国现代审美精神在 20 世纪至 21 世纪之交的一种演化形态，是指相互差异的审美趣味之间的相互杂糅与融通状况。

11. 审美媒介(aesthetic media)：媒介(单数 medium，复数 media)，原指一种使两个个体发生关系的中介人或中介物。在现代传播学领域，媒介一词在汉语中可以对译出"媒质"、"媒体"和"媒介"三词。媒质是人类社会系统中作为人与人之间沟通的工具而存在的物理现实，主要有声音、图像、文字、音乐和影像等。媒体是指当代社会中向受众传播文化信息和娱乐节目的文化生产组织或实体。媒介是指利用媒质存储和传播信息的物质工具。在当代社会，媒介一般指机械印刷书籍、报刊、杂志、无线电、电视和国际互联网等，它们都是用以向大众传播消息或影响大众意见的大众传播工具，都是传播信息的媒介。审美媒介是审美沟通中各种审美符码得以储存、传达或表现的物质器具与传播工具。

12. 审美符码(aesthetic code)：符码又称代码、信码，与另一术语符号(sign)密切相关。符号是表达意义的人工制品或行为，而符码是组织符号和决定符号关系的系统。比如十字路口的红绿黄灯，都是有关交通规则的符号，分别代表不同的意义。而将这些符号组织起来并赋予其不同意义的更基本的系统，就是符码。审美符码正是一种特殊的符码。审美符码是组织审美符号的特殊规则系统，其基本特征在于指称的不确定性、沟通的文化共识性、组合的多维性及传媒依存性。审美符码有多种类型：造型艺术符码、表演艺术符码、语言艺术符码、综合艺术符码、生活审美符码(包括自然审美符码、人体审美符码、科技审美符码、时尚审美符码、广告审美符码、城市景观审美符码)。

13. 审美文本(aesthetic text)：文本(text，也译本文、篇章、原文)在语言学中原是指构成某种语言中实际话语的一系列词。审美文本，是审美中的文本的简称。审美文本是审美沟通中可以激发审美体验的符号表意系统，具有符号性、功利与无功利间性、感兴性和语境关联性。

14. 审美文本层面：指审美文本的以感兴为核心的多层次构造，包括兴媒层、兴辞层、兴象层与兴味层。兴媒层是审美文本的最外在层次，是指审美文本的可以唤起感兴的物质媒介层次；兴辞层是指富有感兴的符号系统层次；兴象层是指文本中由兴媒层和兴辞层创造的能唤起感兴的艺术形象系统层次；兴味层是指审美文本给予读者的感兴余味在其阅读结束后还持续存在的现象。

15. 反审美(anti-aesthetic)与反艺术(anti-art)：对同样或相近的事情的不同侧面的表述。反审美是指对传统审美方式的有意反抗或消解形态。反艺术是指利用传统的非艺术物品进行艺术实践的行为及其价值形态。

16. 全球审美化(global aestheticization)：指全球各民族生活中的几乎一切事物都可以被制造成或理解成审美的事物的状况，其真正要义在于让过去非审美的东西也变得审美化了。德国当代美学家韦尔施在《重构美学》中集中阐述了这一概念，认为这种审美化意味着把非审美的东西制造或理解成审美的东西。

17. 无意识的商品化(commoditization of unconscious)：指商品工业体系对人的无意识领域的控制状况，它甚至表明商品体系已控制我们的审美体验。杰姆逊在《后现代主义与文化理论》中对此作了集中论述。

18. 超级真实(hyper reality)：指以符号形象间的自指性取代传统真假对立、依据人工模型和范本而非现实物来生产、并以可复制性为特征的美学现象。由鲍德里亚提出。他认为，超现实消除了现实的东西和想象的东西之间的对立，它总是一种被复制了的东西，产生于一种没有现实原本和实在的模型。比如迪斯尼乐园的美国模型，比现实社会中的美国更加真实。

19. 审美语境（aesthetic context）：语境（context）原是指特定语言的上下文或场合。审美语境是指审美沟通中的语境，是指发信人与收信人之间据以实现文本沟通的特定情境。

20. 文化语境（cultural context）：发信人与收信人之间据以实现文本沟通的社会符号性情境。

21. 政治语境（political context）：指据以实现文本沟通的社会权力运行关系及其交换状况。

22. 经济语境（economic context）：指据以实现文本沟通的社会金融关系及其情境。

23. 语境交融：指审美沟通中的各种语境之间相互交叉、融会并共同起作用的状况，主要有文化语境、政治语境和经济语境之间的交融。美国当代学者阿帕杜莱（Arjun Appadurai）在《全球文化经济中的断裂与差异》（1990）一文中特别利用五种"景观"（scapes）模式来描绘全球的文化流动语境。这五种景观分别是人种景观（ethnoscapes）、媒体景观（mediascapes）、科技景观（technoscapes）、金融景观（finanscapes）和意识形态景观（ideoscapes）。

24. 审美鉴赏（aesthetic appreciation）：指收信人对审美文本进行鉴别和赏析从而与发信人实现审美沟通的过程。

25. 审美文化（aesthetic culture）：文化是人类的符号表意系统。审美文化是指当代日常生活和文化娱乐与传统审美之间相互渗透的状况，也宽泛地指历史上与审美和艺术相关联的各种符号表意行为及其成果。审美文化存在四个层面：精英文化、大众文化、民间文化和主导文化。

26. 精英文化（high culture，elite culture）：也称高雅文化，是审美文化的一种形态，是指由少数文化人创造或欣赏、蕴含其个性化趣味的审美文化。

27. 大众文化（popular culture，mass culture）：也称通俗文化，是以大众传播媒介传输、按市场规律运作、旨在使大量市民获得感官娱乐的日常文化形态，主要有通俗诗、报刊连载小说、畅销书、流行音乐、电视剧、电影和广告等。

28. 民间文化（folk culture）：指由社会底层民众集体创造的自发和自娱的通俗文化。

29. 主导文化（dominant culture）：指体现特定时代的群体整合、社会安定与和睦需要的具有教化功能并占主流地位的文化。

30. 古典性审美文化（classic aesthetic culture）：指大约晚清前创造而至今仍发生影响的审美文化作品，基本特征在于空灵蕴藉。

31. 现代性审美文化（modern aesthetic culture）：指晚清以来建立在现代生活方式基础上的审美文化，基本特征在于实中含空。

32．外来审美文化（foreign aesthetic culture）：指来自外国民族而在中国产生影响的审美文化，基本特征在于奇异而逼真。

33．网络文化（network culture）：在计算机网络传播和人际双向交流中形成的符号表意行为及其成果。

34．手机文化（cellphone culture）：通过手机媒介、网络媒介和人际交流而形成的各种符号表意行为及其成果。

35．青年亚文化（youth subcultures）：通过风格化方式挑战正统或主流文化以便建立集体认同的附属性文化形态。

36．美学批评（aesthetic criticism）：在审美鉴赏基础上开展的对审美沟通过程尤其是审美文本现象进行分析和评价的行为。

37．感兴批评：指中国古代以富于感兴的阅读和评论去还原文本感兴的批评方式。

38．认识论批评（epistemological criticism）：一种注重发掘审美文本的认识价值与社会功能的批评方式。

39．语言论批评（linguistic criticism）：一种把审美文本的语言状况置于中心地位、用语言学模型去加以分析的批评方式。

40．兴辞批评：作为古典感兴传统与现代修辞实践的一种特殊融会，是一种对审美文本在特定语境中的艺术符号进行阐释，由此显示其感兴蕴藉的美学批评方式。它以审美沟通为基础，在审美文本、感兴体验和文化语境中，展开对艺术符号所蕴涵的审美世界的阐释。兴辞批评在操作过程中涉及五个阐释圈以及相应的批评步骤。兴辞批评的阐释圈是指兴辞批评特有的由若干循环互动的同心圆组成的阐释程序。这一循环互动阐释过程包括五个阐释圈：文本感兴激活、文本语言阐释、文本深层结构阐释、文本与语境的相互阐释、文本独特意义阐释。

后　记

　　本书是四年前出版的《新编美学教程》的修订版。这次修订努力按照本书前言中表述的构想执行,包括其中的"完善、简化、更新、缩减"理念。承担修订工作的仍是初版的编写组成员,由我汇总、统稿。具体执笔分工如下:

　　前言、第一章美学、结束语:北京大学王一川。

　　第二章审美体验:北京邮电大学梁刚。

　　第三章审美媒介:北京师范大学陈雪虎。

　　第四章审美符码:北京第二外国语学院胡继华(修订)、人事部办公厅马传军(初稿)。

　　第五章审美文本:中国社会科学院文学研究所何浩(第一节、第三节之审美文本的现代价值形态部分)、南开大学周志强(第二节)、胡继华(第三节之审美文本的古典价值形态部分)。

　　第六章审美语境:北京工商大学刘莉。

　　第七章审美鉴赏:北京航空航天大学石天强。

　　第八章审美文化:周志强(第一、二、三节)、首都师范大学胡疆锋(第四节)。

　　第九章美学批评:文化部艺术研究院唐宏峰(第一节)、青岛科技大学刘苑(第二节)、北京市统计局单智慧(第三节)、网络孔子学院宋学鹏(第四节)。

　　这次修订得到了复旦大学出版社孙晶副总编辑的帮助,特此致谢。虽然此次修订尽力减少错漏,但不足仍在所难免,请读者朋友指正。

王一川

2011 年 3 月 27 日于北京大学

图书在版编目(CIP)数据

新编美学教程/王一川主编. —2 版(修订版). —上海:复旦大学出版社,2011.7(2021.9 重印)
(复旦博学·文学系列)
ISBN 978-7-309-08112-1

Ⅰ. 新… Ⅱ. 王… Ⅲ. 美学-教材 Ⅳ. B83

中国版本图书馆 CIP 数据核字(2011)第 085624 号

新编美学教程(修订版)
王一川 主编
责任编辑/孙 晶

复旦大学出版社有限公司出版发行
上海市国权路 579 号 邮编:200433
网址:fupnet@ fudanpress. com http://www. fudanpress. com
门市零售:86-21-65102580 团体订购:86-21-65104505
出版部电话:86-21-65642845
浙江临安曙光印务有限公司

开本 787×960 1/16 印张 14.75 字数 267 千
2021 年 9 月第 2 版第 6 次印刷
印数 23 501—24 600

ISBN 978-7-309-08112-1/B · 393
定价:42.00 元